Vorwort

In Zeiten leerer Staatskassen muß die öffentliche Hand nach Auswegen suchen. Als vermeintliches Wundermittel wird immer häufiger auf eine Privatisierung gesetzt. Krankenhäuser, kommunale Entsorgungseinrichtungen, Schwimmbäder, ganze Kurzentren, werden auf private Trägerschaft überführt, weil die Staatsfinanzen nicht mehr ausreichen, dringend benötigte Investitionen zu tätigen oder auch nur den laufenden Unterhaltsaufwand oftmals teurer Prestigeobjekte aus besseren Zeiten zu bezahlen. Die öffentliche Hand verspricht sich dadurch nicht selten deutliche finanzielle Entlastungen, weil sie davon ausgehen kann, daß der private Übernehmer zu günstigeren Personalbedingungen arbeiten kann als die durch Tarifverträge gebundene öffentliche Hand. Oftmals versprechen sich aber auch öffentliche Träger zusätzliche Einnahmequellen, indem sie kapitalintensive Objekte gleich mitverkaufen. All diese Überlegungen lassen Privatisierungsmaßnahmen ausgesprochen lukrativ erscheinen. Da es meist an privaten zahlungskräftigen Interessenten nicht mangelt, erscheint die Überführung in privatwirtschaftliche Trägerschaft als Patentrezept.

Die damit verbundenen, gerade arbeitsrechtlichen Probleme werden nicht selten erst beim zweiten Hinsehen erkannt. So bereitet die betriebliche Altersversorgung im öffentlichen Dienst solange keine Schwierigkeiten, wie sie durch öffentliche Zusatzversorgungskassen gewährleistet ist, an denen sich private Träger wiederum nicht ohne weiteres beteiligen können. Übernahmeverhandlungen werden aber insbesondere dadurch erschwert, daß die Interessen quasi einer dritten Partei betroffen werden, nämlich die der Arbeitnehmer. Mitbestimmungs-, Mitwirkungs- und Informationsrecht von Personal- und Betriebsräten sind zu beachten. Einzelvertragliche Ansprüche werden berührt und müssen bei Übernahmeüberlegungen mit ins Kalkül gezogen werden. Besondere Probleme bereitet die Privatisierung aber deshalb, weil unterschiedliche Rechtsstrukturen aufeinanderstoßen, nämlich das öffentliche und das private Recht.

Wir wollen allen beteiligten Gruppen, den öffentlichen Arbeitgebern, den privaten Übernahmeinteressenten und den Arbeitnehmern eine Orientierungs- und Arbeitshilfe geben. Der Graben zwischen dem Arbeitsrecht des öffentlichen Dienstes und dem der Privatwirtschaft ist tief. Die Brücke darüber heißt in erster Linie § 613 a BGB. Diese für Betriebsübertragungen in der Privatwirtschaft konzipierte Bestimmung des Bürgerlichen Gesetzbuches findet auch dann Anwendung, wenn der öffentliche Arbeitgeber Einrichtungen auf private Dritte überführt. Wir haben versucht, die sich aus der Anwendbarkeit dieser Bestimmung ergebenden Problemfelder bei der Privatisierung öffentlicher Einrichtungen auszuleuchten.

§ 613a BGB ist aber auch deshalb für Privatisierungsmaßnahmen von besonderer Bedeutung, weil darin die Weitergeltung von Kollektivrecht geregelt ist. Das Arbeitsrecht der öffentlichen Hand wird maßgeblich durch tarifliche Vorschriften und Dienst- bzw. Betriebsvereinbarungen geprägt. Die Beibehaltung oder Nichtbeibehaltung kollektiv-rechtlicher Arbeitsbedingungen ist für die betroffenen Arbeitnehmer von herausragender Bedeutung.

Privatisierungsmaßnahmen sind aber auch außerhalb des Anwendungsbereichs des § 613a BGB denkbar. So kann die Überführung in private Trägerschaft schon dadurch erfolgen, daß eine von der öffentlichen Hand mehrheitlich gehaltene Verkehrsbetriebe-GmbH einen privaten Anteilseigner erhält. Hier findet zwar kein Arbeitgeberwechsel statt; u. U. wird jedoch der Geltungsbereich öffentlicher Tarifverträge verlassen. Durch das seit dem 1. 1. 1995 geltende neue Umwandlungsgesetz können schließlich auch bei einer Gesamtrechtsnachfolge die Rechtsfolgen des § 613a BGB eintreten.

Von der Rechtsprechung wenig erfaßt ist die Mitbestimmung durch Personal- und Betriebsräte. Das bei öffentlich-rechtlichen Körperschaften geltende Personalvertretungsrecht kann nicht ohne weiteres in das für die Privatwirtschaft geltende Betriebsverfassungsrecht überführt werden. Das Gesetz enthält keine Regelungen, was aus Personalräten wird, wenn beispielsweise eine Kommune ihre Abfallentsorgung auf einen privaten Unternehmer überträgt. Auch das Schicksal von Dienstvereinbarungen bei Überführung einer Dienststelle in private Trägerschaft ist gesetzlich nicht erfaßt. Wir haben hier versucht, Lösungsansätze zu erarbeiten, wohlwissend, daß sie nicht unproblematisch sind. Mangels gesetzgeberischer Hilfen empfiehlt sich der Abschluß von Überleitungsverträgen, in dem auch mitbestimmungsrechtliche Fragen geklärt werden könnten.

Öffentliche Dienststellen beschäftigen meist auch Beamte. Deren Schicksal wird durch § 613a BGB nicht erfaßt. Sie genießen einen besonderen rechtlichen Schutz und können nicht ohne weiteres an den privaten Erwerber „ausgeliehen" werden. Nicht selten wird versucht, bei Privatisierungsmaßnahmen einen Arbeitgeberwechsel zu vermeiden. Mittels sog. Gestellungsverträge werden die bei dem öffentlichen Arbeitgeber verbliebenen Arbeitnehmer dem neuen privaten Träger zur Verfügung gestellt. Derartige Gestaltungen sind rechtlich nicht unproblematisch.

Bochum/Gütersloh, im Januar 1996   Barbara Schipp/Dr. Johannes Schipp

Inhaltsverzeichnis

Kapitel 1
Übertragende Privatisierung

Inhaltsverzeichnis

Kapitel 3
Privatisierung durch Übertragung von Gesellschaftsanteilen

Kapitel 4
Mitbestimmung bei der Privatisierung öffentlicher Dienstleistungen

XI

Inhaltsverzeichnis

Kapitel 5

Die Überleitung von Beamten in privatwirtschaftliche Unternehmen

Kapitel 6

Die Überleitung von Personal unter Vermeidung eines Arbeitgeberwechsels

Abkürzungsverzeichnis

a.a.O.	am angegebenen Ort
Abs.	Absatz
AfG	Arbeitsförderungsgesetz
AG	Aktiengesellschaft
AiB	Zeitschr. Arbeitsrecht im Betrieb
AktG	Aktiengesetz
AP	Arbeitsrechtliche Praxis
ArbuR	Zeitschr. Arbeit und Recht
Art.	Artikel
Aufl.	Auflage
AÜG	Arbeitnehmerüberlassungsgesetz
BAG	Bundesarbeitsgericht
BAT	Bundesangestelltentarifvertrag
BaWüPersVG	Baden-Würtembergisches Personalvertretungsgesetz
BB	Zeitschr. Betriebsberater
BBG	Bundesbeamtengesetz
Bd.	Band
BeamtVG	Beamtenversorgungsgesetz
Beschl.	Beschluß
BetrAVG	Gesetz zur betrieblichen Altersversorgung
BetrVG	Betriebsverfassungsgesetz
BfA	Bundesversicherungsanstalt für Angestellte
BGB	Bürgerliches Gesetzbuch
BGBl.	Bundesgesetzblatt
BGH	Bundesgerichtshof
BGHZ	Zivilrechtliche Entscheidung des Bundesgerichtshofes
BHO	Bundeshaushaltsordnung
BhV	Beihilfeverordnung
BMT-G II	Bundesmanteltarifvertrag der Arbeiter der Gemeinden II
BPersVG	Bundespersonalvertretungsgesetz
BRRG	Beamtenrechtsrahmengesetz
BSG	Bundessozialgericht

BT-Drucksache	Bundestagsdrucksache
BVerfG	Bundesverfassungsgericht
BVerwG	Bundesverwaltungsgericht
DA	Dienstanweisung
DAG	Deutsche Angestelltengewerkschaft
DB	Zeitschr. Der Betrieb
DB-AG	Deutsche Bahn Aktiengesellschaft
DBGrG	Deutsche Bahn AG Gründungsgesetz
EG-Richtlinie	Richtlinie der Europäischen Gemeinschaft
Erl.	Erläuterung
EStG	Einkommensteuergesetz
EuGH	Europäischer Gerichtshof
GG	Grundgesetz
GmbH	Gesellschaft mit beschränkter Haftung
KAV	Kommunaler Arbeitgeberverband
Komm.	Kommentar
KSchG	Kündigungsschutzgesetz
LAG	Landesarbeitsgericht
LPVG-NW	Landespersonalvertretungsgesetz des Landes Nordrhein-Westfalen
LVA	Landesversicherungsanstalt für Arbeiter
m. w. N.	mit weiteren Nachweisen
MTB II	Manteltarifvertrag für die Arbeiter des Bundes II
MTV-Azubi	Manteltarifvertrag für Auszubildende des öffentlichen Dienstes
Nds PersVG	Personalvertretungsgesetz Niedersachsen
Nr.	Nummer
NZA	Zeitschr. Neue Zeitschrift für Arbeitsrecht
ÖTV	Gewerkschaft Öffentliche Dienste, Transport und Verkehr
OVG	Oberverwaltungsgericht
PersR	Zeitschr. Der Personalrat
PSVaG	Pensionssicherungsverein auf Gegenseitigkeit
RdA	Zeitschr. Recht der Arbeit
Reg-Entwurf	Regierungsentwurf
Rz.	Randziffer

S.	Seite
SchwbG	Schwerbehindertengesetz
SGB IV	Sozialgesetzbuch, viertes Buch
SGB V	Sozialgesetzbuch, fünftes Buch
SpTrUG	Gesetz zur Spaltung der von der Treuhand verwalteten Unternehmen
SUrlVO	Sonderurlaubsverordnung
TV Rechtsverh.-Arzt i.P.	Tarifvertrag der Rechtsverhältnisse der Ärzte und Ärztinnen im Praktikum
TV Rechtsverh.-Lernpfl.pers.i.P.	Tarifvertrag der Rechtsverhältnisse des Lernpflegepersonals im Praktikum
UmwG	Umwandlungsgesetz
Urt.	Urteil
VBL	Versorgungsanstalt des Bundes und der Länder
VersTV-G	Versorgungstarifvertrag der Gemeinden
Versorgungs-TV	Versorgungstarifvertrag
VersTV Saar	Versorgungstarifvertrag des Saarlandes
VGH	Verwaltungsgerichtshof
vgl.	vergleiche
VwVfG	Verwaltungsverfahrensgesetz
z.B.	zum Beispiel
ZfA	Zeitschr. Zeitschrift für Arbeitsrecht
ZTR	Zeitschr. für Tarifrecht
ZVK	Zusatzversorgungskasse der Kommunen

Literaturverzeichnis

Altvater/Bacher/Hörter/ Sabottig/Schneider	Bundespersonalvertretungsgesetz, Kommentar für die Praxis, 3. Auflage 1990
Bartodziej	Reform des Umwandlungsrechts und Mitbestimmung, ZiP 1994, 580
Bauer	Unternehmensveräußerung im Arbeitsrecht, 1983
Bauer	Kein Widerspruchsrecht der Arbeitnehmer bei Betriebsübergang, NZA 1990, 881
Bauer	Nochmals: Kein Widerspruchsrecht, NZA 1991, 131
Bauer/Lingemann	Das neue Umwandlungsrecht und seine arbeitsrechtlichen Auswirkungen, NZA 1994, 1057
Becker/Etzel/Friedrich/ Gröninger u. a.	Gemeinschaftskommentar zum Kündigungsschutzgesetz und zu sonstigen kündigungsschutzrechtlichen Vorschriften, 3. Auflage 1989
Birk	Anmerkung zu BAG AP Nr. 10 zu § 613a BGB Nachschlagewerk des Bundesarbeitsgerichts – Arbeitsrechtliche Praxis
Boehm/Spiertz/Sponer/ Steinherr	Bundesangestelltentarif BAT, Kommentar, 3. Auflage Stand 1995
Bolck	Personalrechtliche Probleme bei Überführung in private Rechtsform, ZTR 1994, 14, 15 ff.
Borngräber	Arbeitsverhältnis bei Betriebsübergang, Handelsblatt GmbH, 1972
Brockhaus	Lexikon, Band 5, FA Brockhaus, 8. Auflage 1994
Bundesanstalt für Arbeit	Durchführungsanweisung zum Arbeitnehmerüberlassungsgesetz, Teil DA zu § 1 AÜG, NZA 1986, 778
Däubler	Das Widerspruchsrecht des Arbeitnehmers bei Betriebsübergang – ein Verstoß gegen EU-Recht?, NZA 1991, 134
Däubler/Kittner/Klebe/ Schneider	Betriebsverfassungsgesetz, Kommentar für die Praxis, 4. Auflage 1994

Dietz/Richardi	Kommentar zum BetrVG, Bd. 1, 6. Auflage 1981/1982
Düwell	Umstrukturierung v. Unternehmen – legislatorische Defizite und rechtspolitische Forderungen, ArbuR 1994, 357, 358 ff.
Engels/Müller/Maus	Ausgewählte arbeitsrechtliche Probleme der Privatisierung – aufgezeigt am Beispiel der Bahnstrukturreform, DB, 1994, 473
Erman	BGB Handkommentar in 2 Bänden, 8. Auflage 1989
Europäischer Gerichtshof	Sammlung der Entscheidungen des Gerichtshofs der Europäischen Gemeinschaft, 1994
Felser/Meerkamp/Vohs	Basiskommentar zum LPVG-Rheinland-Pfalz, Köln, 1994
Fischer/Göres	Dienstrecht des Bundes und der Länder, Stand 1995
Fitting/Auffarth/Kaiser/Heither	Betriebsverfassungsgesetz, Kommentar, 17. Auflage 1994
Frohner	Das Übergangsmandat des Personalrates und die Weitergeltung von Dienstvereinbarungen bei Privatisierung öffentlicher Dienstleistungen, insbesondere im kommunalen Bereich, PersR 1995, 99 ff.
Gaides	Die Auswirkungen der Neuordnung des Umwandlungsrechts auf das Arbeitsrecht, Der Betriebsrat, 2/1995
Gaul	Der Betriebsübergang: Arbeitsrecht – Sozialrecht – Gesellschaftsrecht – gewerblicher Rechtsschutz, 2. Auflage 1993
Heither	Zum Widerspruchsrecht der Arbeitnehmer bei Betriebsübergang, NZA 1991, 136
Hanau/Becker	Arbeitsrechtliche Probleme der Privatisierung öffentlicher Dienstleistungen, 1980
Hanau/Vossen	Die Auswirkungen des Betriebsinhaberwechsels auf Betriebsvereinbarungen und Tarifverträge, Festschrift für Luise Hilger und Hermann Stumpff, 1983, 271 ff.

Herbst	Das Arbeitsrecht im neuen Umwandlungsgesetz, AiB 1995, 5, 9 ff.
Heinze	Die Arbeitgeber – Nachfolge bei Betriebsübergang, DB 1980, 205
Höfer/Reiners/Wüst	Gesetz zur Verbesserung der betrieblichen Altersversorgung, Kommentar, Stand 1995
v. Hoyningen-Huene/Windbichler	Der Übergang von Betriebsteilen nach § 613a BGB, RdA 1977, 329
Hueck/Nipperdey/Dietz	Nachschlagewerk des Bundesarbeitsgerichts – Arbeitsrechtliche Praxis, Stand 1995
Hueck/Nipperdey	Lehrbuch des Arbeitsrechts in 3 Bänden, 7. Auflage 1963–1970
Joost	Der Widerspruch des Arbeitnehmers beim Betriebsübergang und das europäische Recht, ZiP 1991, 220
Kemper	Zusammentreffen unterschiedlicher Versorgungsregelungen anläßlich eines Betriebsübergangs, BB 1990, 785
Kraft	Betriebsübergang und Arbeitsverhältnis in der Rechtsprechung des BAG, Festschrift 25 Jahre Bundesarbeitsgericht, Hrsg. Gamillscheg/Hueck/Wiedemann, 1979
Kralle	Ausgliederung von Dienststellen und Dienststellenteilen, PersR 1991, 249
Löw	Steht das europäische Recht einem Widerspruchsrecht des Arbeitnehmers bei Betriebsübergang entgegen?, DB 1991, 546
Lorenzen/Haas/Schmitt	Bundespersonalvertretungsgesetz, Kommentar, Stand 3/94
Meilicke	EuGH zu § 613a BGB: Widerspruch des Arbeitnehmers hindert nicht Übergang des Arbeitsverhältnisses, DB 1990, 1770
Meilicke	Widerspruchsrecht des Arbeitnehmers bei Betriebsübergang – Wirkungen des Europarechts, DB 1991, 1326
Rebmann/Säcker	Münchener Kommentar Bürgerliches Gesetzbuch, 2. u. 3. Auflage 1986/1993

Nikisch	Arbeitsrecht, Band I, 3. Auflage 1961, Band II, 2. Auflage 1959, Band III, 2. Auflage 1966,
Oetker	Das Widerspruchsrecht der Arbeitnehmer beim Betriebsübergang und die Rechtsprechung des EuGH, NZA 1991, 137
Oehmann/Dieterich	Arbeitsrechts – Blattei, Stand 1995
Orth/Welkoborsky	Landespersonalvertretungsgesetz NW, Kommentar für die Praxis, 5. Auflage 1993
Palandt/Bearbeiter	Bürgerliches Gesetzbuch, 54. Auflage 1995
Plog/Wiedow/Beck/Lemhöfer	Kommentar zum Bundesbeamtengesetz – Stand 1986
Richardi/Wlotzke	Münchener Handbuch zum Arbeitsrecht, 1992
Scheuring/Lang	Bundesmanteltarifvertrag für Arbeiter gemeindlicher Verwaltungen und Betriebe, Stand 1995
Schaub	Arbeitsrechthandbuch, 7. Auflage 1992
Seiter	Betriebsinhaberwechsel, Schriften zur AR-Blattei, 1980
Seiter	Anmerkung zu BAG AP Nr. 5 zu § 613 a BGB, Nachschlagewerk des Bundesarbeitsgerichts – Arbeitsrechtliche Praxis
Staudinger	J. von Staudingers Kommentar zum Bürgerlichen Gesetzbuch mit Einführungsgesetz und Nebengesetzen, 12. Auflage 1989
Tschöpe	Rechtsfolgen eines arbeitnehmerseitigen Widerspruchsrechts beim Betriebsinhaberwechsel, 1984
Wiedemann/Stumpf	Tarifvertragsgesetz, 5. Auflage 1977
Wlotzke	Arbeitsrechtliche Aspekte des neuen Umwandlungsrechts, DB 1995, 40, 47
Zander	Handlungsmöglichkeiten des Personalrates bei der Privatisierung öffentlicher Dienstleistungen, PersR 1991, 322

Kapitel 1
Übertragende Privatisierung

Entschließt sich der öffentliche Arbeitgeber, Einrichtungen, in denen er **1** Arbeitnehmer beschäftigt, künftig von Privaten betreiben zu lassen, sind die Bestimmungen des Bürgerlichen Gesetzbuches anzuwenden. 613a Abs. 1 Satz 1 BGB bestimmt, daß derjenige, der durch Rechtsgeschäft einen Betrieb oder einen Betriebsteil erwirbt, in die Rechte und Pflichten aus dem im Zeitpunkt des Übergangs bestehenden Arbeitsverhältnissen eintritt.

Verständlich werden die mit einer Privatisierung verbundenen Risiken für die Arbeitsvertragsparteien aber erst, wenn man die tariflichen Errungenschaften des öffentlichen Dienstes betrachtet. Was Versorgung, Bestandsschutz, Zulagen etc. anbelangt, werden die Arbeitnehmer den Beamten möglichst gleichgestellt; tarifliche Anhebungen der Bezüge werden dafür entsprechend bei den Beamten nachvollzogen. Hieraus ergeben sich Arbeitgeberleistungen, die in der Privatwirtschaft nicht überall anzutreffen sind. Exemplarisch sei der erweiterte Bestandsschutz (§ 53 Abs. 3 BAT) und die Altersversorgung durch besondere Zusatzversorgungseinrichtungen (§ 46 BAT) hervorgehoben.

§ 613a Abs. 1 BGB vermittelt zunächst Sicherheit: Der private Arbeitgeber **2** tritt in alle Rechte und Pflichten aus den bestehenden Arbeitsverhältnissen ein. Nachhaltige Veränderungen können sich aber ergeben, wenn der Inhalt der Arbeitsverhältnisse durch kollektiv-rechtliche Normen geprägt ist; hier müssen die betroffenen Arbeitnehmer unter Umständen mit erheblichen Einschränkungen rechnen. Dies gilt in besonderem Maße für den öffentlichen Dienst, dessen Arbeitsrecht weitgehend durch tarifvertragliche Regelungen wie den BAT oder den BMT-G II bestimmt ist.

I. Die Ausgangsnorm des § 613a Abs. 1 Satz 1 BGB

§ 613a Abs. 1 Satz 1 BGB befaßt sich zunächst lediglich mit der Fortgeltung **3** von Arbeitsvertragsrecht. Die im Arbeitsvertrag geregelten Individualrechte und -pflichten bleiben von der Privatisierung unberührt. Veränderungen sind entweder gar nicht oder nur unter erschwerten Bedingungen möglich.

1. Entstehungsgeschichte

4   Schon lange vor Schaffung des § 613a BGB war der Arbeitsplatzschutz bei Betriebsinhaberwechseln Gegenstand intensiver Diskussionen. Rechtsprechung und Lehre behalfen sich überwiegend mit rechtsgeschäftlichen Konstruktionen (vgl. Hueck-Nipperdey, Bd. I, § 54 III. 2, S. 515 ff. m. w. N.). Eine starke Mindermeinung nahm damals schon einen Arbeitgeberwechsel kraft Gesetzes an (vgl. Niekisch, Bd. I., § 46 II. 3 und 4, S. 659 f. m. w. N.). Die Rechtsprechung ist der herrschenden Lehre gefolgt (BAG, Urteil vom 26. 5 1955 – 2 AZR 38/54 –, BAGE 2, 127; Urteil vom 18. 2. 1960 – 5 AZR 472/57 –, BAGE 9, 62, 70 f.; Urteil vom 29. 11. 1962 – 2 AZR 176/62 –, BAGE 13, 333, 338). Gesetzlich geklärt wurde die Streitfrage bei der Neuregelung des Betriebsverfassungsrechts. Der DGB hatte damals die Forderung aufgestellt, bei der Veräußerung von Betrieben müsse ein Mitbestimmungsrecht des Betriebsrats bestehen. Diesem Vorschlag wollte der Gesetzgeber aber nicht folgen, sondern statt dessen eine umfassendere Lösung erreichen. Die Betriebsveräußerung sollte sich auf den Bestand der Arbeitsplätze und die Amtszeit der Betriebsräte nicht auswirken. Mitbestimmungsrechte des Betriebsrats sollten im übrigen aber nicht bestehen, um die unternehmerische Entscheidungsfreiheit nicht zu sehr einzuschränken (vgl. BT-Drucksache VI/1786, S. 59).

Gleichwohl wurde durch § 122 BetrVG vom 15. 1. 1972 § 613a Abs. 1 Satz 1, Absatz 2 und 3 BGB in das bürgerliche Gesetzbuch eingefügt (BGBl. I S. 13). Die Bestimmungen sind jedoch vom Geltungsbereich des BetrVG unabhängig (BAG, Beschluß vom 7. 11. 1975 – 1 ABR 78/74 –, AP Nr. 3 zu § 99 BetrVG 1972).

Der betriebsverfassungsrechtliche Hintergrund verdeutlicht, daß § 613a Abs. 1 Satz 1 BGB auf Betriebsübertragungen in der Privatwirtschaft zugeschnitten ist. Der Gesetzgeber hatte offenkundig Privatisierungen nicht vor Augen. Dennoch bezweifelt niemand ernstlich, daß § 613a Abs. 1 Satz 1 BGB auch für die Übertragung von Betrieben durch die öffentliche Hand auf Private gilt (vgl. für den umgekehrten Fall BAG, Urteil vom 27. 10. 1992 – 3 AZR 101/92 –, AP Nr. 40 zu § 1 BetrAVG Zusatzversorgungskassen).

2. Zweck der Vorschrift

5   Der Hauptzweck des § 613a Abs. 1 Satz 1 BGB liegt darin, eine Lücke im Kündigungsschutzsystem zu schließen (Staudinger-Richardi, § 613a BGB, Rz. 9). Der Gesetzgeber will sicherstellen, daß der Arbeitnehmer seinen Arbeitsplatz behält, wenn die Dispositionsbefugnis über die Arbeitsorganisa-

tion, in die er eingefügt ist, auf einen anderen übertragen wird. Daneben verfolgt die Bestimmung zwei weitere Ziele, nämlich die Kontinuität des amtierenden Betriebsrats zu gewährleisten und das Haftungsrisiko zwischen dem alten und dem neuen Arbeitgeber zu verteilen (BAG, Urteil vom 17. 1. 1980 – 3 AZR 160/79 –, BAGE 32, 326, 333).

Der Gesetzgeber hat dabei übersehen, daß es nach § 130 BetrVG keine **6** Betriebsräte in Verwaltungen und Betrieben des Bundes, der Länder, der Gemeinden und sonstigen Körperschaften, Anstalten und Stiftungen des öffentlichen Rechts gibt. Zur Kontinuität der dort gewählten Vertretungen, nämlich der Personalräte, äußert sich das Gesetz nicht (dazu unten Rz. 393 ff.). Auch hier wird deutlich, daß der Gesetzgeber Privatisierungen nicht bedacht hat.

II. Tatbestandsvoraussetzungen des § 613 a Abs. 1 Satz 1 BGB

Die Rechtsfolgen des § 613 a Abs. 1 Satz 1 BGB treten ein, wenn ein Betrieb **7** oder Betriebsteil durch Rechtsgeschäft auf einen neuen Betriebsinhaber übergeht. An die Position des bisherigen Betriebsinhabers muß ein anderer treten. Dabei ist unerheblich, ob auf Seiten des Veräußerers oder Erwerbers natürliche Personen, Personengesellschaften oder juristische Personen des privaten oder öffentlichen Rechts stehen (BAG, Urteil vom 6. 2. 1980 – 5 AZR 275/78 –, AP Nr. 21 zu § 613 a BGB).

§ 613 a BGB ist als Schutzgesetz formuliert. Durch Vertrag zwischen dem **8** alten und dem neuen Betriebsinhaber kann der Übergang eines Arbeitsverhältnisses nicht ausgeschlossen werden. Die gesetzlich angeordneten Rechtsfolgen können auch nicht teilweise umgangen oder modifiziert werden (BAG, Urteil vom 14. 7. 1981 – 3 AZR 517/80 –, AP Nr. 27 zu § 613 a BGB). Die betroffenen Arbeitnehmer werden sogar vor sich selbst geschützt; sie können auf den gesetzlich angeordneten Schutz nicht ohne weiteres verzichten (vgl. BAG, Urteil vom 28. 4. 1987 – 3 AZR 75/86 –, BAGE 55, 228).

1. Übergang eines Betriebs oder Betriebsteils

Der gesetzliche Übergang eines Arbeitsverhältnisses ist nach § 613 a Abs. 1 **9** Satz 1 BGB davon abhängig, daß ein Betrieb oder Betriebsteil auf einen anderen Inhaber übergeht. Das Gesetz definiert beide Begriffe selbst nicht; es setzt sie als bekannt voraus. Die Gesetzesterminologie ist an den Bedürfnissen der Privatwirtschaft orientiert. Typische, im öffentlichen Dienst verwendete Begriffe wie Dienststellen oder Verwaltungen nennt das Gesetz nicht.

10   Nach Auffassung des BAG gehören zu einem Betrieb im Sinne des § 613 a BGB nur die sächlichen und immateriellen Betriebsmittel, nicht aber die Arbeitnehmer, weil die Übernahme der Belegschaft Rechtsfolge und deshalb nicht Voraussetzung eines Betriebsübergangs sei (BAG, Urteil vom 22. 5. 1985 – 5 AZR 30/84 –, AP Nr. 42 zu § 613 a BGB). Das BAG hat allerdings erkannt, daß wesentliche Betriebsmittel, wie ein besonderes Know-how, in den Mitarbeitern verkörpert sein könne. So hat es erwogen, die Rechtsfolgen des § 613 a BGB auch dann eintreten zu lassen, wenn bestimmte, in der Regel durch das Management und leitende Angestellte verkörperte immaterielle Betriebsmittel wenigstens begrifflich von diesem Personenkreis getrennt werden können (BAG, Urteil vom 10. 6. 1988 – 2 AZR 801/87 –, AP Nr. 82 zu § 613 a BGB; Urteil vom 29. 9. 1988 – 2 AZR 107/88 –, AP Nr. 76 zu § 613 a BGB). Da für die Fortführung einer bestimmten Aufgabenstellung unterschiedlich qualifizierte Mitarbeiter benötigt würden, bedeute eine Betriebsübernahme auch die Übernahme der Funktionalität der eingerichteten Arbeitsplätze. Insofern spreche die Übernahme fast des gesamten Personalbestandes eines Betriebes immerhin dafür, daß nach wie vor gleiche Aufgaben erfüllt würden (BAG, Urteil vom 31. 1. 1991 – 2 AZR 346/90 –, n. v.). Das BAG hat damit einer bloßen Funktionsnachfolge eine Absage erteilt. Übergehen müssen auf jeden Fall Betriebsmittel, seien sie sächlicher oder immaterieller Art.

11   Das Gesetz knüpft im übrigen an den allgemeinen arbeitsrechtlichen Betriebsbegriff an. Ein Betrieb ist nach allgemein anerkannter Definition eine organisatorische selbständige Einheit, innerhalb welcher der Arbeitgeber mit seinen Arbeitnehmern durch Einsatz technischer oder immaterieller Mittel einen oder mehrere arbeitstechnische Zwecke fortgesetzt verfolgt, die sich nicht in der Befriedigung von Eigenbedarf erschöpfen. Entscheidend ist die einheitliche Leitung in organisatorischer und personeller Hinsicht (vgl. Erman-Hanau, BGB, § 611, Rz. 75 m. w. N.).

12   Die sächlichen und immateriellen Betriebsmittel machen einen Betrieb dann aus, wenn der neue Inhaber mit ihnen und mit Hilfe der Arbeitnehmer bestimmte arbeitstechnische Zwecke verfolgen kann. Dabei ist nach ständiger Rechtsprechung des BAG nicht erforderlich, daß alle Wirtschaftsgüter, die bisher zu dem Betrieb des alten Inhabers gehörten, auf den neuen Betriebsinhaber übergehen. Unwesentliche Bestandteile des Betriebsvermögens bleiben außer Betracht. Umgekehrt kann die Veräußerung einzelner beweglicher Anlagevermögen oder allein des Betriebsgrundstücks regelmäßig nicht die Rechtsfolgen des § 613 a BGB auslösen (BAG, Urteil vom 22. 5. 1985 – 5 AZR 30/84 –, AP Nr. 42 zu § 613 a BGB).

13   Betriebsteil im Sinne des § 613 a BGB ist ein abgrenzbarer Teil der Arbeitsorganisation. Nicht notwendig ist, daß er die Voraussetzungen des § 4 BetrVG erfüllt; denn dort ist lediglich festgelegt, unter welchen Voraussetzungen ein

Betriebsteil als selbständiger Betrieb für die Bildung eines Betriebsrats gilt (Staudinger-Richardi, BGB, § 613 a, Rz. 41 m. w. N.). Das BAG versteht unter einem Betriebsteil eine Teileinheit oder eine Teilorganisation. Es müsse sich in der Regel um mehrere bzw. eine Vielfalt von Gegenständen oder immateriellen Betriebsmitteln handeln, die in ihrer Gesamtheit innerhalb des Betriebes eine bestimmte Teilaufgabe wahrnehmen und nicht nur untergeordnete Hilfsfunktionen ausüben (BAG, Urteil vom 22. 5. 1985 – 5 AZR 30/84 –, AP Nr. 42 zu § 613 a BGB).

Bei Privatisierungsmaßnahmen der öffentlichen Hand wird es sich häufig nur **14** um Teilbetriebsveräußerungen handeln, weil vielfach nur einzelne Aufgabenbereiche in privatrechtliche Trägerschaft überführt werden sollen. Die zu beantwortende Frage wird dann sein, ob die übertragenen Betriebsmittel genügen, um einen Betriebsteil im Sinne des § 613 a BGB auszumachen oder ob es sich letztlich nur um die Übertragung einzelner Wirtschaftsgüter handelt, die keinen Übergang von Arbeitsverhältnissen auslöst. So hat das BAG beispielsweise die Sacharbeiterposition in einem Studentenwerk innerhalb des Personalwesens nicht als Betriebsteil anerkannt (BAG, Urteil vom 6. 9. 1978 – 4 AZR 162/77 –, AP Nr. 13 zu § 613 a BGB). Einzelne öffentliche Aufgaben, die von einem Sachbearbeiter wahrgenommen werden, genügen in der Regel nicht, um die Tatbestandsvoraussetzungen zu erfüllen. Andererseits kommt es auf die Anzahl der beschäftigten Arbeitnehmer nicht an. So erkennt das BAG zum Beispiel ein fremdgenutztes Mietshaus, in dem lediglich ein Hausmeister beschäftigt wird, als Betrieb an (BAG, Urteil vom 16. 10. 1987 – 7 AZR 519/86 –, AP Nr. 69 zu § 613 a BGB).

Ob der vom BAG entwickelte Begriff des „Betriebsteils" so aufrechterhalten **15** werden kann, ist durch die Rechtsprechung des Europäischen Gerichtshofs zweifelhaft geworden (EuGH, Urteil vom 14. 4. 1994 – Rs. C–392/92 (Christel Schmidt) – EAS RL 77/187 EWG Art. 1 Nr. 9). Der der Entscheidung zugrunde liegende Sachverhalt betraf eine Arbeitnehmerin, die in einer Sparkasse Reinigungsarbeiten ausführte. Die Sparkasse entschloß sich, diese Aufgaben zu „privatisieren" und einem Unternehmen zu übertragen. Die Arbeitnehmerin wurde daraufhin von der Sparkasse entlassen. Das Fremdunternehmen bot der Arbeitnehmerin an, zu ihm in ein Arbeitsverhältnis einzutreten und in der Sparkasse die selben Arbeiten zu verrichten wie bisher als Arbeitnehmerin des Kreditinstituts. Die Arbeitnehmerin lehnte ab, weil ihr im Verhältnis zur geschuldeten Arbeitsleistung ein geringerer Lohn angeboten wurde. Der EuGH gelangte zu dem Ergebnis, daß auch für diesen Vorgang Art. 177 des EG-Vertrages gilt, also das Unternehmen in die Rechte und Pflichten aus dem Arbeitsverhältnis, so wie es zur Sparkasse bestand, eintreten mußte. Dem Urteil des EuGH waren bereits verschiedene frühere Entscheidungen vorangegangen, in dem er stets darauf abstellte, ob eine wirtschaftliche Einheit bei der Überführung auf einen anderen Inhaber ihre Identität bewahrt (EuGH, Urteil vom 18. 3. 1986 – Rs. 24/85 – (Spijkers), EuGHE 1986, S. 1119). Der EuGH bildet damit einen Oberbegriff, nämlich den der Wahrung einer wirtschaftlichen Einheit. Allein darauf soll es ankommen. Ob dabei auch materielle oder immaterielle Betriebsmittel übertragen werden, sei demgegenüber nicht von Belang. Eine wirtschaftliche Einheit könne auch dann gewahrt werden, wenn Betriebsmittel nicht übertragen würden. Für die Frage, ob die wirtschaftliche Einheit trotz der Übertragungsvorgänge ihre Identität bewahrt, müßte nach der Rechtsprechung des EuGH sämtliche den betreffenden Vorgang kennzeichnenden Tatsachen berücksichtigt werden. Beispielhaft zählt der EuGH auf (ständige Rechtsprechung des EuGH, vgl. Urteil vom 17. 12. 1987 (Landesorganisationen in Dänemark) – Rs. 287/86 –, EuGHE 1989, S. 5465):

- die Art des Unternehmens oder des Betriebes;

- der Übergang oder Nichtübergang der materiellen Aktiva wie Gebäude und bewegliche Güter;

- der Wert der immateriellen Aktiva zum Zeitpunkt des Übergangs;

- die Übernahme oder Nichtübernahme der Hauptbelegschaft durch den Erwerber;

- der Übergang oder Nichtübergang der Kundenbeziehungen;

- der Grad der Ähnlichkeit zwischen der vor und nach dem Übergang verrichteten Tätigkeit;

- die Dauer einer evtl. Unterbrechung dieser Tätigkeit.

16   Anders als nach der bisherigen Rechtsprechung des BAG kann also auch schon die Übernahme der Hauptbelegschaft kennzeichnende Tatsache für einen Betriebsübergang und damit Tatbestandsvoraussetzung sein. Das BAG hat demgegenüber stets betont, daß der Übergang der Belegschaft Rechtsfolge und gerade nicht Tatbestandsvoraussetzung ist (BAG, Urteil vom 22. 5. 1985 – 5 AZR 30/84 –, AP Nr. 42 zu § 613a BGB).

17   Der EuGH hat nicht näher ausgeführt, ob zum Oberbegriff der wirtschaftlichen Einheit ein Mindestmaß an organisatorischer Zusammenfassung gehört. Hierfür hatte sich der Generalanwalt ausgesprochen. Der EuGH geht in den – regelmäßig sehr knappen – Entscheidungsgründen darauf jedoch nicht näher ein (kritisch hierzu Willemsen, DB 1995, 924). Der EuGH hat mit seiner Rechtsprechung die Feststellung, unter welchen Voraussetzungen Arbeitsverhältnisse auf einen Erwerber übergehen, nicht gerade erleichtert. Das BAG hat in neueren Entscheidungen die Auswirkungen der Rechtsprechung des EuGH auf seine eigene Rechtsprechung noch offengelassen (BAG, Beschluß vom 27. 6. 1995 – 1 ABR 62/94 –; BAG, Beschluß vom 27. 7. 1994 – 7 ABR 37/93 –,

ArbuR 1995, 156). Das BAG wird aber voraussichtlich umdenken müssen. So kann gerade die teilweise Übernahme der Arbeitnehmer für die anderen, nicht übernommenen Belegschaftsmitglieder die Voraussetzung dafür schaffen, sich ebenfalls auf § 613 a BGB zu berufen. Schwierigkeit wird eine Abgrenzung zu den Fällen bereiten, in denen ein Unternehmen auf eine Teiltätigkeit verzichtet, die hierfür organisierte wirtschaftliche Einheit auflöst und seinen Bedarf durch Beauftragung von Fremdunternehmen abzudecken sucht. Deshalb wird von Fall zu Fall zu prüfen sein, ob ein Arbeitgeberwechsel nicht schon dann stattfindet, wenn die öffentliche Hand bestimmte, bisher selbst durchgeführte Aufgaben auf einen Dritten überträgt, ohne ihm dafür irgendwelche Betriebsmittel zu überlassen. Wer beispielsweise die städtische Gärtnerei auflöst und seinen Bedarf durch private Gartenbaubetriebe deckt, ohne diesem materielle oder immaterielle Betriebsmittel zu überlassen, muß in seine Überlegungen mit einbeziehen, daß er u. U. einen Betriebsteil überträgt.

Schließlich kommt es nicht darauf an, zu welchen Zwecken der Erwerber den Betrieb oder Betriebsteil übernimmt, ob er insbesondere die gleichen arbeitstechnischen Ziele beibehalten oder andere, neuartige verfolgen will (BAG, Urteil vom 22. 5. 1985 – 5 AZR 30/84 –, AP Nr. 42 zu § 613 a BGB). **18**

Der Übergang der Arbeitsverhältnisse ist nicht davon abhängig, daß der Übernehmer an den sächlichen oder immateriellen Betriebsmitteln auch Eigentum erwirbt. Es genügt, wenn ihm eine Nutzungsberechtigung auf Zeit zusteht, wie etwa bei Pacht oder Nießbrauch (BAG, Urteil vom 29. 9. 1988 – 2 AZR 107/88 –, AP Nr. 76 zu § 613 a BGB). **19**

a) Betriebe der öffentlichen Hand

Die Subsumtion unter den allgemeinen arbeitsrechtlichen Betriebsbegriff wird jedenfalls dann verhältnismäßig unproblematisch sein, wenn der öffentliche Arbeitgeber selbst in Formen des privaten Rechts tätig wird. Die öffentliche Hand kann beispielsweise öffentliche Dienstleistungen in Form einer sog. Eigengesellschaft durchführen. Sie wird dann in Form einer sog. Eigengesellschaft tätig, wenn sie sich zur Aufgabenerfüllung privatrechtlicher Organisationsformen bedient. So kann eine Kommune beispielsweise alleinige Gesellschafterin einer juristischen Person des privaten Rechts oder einer Personengesellschaft sein. Häufig werden kommunale Versorgungs- und Verkehrsbetriebe von juristischen Personen des privaten Rechts geführt (z. B. Stadtwerke Aktiengesellschaft, Verkehrsbetriebe GmbH). **20**

Davon zu unterscheiden sind sog. Eigenbetriebe. Die juristische Person des öffentlichen Rechts ist dann selbst Dienstherr (z. B. städtische Kraft- und Wasserwerke, staatliche Heilbäderverwaltung, städtische Bühnenbetriebe). **21**

22   Die Arbeitnehmer sog. Eigengesellschaften gehören nicht zum öffentlichen Dienst im engeren Sinne. Sie mögen zwar vielfach den für den öffentlichen Dienst abgeschlossenen Tarifverträgen unterfallen. So ist der Anwendungsbereich des BAT nicht auf öffentliche Dienststellen, Verwaltungen und Eigenbetriebe beschränkt. Nach § 1 Abs. 1 c) BAT genügt vielmehr die Mitgliedschaft des Arbeitgebers in einem Arbeitgeberverband, der der Vereinigung der kommunalen Arbeitgeberverbände angehört. Nach dem Satzungsrecht der kommunalen Arbeitgeberverbände können aber nicht nur juristische Personen des öffentlichen Rechts Mitglied sein, sondern auch Gesellschaften des privaten Rechts, soweit die öffentliche Hand hinreichend beteiligt oder aber erhebliche, dauerhafte Einflußmöglichkeiten bestehen (Clemens/Scheuring/Steingen-Wiese, BAT, § 1, Erl. 3).

23   Entscheidend ist demzufolge die Organisationsform. Ist sie privatrechtlicher Natur, so finden die für die Privatwirtschaft geltenden gesetzlichen Bestimmungen Anwendung. In einigen Gesellschaften werden deshalb Betriebsräte und ggf. Aufsichtsräte gewählt. § 130 BetrVG bestimmt ausdrücklich seine Nichtanwendbarkeit auf Verwaltungen und Betriebe des Bundes, der Länder, der Gemeinden und sonstigen Körperschaften, Anstalten und Stiftungen des öffentlichen Rechts.

Deshalb bereitet die Terminologie des § 613a BGB keine Schwierigkeiten, solange öffentliche Aufgaben in Gesellschaftsformen des privaten Rechts durchgeführt werden.

b) Öffentlich-rechtliche Organisationsform

24   Von öffentlichem Dienst im engeren Sinne spricht man, wenn der Dienstgeber öffentlich-rechtlich organisiert ist. Es genügt deshalb nicht, wenn eine Einrichtung dem öffentlichen Dienstgeber nur wirtschaftlich zuzuordnen ist. Öffentlich-rechtliche Dienstgeber sind: Gebietskörperschaften wie z. B. Bund, Länder, Gemeinden, Gemeindeverbände; sonstige Körperschaften des öffentlichen Rechts wie z. B. Bundesanstalt für Arbeit, Industrie- und Handelskammern, Ärztekammern, Handwerkskammern, Handwerksinnungen; Träger der Sozialversicherung, Anstalten des öffentlichen Rechts und Stiftungen des öffentlichen Rechts. Die öffentlich-rechtliche Rechtsform des Dienstgebers entscheidet auch dann, wenn ein öffentlich-rechtlicher Dienstgeber beteiligt ist. Dabei kommt es auf den Umfang der Beteiligung der öffentlichen Hand nicht an, sondern allein auf die juristische Organisationsform (AR-Blattei D öffentlicher Dienst II Allgemeines). Mischformen sind deshalb nicht denkbar. Führen z. B. eine Kommune und ein privater Arbeitgeber gemeinsam eine Einrichtung (z. B. Kureinrichtungen eines Heilbades), so kommt es auf die Organisationsform dieses Zusammenschlusses an. Im Zweifel wird eine

Gesellschaft bürgerlichen Rechts anzunehmen sein. Die Organisationsform ist dann insgesamt privatrechtlicher Natur.

Ist die öffentliche Hand selbst Dienstgeber, so finden das Bundespersonalvertretungsgesetz bzw. die Landespersonalvertretungsgesetze der Länder Anwendung. Es werden dann Personalräte gewählt. **25**

Begriffe wie Betrieb oder Betriebsteil, so wie sie § 613a Abs. 1 Satz 1 BGB verwendet, sind dem Verwaltungsaufbau der öffentlichen Hand fremd. Die Personalvertretungsgesetze des Bundes und der Länder knüpfen an den Begriff der Dienststelle an. Dieser Begriff wird in verschiedenen Gesetzen genannt, ohne stets denselben Inhalt zu haben. Im Besoldungs- und Disziplinarrecht versteht das Bundesverwaltungsrecht unter einer Dienststelle die den Dienstposten des Beamten einschließende – regelmäßig eingerichtete – kleinste organisatorisch abgrenzbare Verwaltungseinheit, der ein örtlich und sachlich bestimmtes (Teil-)Aufgabengebiet zugewiesen ist. Es genügt eine, wenn auch nur geringfügige, organisatorische Abgrenzbarkeit. Die Zahl der dort beschäftigten Arbeitnehmer oder eine rechtliche Verselbständigung ist nicht maßgebend (BAG, Urteil vom 18. 1. 1990 – 6 AZR 386/89 –, AP Nr. 16 zu § 15 BAT). Im personalvertretungsrechtlichen Sinne bezeichnet das Bundesverwaltungsgericht eine Dienststelle als eine tatsächlich organisatorisch verselbständigte Verwaltungseinheit, der ein örtlich und sachlich bestimmtes Aufgabengebiet zur Wahrnehmung zugewiesen ist und die ihren inneren Betriebsablauf eigenverantwortlich bestimmt (BVerwG, Beschluß vom 6. 4. 1984 – 6 P 39.83 – Buchholz 238.36 Nr. 4 zu § 78 Nds PersVG; Beschluß vom 13. 8. 1986 – 6 P 7.85 – Buchholz 238.31 Nr. 3 zu § 9 BaWü PersVG). Der in § 1 Abs. 2 Nr. 2 b KSchG und § 17 Abs. 1 SchwbG erwähnte Begriff der Dienststelle wird gemeinhin ebenfalls im Sinne der personalvertretungsrechtlichen Begriffsbildung definiert (BAG, Urteil vom 18. 1. 1990 – 6 AZR 386/89 –, AP Nr. 16 zu § 15 BAT; KR-Becker, § 1 KSchG, Rz. 81; KR-Etzel, § 15–20 SchwbG Rz. 68). Ausgehend vom personalvertretungsrechtlichen Dienststellenbegriff bestehen nach Auffassung des BAG keine wesentlichen Unterschiede zu dem allgemeinen arbeitsrechtlichen Betriebsbegriff (BAG, Urteil vom 18. 1. 1990 – 6 AZR 386/89 –, AP Nr. 16 zu § 15 BAT). Die in öffentlich-rechtlicher Organisationsform betriebene Dienststelle entspricht deshalb dem Betrieb bei Wahl einer privaten Rechtsform. Soweit § 613 a BGB auf den Betrieb abstellt, ist deshalb auch die Dienststelle im personalvertretungsrechtlichen Sinn gemeint. **26**

In einigen Personalvertretungsgesetzen ist definiert, was unter einer Dienststelle zu verstehen ist. So sind nach § 1 LPVG-NW Dienststellen die Behörden, Einrichtungen und Betriebe des Landes sowie die Hochschulen, die medizinischen Einrichtungen der Hochschulen, die Schulen und die Gerichte; bei den Gemeinden, den Gemeindeverbänden und den sonstigen der Auf- **27** sicht des Landes unterstehenden Körperschaften, Anstalten und Stiftungen des öffentlichen Rechts bilden Verwaltungen, Eigenbetriebe und Schulen gemeinsam eine Dienststelle. Nach § 1 Abs. 3 LPVG-NW können allerdings Nebenstellen oder Teile einer Dienststelle von der obersten Dienstbehörde zu einer selbständigen Dienststelle zusammengefaßt werden.

28   Ein Dienststellenteil entspricht deshalb auch einem Betriebsteil im Sinne des § 613 a BGB. Es muß sich insoweit um einen abgrenzbaren Teil der Arbeitsorganisation handeln, der innerhalb der Dienststelle eine bestimmte Teilaufgabe und nicht nur untergeordnete Hilfsfunktionen wahrnimmt. So wäre beispielsweise ein einzelnes Schwimmbad innerhalb eines städtischen Bäderamtes eine solche Teilorganisation, welches bei seiner Privatisierung die Rechtsfolgen des § 613 a Abs. 1 Satz 1 BGB auslösen würde.

2. Übergang durch Rechtsgeschäft

29   613 a BGB fordert einen Arbeitgeberwechsel aufgrund eines Rechtsgeschäftes. Fehlt es daran, so treten die Rechtsfolgen des § 613 a BGB nicht ein.

a) Arbeitgeberwechsel durch Gesetz oder Hoheitsakt

30   Nach höchstrichterlicher Rechtsprechung kann dann, wenn der Inhaberwechsel durch Gesetz oder Hoheitsakt vermittelt wird, § 613 a BGB auch nicht analog angewendet werden (vgl. BAG, Urteil vom 9. 6. 1978 – 4 AZR 162/77 –, AP Nr. 13 zu § 613 a BGB, vgl. aber unten Darstellung in Kapitel 2). So liegt beispielsweise kein rechtsgeschäftlicher Betriebsübergang bei der Privatisierung der Deutschen Bahn vor. Das Gesetz zur Gründung der Deutschen Bahn beinhaltet insoweit vielmehr Sondervorschriften. Nach § 14 Abs. 2 Satz 1 DBGrG tritt die DB AG mit Eintragung ins Handelsregister in die Rechte und Pflichten der im Zeitpunkt der Eintragung der Gesellschaft beim Bund des Eisenbahnvermögen bestehenden Arbeits- und Ausbildungsverhältnisse ein. Es handelt sich somit nicht um einen rechtsgeschäftlichen Betriebsübergang, sondern um einen Arbeitgeberwechsel aufgrund Gesetzes oder Hoheitsakt (Eintragung ins Handelsregister). Das DBGrG ist allerdings in vielfältiger Hinsicht an § 613 a BGB angelehnt (vgl. hierzu Engels/Müller/Mausz, DB 1994, 473). Hier gehören auch die Fälle, die das Umwandlungsgesetz in seiner seit dem 1. 1. 1995 durch das Umwandlungsbereinigungsgesetz vom 28. 10. 1994 (BGBl. S. 3210) in Kraft gesetzten Fassung regelt. Das Umwandlungsgesetz schreibt allerdings für alle Umwandlungsfälle die Anwendung des § 613 a BGB vor. Teilweise erfolgt dies für die einzelnen Umwandlungsfälle nur klarstellend, teilweise gelangt dadurch § 613 a BGB auch für Sachverhalte zur Anwendung, für die diese Vorschrift bisher nicht galt (näheres zur Anwendbarkeit des Umwandlungsgesetzes unten in Kapitel 2).

b) Abgrenzung zur Gesamtrechtsnachfolge

Das Tatbestandsmerkmal „durch Rechtsgeschäft" grenzt den Übertragungs-   **31**
akt gegen Fälle der Gesamtrechtsnachfolge ab. Dafür ist die Bestimmung
auch entbehrlich, weil das Vermögen als ganzes übergeht. Gehört dazu ein
Betrieb, so erfolgt der Betriebsinhaberwechsel kraft Gesetzes. Der Rechts-
nachfolger tritt dann auch automatisch in die Arbeitsverhältnisse anstelle des
bisherigen Arbeitgebers ein (vgl. Staudinger-Richardi, BGB, § 613a, Rz. 76).
§ 613a BGB greift deshalb nicht ein in Fällen der Gesamtrechtsnachfolge.
§ 613a BGB erfaßt somit nur Fälle der Einzelrechtsnachfolge. Erfaßt werden
somit alle Betriebsinhaberwechsel, die nicht aufgrund einer Gesamtrechtsnachfolge vollzogen werden (BAG, Urteil vom 25. 2. 1981 – 5 AZR 991/87 –,
AP Nr. 24 zu § 613a BGB).

c) Qualität des Rechtsgeschäfts

Ein Betriebsübergang ist dann vollzogen, wenn der Erwerber die Möglichkeit   **32**
erwirbt, die tatsächliche Leitungsmacht auszuüben. Das von § 613a BGB
geforderte Rechtsgeschäft muß deshalb auf die Übertragung dieser Leitungsmacht ausgerichtet sein (BAG, Urteil vom 28. 4. 1987 – 3 AZR 75/86 –, BB
1988, 831). Ausschlaggebend ist deshalb, ob durch privatautonome Gestaltung ein anderer die wesentlichen Betriebsmittel nutzen kann (vgl. Staudinger-Richardi, BGB, § 613a, Rz. 80). Dabei ist nicht notwendig, daß der
Betriebsinhaberwechsel auf einem einzigen Rechtsgeschäft beruht. Ebenso
wenig kommt es darauf an, ob zwischen dem Veräußerer und dem Erwerber
unmittelbare Rechtsbeziehungen bestehen. Vielmehr kann die Leitungsmacht
auch durch ein Bündel von verschiedenen Rechtsgeschäften über einzelne
wesentliche Betriebsmittel übertragen werden (vgl. BAG, Urteil vom 22. 5.
1985 – 5 AZR 30/84 –, AP Nr. 42 zu § 613a BGB). So kann der Erwerber die
für die Betriebsführung wesentlichen Betriebsmittel auch von Dritten erwerben (BAG, Urteil vom 22. 5. 1985 – 5 AZR 173/84 –, AP Nr. 43 zu § 613a
BGB). Schließlich kommt es auch nicht darauf an, ob die dem Übergang
zugrunde liegenden Rechtsgeschäfte wirksam sind. Der Übergang ist dann
ggf. rückgängig zu machen. Bis dahin ist der Erwerber Arbeitgeber der
Arbeitnehmer (BAG, Urteil vom 6. 2. 1985 – 5 AZR 411/83 –, AP Nr. 44 zu
§ 613a BGB).

Rechtsgeschäfte, die zu einem Übergang der Arbeitsverhältnisse führen, können z. B. Kaufverträge, Pacht- und Mietverträge oder auch Mischformen
davon sein. Auch die Begründung eines Nießbrauchsrechts kann die Rechtsfolgen des § 613a BGB auslösen. § 613a Abs. 1 Satz 1 BGB greift nach allerdings umstrittener Auffassung ebenso ein, wenn dem Betriebsübergang ein
öffentlich-rechtlicher Vertrag nach §§ 54 ff. VwVfG zugrunde liegt. Auch

insoweit handele es sich um ein Rechtsgeschäft. Zumindest folge die Anwendung aus § 62 Satz 2 VwVfG (vgl. Münchener Kommentar – Schaub, BGB, § 613 a, Rz. 36).

33 Im Streitfall ist der Arbeitnehmer dafür darlegungs- und beweispflichtig, daß ein Betrieb oder Betriebsteil durch Rechtsgeschäft übergegangen ist. Die Rechtsprechung kommt ihm jedoch mit gewissen Beweiserleichterungen entgegen. Kann er darlegen, daß der in Anspruch genommene Betriebserwerber die wesentlichen Betriebsmittel des bisherigen Inhabers verwendet, um gleichartige Aktivitäten zu führen, so spricht der Beweis des ersten Anscheins dafür, daß dies aufgrund eines Rechtsgeschäftes geschieht (BAG, Urteil vom 15. 5. 1985 – 5 AZR 276/84 –, AP Nr. 41 zu § 613 a BGB).

3. Widerspruchsrecht der Arbeitnehmer

34 Der Eintritt der Rechtsfolgen des § 613 a BGB ist nicht von der Zustimmung des Veräußerers, des Erwerbers oder der Arbeitnehmer abhängig. Der Veräußerer kann den Übergang des Arbeitsverhältnisses nur dadurch verhindern, daß er den Arbeitnehmer in einen nicht übergehenden Betriebsteil umsetzt. Dies ist aber nur dann möglich, wenn der Arbeitnehmer vertraglich auch verpflichtet ist, in einem anderen Betriebsteil zu arbeiten. Besteht eine derartige Verpflichtung nicht, bedarf es einer entsprechenden Vereinbarung oder einer Änderungskündigung, die auf ihre soziale Rechtfertigung hin überprüfbar ist. Veräußerer und Erwerber können den Übergang eines Arbeitsverhältnisses nicht ausschließen (BAG, Urteil vom 26. 5. 1983 – 2 AZR 477/81 –, DB 1983, 2690). § 613 a BGB Abs. 1 Satz 1 BGB enthält selbst keine Möglichkeit für den Arbeitnehmer, den Übergang seines Arbeitsverhältnisses auf den Betriebserwerber zu verhindern. In Rechtsprechung und Literatur war deshalb umstritten, ob ein Widerspruchsrecht des Arbeitnehmers gegen den Übergang des Arbeitsverhältnisses besteht. Das BAG hat ein solches Widerspruchsrecht in ständiger Rechtsprechung angenommen (BAG, Urteile vom 2. 10. 1974 – 5 AZR 504/73 –, 17. 11. 1977 – 5 AZR 618/76 – und vom 6. 2. 1980 – 5 AZR 275/78 –, AP 1, 10, 21 zu § 613 a BGB; BAG, Urteil vom 30. 10. 1986 – 2 AZR 101/85 –, NZA 1987, 524).

a) Rechtsdogmatische Verankerung

35 Das BAG hat das Widerspruchsrecht des Arbeitnehmers daraus hergeleitet, daß es verfassungsrechtlichen Grundsätzen widerspreche, wenn in einem Vertragsverhältnis gegen den Willen des einen Vertragspartners der andere Vertragspartner ausgetauscht werde (BAG, Urteil vom 2. 10. 1974 – 5 AZR 504/73 –, AP Nr. 1 zu § 613 a BGB).

Durch die Rechtsprechung des EuGH wurde erneut zweifelhaft, ob dem   36
Arbeitnehmer ein solches Widerspruchsrecht zusteht. Der EuGH hatte – es
handelte sich um einen niederländischen Fall – festgestellt, daß nach EG-
Richtlinien eine Mithaftung des Veräußerers bestehe, wenn der Arbeitnehmer ein Widerspruchsrecht habe (EuGH, Urteil vom 5. 5. 1988, 144/87 u.
145/87, NZA 1990, 885). Der EuGH ist vielfach dahingehend verstanden worden, daß nach europäischem Recht ein Widerspruchsrecht des Arbeitnehmers nicht besteht, folglich auch gegen seinen Willen das Arbeitsverhältnis
auf den Betriebserwerber übergeht (Bauer, NZA 1990, 881; 1991, 131;
Mailicke, DB 1990, 1770; DB 1991, 1326; a. A. Heither, NZA 1991, 136;
Däubler, NZA 1991, 134; Jost, ZIP 1991, 220; Oetker, NZA 1991, 137; Loew,
DB 1991, 546; ArbG Hamburg, Urteil vom 14. 2. 1991 – 25b Ca 252/90 –, DB
1991, 1333; LAG Berlin, Urteil vom 12. 6. 1991 – 12 Sa 19/91 –, DB 1992, 44).
Die durch die Rechtsprechung des EuGH ausgelösten Zweifel hatten das
BAG veranlaßt, durch einen Vorlagebeschluß dem EuGH Gelegenheit zu
geben, seine Rechtsprechung näher zu präzisieren (BAG, Vorlagebeschluß an
EuGH vom 21. 5. 1992 – 2 AZR 491/91 –, AP Nr. 36 zu § 613 a BGB). Der
EuGH hat in einer weiteren Entscheidung (EuGH, Urteil vom 16. 12. 1992 –
Rs C 132, 138 und 139/91 –, DB 1993, 230) die Rechtsprechung des BAG
akzeptiert und ausdrücklich festgestellt, daß die Annahme eines Widerspruchsrechts durch die deutsche Rechtsprechung europarechtlichen Anforderungen genüge. Der Europäische Gerichtshof hat dem deutschen Gesetzgeber ausdrücklich zugebilligt, die Rechte des Arbeitnehmers weiter zu
gestalten, als dies nach europäischen Rechtsvorschriften erforderlich ist; das
Europarecht schreibt insoweit nur Mindestanforderungen fest (EuGH, Urteil
vom 16. 12. 1992 – Rs C 132, 138 und 139/91 –, DB 1993, 230). Das BAG hat
daraufhin seine ursprüngliche Auffassung nochmals bestätigt (BAG, Urteil
vom 7. 4. 1993 – 2 AZR 449/91 (B) –, BB 1993, 1596).

b) Ausübung des Widerspruchs

Der von jedem einzelnen Arbeitnehmer zu erklärende Widerspruch ist eine   37
einseitige empfangsbedürftige Willenserklärung. Der Widerspruch kann
dabei ausdrücklich, aber auch konkludent erklärt werden. Nach Auffassung
des BAG soll schon in der arbeitnehmerseitigen Kündigungserklärung der
Widerspruch gegen den Übergang des Arbeitsverhältnisses liegen (BAG,
Urteil vom 21. 7. 1977, – 3 AZR 703/75 –, AP Nr. 8 zu § 613 a BGB). Dem wird
entgegengehalten, daß das Rechtsinstitut des Widerspruchsrechts gerade als
Alternative zur Kündigung des Arbeitnehmers entwickelt worden sei. Kün-
dige der Arbeitnehmer ordentlich, so wolle er bis zum Ablauf der Kündigungsfrist bei dem neuen Arbeitgeber durchaus weiter arbeiten und dann
erst aus dem Betrieb ausscheiden. Er sei deshalb regelmäßig zunächst mit

dem Übergang des Arbeitsverhältnisses einverstanden (Münchener Handbuch Arbeitsrecht – Wank, § 120, Rz. 96).

38 Das Widerspruchsrecht steht nur dem einzelnen Arbeitnehmer zu. Widerspruchsberechtigt ist nicht etwa der Personalrat (BAG, Urteil vom 2. 10. 1974, – 2 AZR 504/73 –, AP Nr. 1 zu § 613 a BGB). Allerdings wird man dem einzelnen Arbeitnehmer das Recht einräumen müssen, den Personalrat zu bevollmächtigen, für ihn das Widerspruchsrecht auszuüben. Dies wird insbesondere dann von Bedeutung sein, wenn die vom Betriebsübergang betroffene Belegschaft beabsichtigt, kollektiv zu widersprechen. Es kann durchaus den Interessen aller betroffenen Arbeitnehmer entsprechen, daß entweder alle oder keiner ihr Widerspruchsrecht ausüben.

39 Der Widerspruch kann sowohl gegenüber dem Veräußerer als auch gegenüber dem Erwerber erklärt werden (Münchener Handbuch Arbeitsrecht – Wank § 120, Rz. 95). Da es sich um eine empfangsbedürftige Willenserklärung handelt, ist große Sorgfalt darauf zu legen, daß der Zugang der Erklärung später nachgewiesen werden kann. Wenngleich auch kein Schriftformerfordernis besteht, empfiehlt sich jedenfalls eine schriftliche Ausübung.

40 Der Widerspruch bedarf keiner Begründung. Bei einem Wechsel des Betriebsinhabers kann der Arbeitnehmer dem Übergang seines Arbeitsverhältnisses auf den Betriebsnachfolger grundsätzlich nur bis zu dem Zeitpunkt widersprechen, zu dem der Betrieb auf den Erwerber übergeht (BAG, Urteil vom 17. 11. 1977 – 5 AZR 618/76 –, AP Nr. 10 zu § 613 a BGB). Bei einer übertragenden Privatisierung werden die Arbeitnehmer aufmerksam sein müssen. Wollen sie nicht aus dem öffentlichen Dienst ausscheiden, müssen sie sofort handeln. Sie können insbesondere nicht zunächst die Arbeit bei dem privaten Erwerber aufnehmen und zu einem späteren Zeitpunkt erklären, nicht mit dem Übergang des Arbeitsverhältnisses einverstanden zu sein. Denn es entspricht der ständigen Rechtsprechung des BAG, daß derjenige, der in Kenntnis des Betriebsübergangs die Arbeit bei dem neuen Arbeitgeber ohne Vorbehalt fortsetzt, dem Übergang seines Arbeitsverhältnisses zustimmt und somit später nicht sich eines anderen besinnen kann (BAG, Urteil vom 17. 11. 1977 – 5 AZR 618/76 –, AP Nr. 10 zu § 613 a BGB).

41 Dies setzt natürlich voraus, daß die Arbeitnehmer tatsächlich auch Kenntnis von der bevorstehenden Privatisierung haben. Fehlt es daran, so kann der Widerspruch auch noch nach Vollzug der Privatisierungsmaßnahme erklärt werden. Den betroffenen Arbeitnehmern soll dann eine angemessene Überlegungsfrist zustehen. Begründet wird dies damit, daß Gelegenheit bestehen müsse, sich über die rechtlichen Vor- und Nachteile eines Widerspruchs Aufschluß zu verschaffen (Staudinger-Richardi, BGB, § 613 a, Rz. 127). Umstritten ist lediglich, wie lang die Überlegungsfrist zu bemessen ist. Teilweise wird

vertreten, daß eine der 3-Wochen-Frist des § 4 KSchG entsprechende Zeitspanne als angemessen zu betrachten sei (Birk, Anmerkung zu BAG AP Nr. 10 zu § 613 a BGB; Borngräber, S. 121). Nach anderer Ansicht gelte eine 2-Wochen-Frist (Gaul, S. 201; Pottmeyer, ZfA 1989, 239, 256). Andere wiederum verweisen auf eine Bestimmung aus dem Mietrecht, nämlich § 569 a Abs. 1 BGB. Nach dieser Bestimmung kann ein Familienangehöriger dem Eintritt in ein Mietverhältnis bei dem Tod eines mit ihm in einem gemeinsamen Hausstand lebenden Mieters widersprechen. Es gilt eine Monatsfrist, die auf das Widerspruchsrecht im Rahmen des § 613 a BGB übertragen werden soll (Staudinger-Richardi, BGB, § 613 a, Rz. 127; Seiter, S. 71). Viel spricht dafür, § 2 Satz 2 KSchG analog anzuwenden. Bei einer Änderungskündigung steht der Arbeitnehmer vor einer vergleichbaren Situation. Auch dort muß er überlegen, ob er eine Änderung der Arbeitsbedingungen endgültig ablehnt oder ggf. bereit ist, zu geänderten Bedingungen das Arbeitsverhältnis fortzusetzen. Der Arbeitnehmer kann den Vorbehalt des § 2 Satz 1 KSchG nur bis zum Ablauf der Kündigungsfrist, höchstens jedoch innerhalb von drei Wochen nach Zugang der Änderungskündigung erklären. Auch bei dem Betriebsinhaberwechsel ändern sich letztlich Arbeitsbedingungen. Im Falle der Privatisierung wird der bislang öffentliche Arbeitgeber durch einen privatrechtlich organisierten Betreiber ausgetauscht. Es erscheint deshalb sachgerecht, einen Widerspruch für noch rechtzeitig zu erachten, der in der Frist des § 2 Satz 2 KSchG erklärt worden ist (ebenso Münchener Handbuch Arbeitsrecht-Wank, § 120, Rz. 96).

§ 613 a BGB selbst enthält keine Informationspflicht zugunsten der betroffe- **42** nen Arbeitnehmer. Die an der Privatisierung beteiligten Arbeitgeber sind insoweit nicht verpflichtet, die Mitarbeiter zu informieren. Informationspflichten können sich allerdings aus mitbestimmungsrechtlichen Bestimmungen ergeben (vgl. hierzu Rz. 258 ff., 334 ff.). Ungeachtet dessen kann es ratsam sein, die betroffenen Arbeitnehmer über die geplante Privatisierungsmaßnahme zu unterrichten und sie aufzufordern, innerhalb einer angemessenen Überlegungsfrist dem Übergang ihres Arbeitsverhältnisses zu widersprechen, wenn sie nicht bereit sind, in die Dienste des privaten Erwerbers einzutreten. Äußern sich die Arbeitnehmer in der gesetzten Frist nicht, so gilt das Schweigen des Arbeitnehmers als Zustimmung (BAG, Urteil vom 17. 11. 1977 – 5 AZR 618/76 –, AP Nr. 10 zu § 613 a BGB).

Für die Arbeitnehmer kann es allerdings problematisch werden, wenn der **43** bisherige Arbeitgeber oder der Erwerber aus taktischen Gründen die Durchführung der Privatisierung erst kurz vor deren Vollzug bekannt gibt. Wenngleich grundsätzlich jedenfalls dann, wenn die Arbeitnehmer über den bevorstehenden Betriebsinhaberwechsel informiert sind, das Widerspruchsrecht bis zu dem Zeitpunkt auszuüben ist, zu dem der Betrieb auf den Erwerber übergeht (BAG, Urteil vom 17. 11. 1977 – 5 AZR 618/76 –, AP Nr. 10 zu § 613 a

BGB), so wird man den Arbeitnehmern auch hier eine angemessene Überlegungsfrist zubilligen müssen. Ist die verbleibende Frist zu kurz, so kann ausnahmsweise trotz Kenntnis der bevorstehenden Privatisierung das Widerspruchsrecht auch noch nach deren Vollzug ausgeübt werden.

44 Aus strategischen Überlegungen heraus kann es erwägenswert sein, daß Arbeitnehmer sich verabreden, das Widerspruchsrecht gemeinschaftlich auszuüben. Dadurch kann möglicherweise die Privatisierung verhindert werden, weil der Übernahmeinteressent auf eine eingespielte Belegschaft angewiesen ist. Zumindest aber kann Druck erzeugt werden, um bei dem Erwerber bestimmte Bedingungen durchzusetzen. Der gemeinschaftlich erklärte Widerspruch wird deshalb teilweise als rechtsmißbräuchlich erachtet (Bauer, S. 58 f.; Münchener Handbuch Arbeitsrecht – Wank, § 120, Rz. 100). Regelmäßig dürfte allerdings der Mißbrauchseinwand unbegründet sein, wenn es darum geht, die Privatisierung als solche zu verhindern. Das Widerspruchsrecht dient ja gerade dazu, es dem Arbeitnehmer zu ermöglichen, den Arbeitgeberwechsel zu vereiteln. Rechtsmißbräuchlich dürfte auch nicht sein, wenn die Arbeitnehmer durch kollektive Ausübung des Widerspruchsrechts besondere Bedingungen durchzusetzen versuchen wie etwa eine Bestandsgarantie für den Erwerber. So hat das BAG hervorgehoben, daß die Arbeitnehmer bei einer Privatisierung ein berechtigtes Interesse daran haben können, den öffentlich-rechtlich organisierten Betriebsinhaber als Arbeitgeber zu behalten. Denn anders als der private Erwerber, der als Handelsgesellschaft aufgelöst und damit wegfallen könne, bleibe eine öffentlich-rechtliche Körperschaft als Arbeitgeberin auf Dauer erhalten. Darüber hinaus unterliege das Arbeitsverhältnis bei dem öffentlich-rechtlichen Arbeitgeber dem Schutz des Personalvertretungsrechts, das anders und zum Teil für den Arbeitnehmer günstiger ausgestaltet sei als das nach der Privatisierung zur Anwendung kommende Betriebsverfassungsrecht. Schon diese beiden Gesichtspunkte sollen es ausschließen, im Widerspruch gegen eine Privatisierung eine mißbräuchliche Rechtsausübung zu sehen (BAG, Urteil vom 6. 2. 1980 – 5 AZR 275/78 –, DB 1980, 1495, 1496 f.). Ein Rechtsmißbrauch dürfte bei Privatisierungen deshalb nur in extremen Ausnahmesituationen anzunehmen sein, etwa dann, wenn dem privaten Arbeitgeber Arbeitsbedingungen quasi abgepreßt würden, die die Arbeitnehmer sonst unter keinen Umständen hätten erreichen können.

45 Das den Arbeitnehmern beim Betriebsübergang eingeräumte Widerspruchsrecht ist weder individual- noch kollektiv-rechtlich abdingbar (vgl. Seiter, S. 100). Der öffentliche Arbeitgeber kann deshalb nicht die Arbeitnehmer wirksam unter Druck setzen, daß er den Eigenbetrieb schließen und allen Arbeitnehmern kündigen werde, wenn sie sich nicht verpflichten, im voraus auf ihr Widerspruchsrecht zu verzichten.

III. Allgemeine Rechtsfolgen des 613 a BGB

Bei der übertragenden Privatisierung gelten im Hinblick auf die allgemeinen **46**
Rechtsfolgen des § 613 a BGB wenig Besonderheiten. Die bestehenden
Arbeitsverhältnisse gehen mit allen Rechten und Pflichten auf den privaten
Betreiber über; zu dem öffentlichen Dienstgeber erlischt das Arbeitsverhält-
nis.

1. Übergang des Arbeitsverhältnisses

Das Arbeitsverhältnis geht auch bei der Privatisierung ohne inhaltliche **47**
Änderungen auf den privaten Arbeitgeber über. Dabei handelt es sich um
den gesetzlichen Übergang eines Vertragsverhältnisses. Es findet nicht etwa
bloß eine cessio legis (§ 412 BGB) statt. Der bisherige Arbeitgeber wird auch
nicht gem. den §§ 414 f. BGB durch befreiende Schuldübernahme entpflichtet
(Staudinger-Richardi, BGB, § 613 a, Rz. 105; Heinze, DB 1980, 205). Die gesetzliche Vertragsübertragung hat nicht nur Bedeutung für die Zukunft; der
Erwerber tritt auch ein für in der Vergangenheit erworbene Ansprüche. Er
übernimmt den gesamten sozialen Besitzstand, den der Arbeitnehmer im
Laufe seines Arbeitsverhältnisses erdient hat (BAG, Urteil vom 20. 7. 1993 –
3 AZR 99/93 –, BB 1994, 220). Hat der Arbeitnehmer beispielsweise einen
Anspruch auf eine Jubiläumszuwendung, so beginnt mit der Privatisierung
nicht die Betriebszugehörigkeit von neuem an zu laufen. Der Erwerber muß
vielmehr die frühere Betriebszugehörigkeit voll anrechnen. Dies gilt beispielsweise auch für verlängerte Ansprüche auf Entgeltfortzahlung im
Krankheitsfall nach § 37 Abs. 2 BAT. Wird der Arbeitnehmer mit der Privatisierung arbeitsunfähig krank und hat er bei dem öffentlichen Dienstgeber
bereits eine mindestens zehnjährige Betriebszugehörigkeit zurückgelegt, so
hat er Anspruch auf Entgeltfortzahlung bis zum Ende der 26. Woche.

Nach § 613 a Abs. 1 Satz 1 BGB gehen nur bestehende Arbeitsverhältnisse **48**
über. Unbeachtlich dabei ist, ob es sich um befristete oder unbefristete
Arbeitsverhältnisse handelt. Durch den Betriebsinhaberwechsel bleibt allerdings die Befristung unberührt. Ebenso ist nicht von Bedeutung, ob es sich
um Teilzeit- oder Vollzeitarbeitsplätze handelt (Staudinger-Richardi, BGB,
§ 613 a, Rz. 108). Der Übergang des Arbeitsverhältnisses tritt auch für sog.
geringfügig beschäftigte Arbeitnehmer und Aushilfskräfte ein. Auch ihr
Arbeitsverhältnis wird auf den privaten Erwerber übertragen. § 613 a BGB
greift auch unabhängig von der Stellung des Arbeitnehmers ein. So werden
selbstverständlich auch Arbeitsverhältnisse leitender Angestellter überführt.
Ist der Leiter einer Dienststelle Arbeitnehmer, so wird auch sein Arbeitsverhältnis von den Rechtsfolgen des § 613 a BGB erfaßt.

49 Schließlich kommt es auch nicht darauf an, ob das Arbeitsverhältnis bereits gekündigt ist. Hat der öffentliche Dienstgeber beispielsweise innerhalb der Probezeit das Arbeitsverhältnis eines Arbeitnehmers gekündigt, so geht es dennoch auf den Privatisierungswilligen über. Allerdings befindet er sich auch dort im gekündigten Zustand, so daß bei rechtlicher Wirksamkeit der Kündigung das Arbeitsverhältnis bei dem Erwerber mit Ablauf der Kündigungsfrist endet (BAG, Urteil vom 22. 2. 1978 – 5 AZR 800/76 –, AP Nr. 11 zu § 613 a BGB). Eine gegenüber dem bisherigen Betriebsinhaber erhobene Kündigungsschutzklage wird nach § 256 ZPO mit Wirkung gegenüber dem Erwerber vom Veräußerer fortgesetzt (BAG, Urteil vom 15. 12. 1976 – 5 AZR 600/75 –, AP Nr. 3 zu § 611 BGB – Arzt-Krankenhaus-Vertrag).

50 Von § 613 a Abs. 1 Satz 1 BGB nicht erfaßt werden hingegen bereits beendete Arbeitsverhältnisse. Ob im Zeitpunkt der Privatisierung das Arbeitsverhältnis bereits beendet war, ist häufig schwer zu beurteilen. Denn der Eintritt der Rechtsfolgen des § 613 a Abs. 1 Satz 1 BGB hängt keineswegs davon ab, zu welchem Zeitpunkt die die Privatisierung legitimierenden Rechtsgeschäfte abgeschlossen werden. Das BAG hat zu der Frage, wann ein Betriebsübergang vollzogen ist und der Übergang der Arbeitsverhältnisse stattfindet, in zahlreichen Entscheidungen Stellung genommen: Es hat entschieden, ein Betriebsübergang sei dann vollzogen, wenn der Erwerber mit den notwendigen sachlichen Betriebsmitteln den Betrieb weiterführen und die vom Betriebsvorgänger geschaffenen technisch-organisatorischen Voraussetzungen für sich verwerten könne. Es komme nicht darauf an, ob der Erwerber diese Möglichkeit auch nutze (BAG, Urteil vom 18. 8. 1976 – 5 AZR 95/75 –, AP Nr. 4 zu § 613 a BGB; Urteil vom 15. 11. 1978 – 5 AZR 199/77 –, AP Nr. 14 zu § 613 a BGB). In späteren Entscheidungen hat das BAG auf das Kriterium der „tatsächlichen Leitungsmacht" abgestellt. Ein Betriebsübergang sei dann vollzogen, wenn der Erwerber die Möglichkeit habe, die tatsächliche Leitungsmacht zu übernehmen (BAG, Urteil vom 28. 4. 1987 – 3 AZR 75/86 –, BB 1988, 831; Urteil vom 28. 4. 1987 – 3 AZR 586/86 –, BB 1988, 411; Urteil vom 29. 11. 1988 – 3 AZR 250/87 –, BB 1989, 559).

51 Es hat weiter hervorgehoben, daß nach objektiven Gesichtspunkten ermittelt werden müsse, wann ein Betriebsübergang erfolgt sei. Der Zeitpunkt des Betriebsinhaberwechsels sei nicht disponibel. Entschließe sich der Erwerber beispielsweise, erst später die Betriebsleitung zu übernehmen, so könne er sich damit nicht den Rechtsfolgen aus § 613 a BGB entziehen oder sie auf einen späteren Zeitpunkt verlegen. Es komme deshalb nur darauf an, ob die Möglichkeit der Übernahme der Leitungsmacht bestehe, ob sie auch genutzt werde, sei unerheblich (BAG, Urteil vom 16. 10. 1987 – 7 AZR 519/86 –, DB 1988, 712). Nach Auffassung des BAG kommt es insbesondere nicht darauf an, wann die endgültigen Verträge zur Übertragung der Vermögenswerte abgeschlossen werden. In ihnen liegt nicht notwendig das Rechtsgeschäft, so wie es § 613 a BGB voraussetzt. Die Rechtsgeschäfte, die zur Privatisierung notwendig sind, können vielmehr dem Betriebsübergang nachfolgen (BAG, Urteil vom 8. 11. 1988 – 3 AZR 159/87 –, BB 1989, 914; Urteil vom 23. 7. 1991 – 3 AZR 366/90 –, DB 1992, 96). Kann der Privatisierende auf die Leitungsmacht zugreifen oder ist ihm die Befugnis eingeräumt worden, dies zu tun, so geht das Arbeitsverhältnis auf ihn über, auch wenn erst später die Verträge zur Privatisierung geschlossen oder wirksam werden.

Zuordnungsprobleme können sich ergeben, wenn nur ein Bereich einer **52** Dienststelle privatisiert wird oder Bereiche von unterschiedlichen Privaten übernommen werden. Solange der Arbeitnehmer einem bestimmten Arbeitsbereich zugeordnet werden kann, wird es noch einfach sein zu beurteilen, ob ein Wechsel des Arbeitgebers eintritt oder nicht. Ist der Arbeitnehmer aber übergreifend für mehrere Bereiche tätig, so muß geprüft werden, wer das Arbeitsverhältnis fortführen muß. Gerade bei Mitarbeitern in leitender Funktion wird sich die Frage stellen, ob das Arbeitsverhältnis übergeht, wenn er für mehrere, aber eben nur zum Teil privatisierte Bereiche verantwortlich war (BAG, Urteil vom 20. 7. 1982 – 3 AZR 261/80 –, AP Nr. 31 zu § 613 a BGB). Auszugehen ist zunächst von dem Schwerpunkt der Arbeit der betreffenden Person. Läßt sich dieser nicht feststellen, so könnte darauf abgestellt werden, wie der bisherige Betriebsinhaber den Beitrag des Arbeitnehmers für die ihm verbleibende Arbeitsorganisation bewertet. Richardi weist zu Recht darauf hin, daß es sich insoweit nicht um ein Gestaltungsrecht des bisherigen Dienstgebers handelt, sondern um ein Problem der tatsächlichen Beurteilung (Staudinger-Richardi, BGB, § 613 a, Rz. 115). Andere Stimmen wollen dem bisherigen Betriebsinhaber das Recht einräumen, nach billigem Ermessen festzulegen, welche nicht einzuordnenden Arbeitsverhältnisse auf den Erwerber übergehen sollen (so Bauer, Unternehmensveräußerung, S. 47). Wieder andere wollen den betroffenen Arbeitnehmern ein Wahlrecht einräumen (so von Hoyningen-Huene/Windbichler, RdA 1977, 329, 334). Gemeinsam ist ihnen, daß sie die Bedeutung des Vertragsübergangs kraft Gesetzes verkennen. Der Eintritt der Rechtsfolgen des § 613 a BGB kann nicht davon abhängig sein, wie der Betriebsveräußerer oder der betroffene Arbeitnehmer entscheidet. Es kann nur auf die objektiven Gegebenheiten ankommen. Ggf. muß das Arbeitsgericht entscheiden.

Ruheständler werden ebenfalls von der Privatisierung nicht mehr berührt. **53** Versorgungsansprüche können sich dann nicht gegen den privaten Arbeitgeber richten; sie bestehen allein gegenüber dem öffentlichen Dienstgeber (BAG, Urteil vom 15. 3. 1979 – 3 AZR 859/77 –, AP Nr. 15 zu § 613 a BGB; BAG, Urteil vom 24. 3. 1987 – 3 AZR 384/85 –, AP Nr. 1 zu § 26 HGB).

Nicht unter § 613 a BGB fallen sog. arbeitnehmerähnliche Personen, weil sie **54** nicht in einem Arbeitsverhältnis stehen. Auch eine entsprechende Anwendung kommt nicht in Betracht (BAG, Urteil vom 3. 7. 1980 – 3 AZR 1077/78 –, BAGE 34, 34).

55   § 613 a gilt auch nicht für Organmitglieder einer juristischen Person. Hat die öffentliche Hand beispielsweise einen eigenen Betrieb in der Rechtsform einer GmbH oder Aktiengesellschaft geführt, so bleiben deren Geschäftsführer oder Vorstände vom Übergang der Dienstverhältnisse ausgenommen. Übertragen werden allerdings Berufsausbildungsverhältnisse. Auf sie ist gem. § 3 Abs. 2 BBiG § 613 a BGB als Vorschrift des Arbeitsrechts anzuwenden.

56   Da § 613 a BGB nur auf Arbeitsverhältnisse Anwendung findet, werden Beamte von der gesetzlichen Vertragsübertragung nicht erfaßt. Sie verbleiben deshalb bei dem öffentlichen Dienstgeber. Ob dieser sie dann im Rahmen von Gestellungsverträgen dem Privatisierenden gegen Entgelt zur Verfügung stellt, führt nicht zur Begründung eines Arbeitsverhältnisses mit dem Erwerber und hat ebenso nicht die Beendigung des Beamtenverhältnisses zum öffentlichen Dienstgeber zur Folge. Für sog. Dienstordnungsangestellte gilt dies nicht. Wenngleich deren Dienstverhältnis weitgehend dem Beamtenrecht unterfällt, sind sie dennoch Arbeitnehmer.

2. Unabdingbarkeit

57   § 613 a BGB ist unabdingbar; sie ist eine Norm zwingenden Rechts (BAGE 27, 291, 298). Durch Vertrag zwischen dem öffentlichen Dienstgeber und dem Privaten kann der Übergang aller oder einzelner Arbeitsverhältnisse nicht ausgeschlossen werden. Umgekehrt ist nicht erforderlich, daß die Übernahme der Belegschaft Vereinbarungsinhalt ist. Denn sie tritt kraft Gesetzes ohnehin ein. Nur dann, wenn über den Inhalt des § 613 a BGB hinausgehende Verpflichtungen übernommen werden sollen, bedarf es einer Regelung im Privatisierungsvertrag. Durch Vereinbarung zwischen Veräußerer und Erwerber dürfen arbeitsvertragliche Rechte auch nicht modifiziert werden. Es gilt insoweit nicht nur eine Bestands-, sondern auch eine Inhaltsgarantie. In diesem Zusammenhang hat sich das BAG mit der Frage auseinandergesetzt, ob eine Vereinbarung, wonach der Veräußerer eines Betriebes gegenüber der Belegschaft alleiniger Schuldner aller Versorgungsverpflichtungen bleibt, wirksam ist. So könnten der öffentliche Dienstgeber und der private Erwerber erwägen zu vereinbaren, daß allein der öffentliche Arbeitgeber Schuldner aller Versorgungsverpflichtungen aus der Zusatzversorgung bleibt und ggf. neue Ansprüche bei dem privaten Arbeitgeber nicht erworben werden können. Begründen könnte man dies damit, daß der private Arbeitgeber nicht ohne weiteres Mitglied in der Zusatzversorgungseinrichtung des öffentlichen Dienstes werden könne und deshalb nicht in der Lage sei, die bisherige Versorgung aufrechtzuerhalten. Das BAG hat derartigen Vereinbarungen eine eindeutige Absage erteilt und festgestellt, daß sie gegen § 613 a BGB in Verbindung mit § 4 BetrAVG verstoßen und deshalb auch dann nichtig sind, wenn die versorgungsberechtigten Arbeitnehmer zustimmen (BAG, Urteil vom 14. 7. 1981 – 3 AZR 517/80 –, AP Nr. 27 zu § 613 a BGB). Die betroffenen Arbeitnehmer werden insoweit quasi vor sich selbst geschützt; ihre Zustimmung bindet sie nicht.

Etwas anderes gilt für Vereinbarungen, die der Erwerber mit den betroffenen Arbeitnehmern trifft. Der Erwerber tritt zwar zunächst in die Rechte und Pflichten aus den bei der Privatisierung bestehenden Arbeitsverhältnissen ein. Der neue Arbeitgeber und die Arbeitnehmer können aber vereinbaren, den Vertrag zu ändern. Soweit die gewünschte Regelung der Disposition der Arbeitsvertragsparteien unterliegt, sind Änderungen möglich. Dabei ist allerdings die Beschränkung des § 613 a Abs. 1 Satz 2 zu beachten. Sind nämlich Rechte und Pflichten durch Rechtsnormen eines Tarifvertrages oder eine Betriebsvereinbarung bzw. Dienstvereinbarung geregelt, so werden sie zum Inhalt des Arbeitsvertrages mit dem Erwerber und dürfen nicht vor Ablauf eines Jahres nach dem Übergang zum Nachteil des Arbeitnehmers geändert werden (vgl. hierzu Ausführungen unten unter Rz. 173 ff.) Arbeitnehmer und Erwerber können deshalb auch vereinbaren, das Arbeitsverhältnis überhaupt nicht fortzusetzen (BAG, Urteil vom 14. 7. 1981 – 3 AZR 517/80 –, AP Nr. 27 zu § 613 a BGB). Einschränkungen macht das BAG bei dem Verzicht auf rückständige Löhne oder Sozialleistungen. Hier soll ein mit dem Erwerber vereinbarter Erlaß nur dann wirksam sein, wenn es hierfür sachliche Gründe gibt, insbesondere wenn dadurch Arbeitsplätze erhalten werden können (BAG, Urteile vom 18. 8. 1976 – 5 AZR 95/75 – und 26. 1. 1977 – 5 AZR 302/75 – AP Nr. 4 und 5 zu § 613 a BGB; a. A. Kraft, 25 Jahre BAG, 299, 312; Seiter, Anm. zu AP Nr. 5 zu § 613 a BGB). Einschränkungen ergeben sich insbesondere für Ansprüche aus betrieblicher Altersversorgung. § 3 BetrAVG verbietet die Abfindung einer Versorgungsanwartschaft nach zehnjähriger Zusagedauer. Da auch schon die Abfindung einer Anwartschaft einen Verzicht auf die Versorgungsrechte mitbeinhaltet, wenn auch gegen Zahlung eines Entgelts, kann für einen entschädigungslosen Verzicht nichts anderes gelten (BAG, Urteil vom 22. 9. 1987 – 3 AZR 194/86 –, BB 1988, 831). Solange das Arbeitsverhältnis noch nicht auf den privaten Arbeitgeber übergegangen ist, gilt das Abfindungsverbot des § 3 BetrAVG nicht. Denn nach § 18 BetrAVG findet u.a. das Abfindungs- und Verzichtsverbot des § 3 Abs. 1 BetrAVG keine Anwendung für Arbeitnehmer, die durch Zusatzversorgungseinrichtungen abgesichert sind oder denen Anspruch auf eine Versorgung nach beamtenrechtlichen Grundsätzen zusteht. Mit dem Vollzug des Betriebsinhaberwechsels gilt § 18 BetrAVG aber nicht mehr. Denn mit dem Wechsel des Arbeitgebers scheidet der Arbeitnehmer aus dem öffentlichen Dienst aus. Der private Arbeitgeber

58

unterliegt deshalb vollumfänglich dem Verzichts- und Abfindungsverbot des § 3 Abs. 1 BetrAVG.

59 Vereinbarungen zwischen dem öffentlichen Dienstgeber und dem Arbeitnehmer zur Abänderung des Arbeitsvertragsinhalts sind unwirksam, soweit dies aus Anlaß der Privatisierung geschieht. Werden Arbeitnehmer mit Hinweis auf eine geplante Veräußerung einer Dienststelle und Arbeitsplatzgarantien des Erwerbers veranlaßt, ihre Arbeitsverhältnisse mit dem Veräußerer selbst fristlos zu kündigen oder Auflösungsverträgen zuzustimmen, um dem Erwerber dann zu ermöglichen, inhaltlich andere Arbeitsverträge neu abzuschließen, so liegt darin eine Umgehung des § 613a Abs. 4 Satz 1 BGB (BAG, Urteil vom 28. 4. 1987 – 3 AZR 75/86 –, BB 1988, 831). Hieraus folgt, daß auch über eine solche Vorgehensweise Ansprüche der Arbeitnehmer auf eine Zusatzversorgung nicht aufgehoben werden können. Auch hier werden die Betroffenen davor geschützt, aus unbedachtem oder durch Furcht vor einem drohenden Arbeitsplatzverlust veranlaßten Handeln auf betriebliche Altersversorgungsansprüche zu verzichten.

3. Rechtsfolgen bei zurückgenommenem Widerspruch

60 Denkbar ist, daß Arbeitnehmer zunächst dem Übergang ihres Arbeitsverhältnisses im Rahmen einer Privatisierung auf den privaten Arbeitgeber widersprechen. Besinnen sie sich eines Besseren, so wollen sie möglicherweise das Arbeitsverhältnis mit dem privaten Arbeitgeber fortsetzen. Sie werden überlegen, den Widerspruch zurückzunehmen. Da es sich bei dem Widerspruchsrecht aber um ein Gestaltungsrecht handelt (vgl. Ausführungen unter Rz. 68 ff.), geht dies nur mit Zustimmung des Erwerbers. Anderenfalls bleibt nur der Abschluß eines neuen Arbeitsverhältnisses übrig. Für den Arbeitnehmer, der den Widerspruch gegen den Übergang seines Arbeitsverhältnisses zurücknimmt, liegt die Gefahr in der Gestaltungswirkung des von ihm ausgeübten Rechts. Denn der Widerspruch verhindert den Eintritt der Rechtsfolgen des § 613a BGB: Das Arbeitsverhältnis geht dann nicht kraft gesetzlicher Anordnung über (vgl. Staudinger–Richardi, BGB, § 613a, Rz. 123).

61 Zweifelhaft ist, ob diese rechtsgestaltende Wirkung des Widerspruchs durch eine spätere Vereinbarung revidiert werden kann. Dies ist deshalb von großer Bedeutung, weil nur der Übergang des Arbeitsverhältnisses kraft Gesetzes im Hinblick auf den Arbeitsvertrag eine Inhaltsgarantie zur Folge hat. In der Rücknahme des Widerrufs liegt rechtsdogmatisch das Angebot des Arbeitnehmers, das Arbeitsverhältnis zu den bisherigen Bedingungen fortzuführen. Stimmt der Arbeitgeber zu, so nimmt er dieses Angebot an. Das Arbeitsverhältnis geht dann aber nicht kraft Gesetzes über, sondern ab Abgabe eines Angebots und dessen Annahme. Dabei kann die Zustimmung nur noch der

Arbeitgeber erteilen, selbst wenn der Widerspruch gegenüber dem Veräußerer erklärt worden ist. Denn nur er ist rechtlich in der Lage, das Arbeitsverhältnis mit dem betroffenen Arbeitnehmer fortzusetzen. Das Arbeitsverhältnis würde folglich nicht nach § 613 a BGB übergehen, sondern durch eine rechtsgeschäftliche Vertragsübernahme (vgl. Staudinger-Richardi, BGB, § 613 a, Rz. 135). Bei einer vertraglichen Vertragsübernahme steht es aber den Vertragsparteien frei, aus deren Anlaß oder später Modifikationen vorzunehmen. Verzichtsregelungen o.a. wären möglich, der Arbeitnehmer würde nicht mehr vor sich selbst geschützt. Damit wird deutlich, daß die Rücknahme des Widerspruchs den Arbeitnehmer nicht mehr in seine alte Rechtsposition zu versetzen vermag. Das Arbeitnehmerschutzrecht des § 613 a BGB greift endgültig nicht mehr für ihn ein. Gemeinsam mit dem Arbeitgeber kann er frei verfügen, auch die einjährige Veränderungssperre des § 613 a Abs. 1 Satz 2 BGB gilt dann nicht.

4. Kündigungsverbot

§ 613 a Abs. 4 Satz 1 verbietet die Kündigung des Arbeitsverhältnisses durch den bisherigen Arbeitgeber oder durch den neuen Inhaber wegen des Übergangs eines Betriebs oder Betriebsteils. Es handelt sich insoweit um ein spezialgesetzliches Kündigungsverbot. Die §§ 4 ff. KSchG gelten nicht (BAG, Urteil vom 31. 1. 1985 – 2 AZR 530/83 –, BAGE 48, 40). Folglich kann die Unwirksamkeit der aus Anlaß eines Betriebsübergangs ausgesprochenen Kündigung auch außerhalb der Drei-Wochen-Frist des § 4 KSchG geltend gemacht werden. Eine zeitliche Grenze könnten dann nur noch Verwirkungstatbestände bilden. Die Kündigung ist unwirksam, wenn sie wegen des Übergangs eines Betriebs oder Betriebsteils ausgesprochen wird. Veräußerer und Erwerber soll die Möglichkeit genommen werden, die Übertragung dazu zu benutzen, um Arbeitsplätze abzubauen. Der Erwerber wird häufig daran interessiert sein, nur einen Teil der Belegschaft zu übernehmen.

62

Nach § 613 a Abs. 4 Satz 2 BGB bleibt das Recht zur Kündigung des Arbeitsverhältnisses aus anderen Gründen unberührt. Dies bedeutet, daß selbstverständlich von dem Veräußerer oder Erwerber personen-, verhaltens- und insbesondere betriebsbedingte Kündigungen ausgesprochen werden können. Die Kündigungsgründe müssen sich dann an den Erfordernissen einer sozial gerechtfertigten Kündigung nach § 1 KSchG messen lassen (BAG, Urteil vom 26. 5. 1983 – 2 AZR 477/81 –, BAGE 43, 13). Schwierigkeiten wird oftmals die Abgrenzung aufwerfen, ob eine Kündigung aus betriebsbedingten Gründen oder aber wegen des Betriebsinhaberwechsels ausgesprochen wird. Dabei trägt der Arbeitnehmer die Darlegungs- und Beweislast dafür, daß die Veräußerung Kündigungsanlaß war (BAG, Urteil vom 5. 12. 1985 – 2 AZR 3/85 –,

63

AP Nr. 47 zu § 613 a BGB). Hierfür werden dem Arbeitnehmer jedoch Beweiserleichterungen nach dem Anscheinsbeweis zugebilligt werden müssen. Vom Kündigenden wird deshalb verlangt werden müssen, daß er andere Gründe als den Betriebsübergang darlegt und beweist, anderenfalls dürfte zumindest eine Vermutung dafür sprechen, daß die Betriebsveräußerung Anlaß für die Kündigung war (vgl. Münchener Kommentar – Schaub, BGB, § 613a, Rz. 47 a). Hier werden sich insbesondere dann Probleme ergeben, wenn der öffentliche Dienstgeber zugleich auf betriebsbedingte Gründe verweist, die sich aber erst bei dem privaten Erwerber realisieren sollen. Richardi hält deshalb eine Kündigung des Betriebsveräußerers, die erst bei dem Erwerber Wirkung zeitigen soll, für durch die Betriebsveräußerung veranlaßt und damit unwirksam (Staudinger-Richardi, BGB, § 613a, Rz. 215). Das Konzept des Erwerbers könne niemals den Ausschlag darüber geben, ob bereits der Veräußerer eine betriebsbedingte Kündigung aussprechen könne. Nicht er schaffe nämlich die betrieblichen Erfordernisse, die einer Weiterbeschäftigung entgegenstünden, sondern erst der Erwerber. Dem ist entgegenzuhalten, daß Veräußerer und Erwerber nicht gehindert sein können, gemeinsam ein Konzept zur Umstrukturierung eines zu privatisierenden Betriebes zu erarbeiten. Der Schutz vor veräußerungsbedingten Entlassungen verlangt nicht, daß zunächst erst die Betriebsübertragung vollzogen sein muß, und dann erst der Erwerber Strukturierungsmaßnahmen einleiten kann. Richtigerweise führt das BAG deshalb aus, daß die Beschäftigungsmöglichkeit für bestimmte Arbeitnehmer aufgrund eines Umstrukturierungskonzepts auch des Erwerbers wegfällt, daß der bisherige Arbeitgeber bei eigener Fortführung des Betriebes ebenfalls hätte durchführen können (BAG, Urteil vom 26. 5. 1983 – 2 AZR 477/81 – BAGE 43, 13, 25). Unbestritten ist der bisherige Betriebsinhaber berechtigt, vor einer Privatisierung die Dienststelle so zu organisieren, daß Privatisierungsinteressenten gefunden werden können. Kündigungen in diesem Zusammenhang sind berechtigt, wenn sie durch dringende betriebliche Erfordernisse i.S.d. § 1 KSchG abgedeckt sind.

64   Für § 613a Abs. 4 BGB ist unerheblich, ob die Kündigung von dem Betriebserwerber oder dem Veräußerer ausgesprochen worden ist. Erfaßt wird auch jede Art von Kündigungen, also nicht nur Beendigungskündigungen, sondern auch Änderungs- und Teilkündigungen (vgl. Münchener Kommentar – Schaub, BGB, § 613a, Rz. 46). Das gesetzliche Kündigungsverbot unterscheidet auch nicht zwischen ordentlicher oder außerordentlicher Kündigung. Schließlich kann sogar eine vom Arbeitnehmer ausgesprochene Kündigung gegen § 613a Abs. 4 Satz 1 BGB verstoßen (BAG, Urteil vom 28. 4. 1987 – 3 AZR 75/86 –, BB 1988, 831). Selbst Vereinbarungen zwischen dem bisherigen Arbeitgeber und dem Arbeitnehmer zur Beendigung des Arbeitsverhältnisses sind wegen Umgehung des § 613a Abs. 4 Satz 1 BGB nichtig (BAG, Urteil vom 28. 4. 1987 – 3 AZR 75/86 –, BB 1988, 831). Für den privaten

Erwerber ergeben sich nicht unerhebliche Risiken, wenn der öffentliche Dienstgeber vor einer Privatisierung Rationalisierungsmaßnahmen durchgeführt hat. Wurden im Zusammenhang damit Kündigungen ausgesprochen und sind Klagen anhängig, so trägt letztlich der private Erwerber das Risiko. Dies wird nur durch entsprechende Freistellungsregelungen im Privatisierungsvertrag ausgeglichen werden können.

5. Haftung des Veräußerers

§ 613 a Abs. 1 Satz 2 BGB läßt den Veräußerer nur noch beschränkt haften. **65** Neben dem neuen Inhaber des Betriebes haftet er nur für solche Ansprüche, die vor dem Zeitpunkt des Betriebsübergangs entstanden sind und vor Ablauf von einem Jahr nach diesem Zeitpunkt fällig werden. Werden sie nach dem Zeitpunkt des Übergangs fällig, so besteht nur eine zeitanteilige Haftung, nämlich in dem Verhältnis, der dem im Zeitpunkt des Übergangs abgelaufenen Teil des Bemessungszeitraums entspricht. Wird der Anspruch beispielsweise auf ein 13. Gehalt nach dem Privatisierungsakt fällig, so kann er nur teilweise bei dem bisherigen Betriebsinhaber geltend gemacht werden. Der private Arbeitgeber haftet hingegen nicht nur für den Teil der Leistung, der erst nach der Privatisierung erdient wurde.

Das Umwandlungsgesetz trifft hinsichtlich der Haftung des bisherigen Inha- **66** bers abweichende Regelungen. In bestimmten Fällen gilt hier eine erweiterte Haftung (näheres dazu unter Kapitel 2).

6. Ausscheiden aus dem öffentlichen Dienst

Überträgt die öffentliche Hand eine Einrichtung an einen außenstehenden **67** Dritten, in dem sie nicht maßgeblich beteiligt ist, so scheiden die betroffenen Arbeitnehmer aus dem öffentlichen Dienst aus. Ein Wechsel zu anderen Einrichtungen des öffentlichen Dienstes wird dadurch erheblich erschwert. Denn die bei dem privaten Arbeitgeber verbrachte Betriebszugehörigkeit ist nicht ohne weiteres eine Dienstzeit im Sinne der Tarifverträge für den öffentlichen Dienst (vgl. z. B. § 20 BAT oder § 7 BMTG II). Dies hat insbesondere für Altersversorgungsansprüche erhebliche Auswirkungen (dazu unten unter Rz. 85 ff.). Aber auch für Bewährungszeiten u. ä. und andere von der Dauer der Beschäftigung im öffentlichen Dienst abhängige Rechte ist der Austritt aus dem Geltungsbereich der für den öffentlichen Dienst gültigen Tarifverträge von erheblicher Bedeutung. Tritt der Arbeitnehmer später wieder in die Dienste eines öffentlichen Arbeitgebers ein, so beginnen Betriebszugehörigkeitszeiten etc. von neuem zu laufen. Nur dort, wo die frühere Betriebszugehörigkeit kraft tarifvertraglicher Regelungen oder einzelvertraglicher Abreden ausdrücklich einzubeziehen ist, bleibt die frühere Dienstzeit von Belang.

IV. Rechtsfolgen bei Ausübung des Widerspruchs

68 Bei dem Widerspruchsrecht handelt es sich rechtsdogmatisch um ein Gestaltungsrecht. Der Arbeitnehmer kann bei einer übertragenden Privatisierung den Wechsel seines Vertragspartners verhindern oder rückgängig machen (Staudinger-Richardi, BGB § 613a, Rz. 123).

1. Widerspruch nach Privatisierung

69 Unproblematisch sind die Rechtsfolgen des Widerspruchs, wenn der Betriebsinhaberwechsel noch nicht vollzogen war. In diesem Falle verbleibt das Arbeitsverhältnis bei dem bisherigen Inhaber. Der gesetzlich angeordnete Arbeitgeberwechsel findet also nicht statt. Anders ist dies, wenn die Privatisierung bereits vollzogen war. Denn mit Übergang des Betriebes auf den privaten Erwerber gehen auch alle Arbeitsverhältnisse auf ihn über. Der Widerspruch kann dann nur die Wirkung haben, daß das übergegangene Arbeitsverhältnis auf den öffentlichen Arbeitgeber zurückübertragen wird (Staudinger-Richardi, BGB, § 613a, Rz. 128). Zweifelhaft ist dann, wer in der Zeit zwischen Betriebsübergang und Widerspruch Arbeitgeber des widersprechenden Arbeitnehmers war. Denkbar ist auch hier eine Analogie zu § 569a Abs. 1 BGB mit der Folge, daß der Übergang des Arbeitsverhältnisses als nicht erfolgt gelten würde (Tschöpe, S. 38). Hier würden sich jedoch nicht unerhebliche Rückabwicklungsprobleme ergeben. Sachgerechter erscheint, die Regeln des faktischen Arbeitsverhältnisses anzuwenden. Der Betriebsinhaber hat nämlich die Arbeitskraft des Widersprechenden ohne arbeitsvertragliche Grundlage in Anspruch genommen und war deshalb auch zur Vergütung der Arbeitsleistung verpflichtet (Tschöpe, S. 39).

2. Betriebsbedingte Kündigung

70 Die Ausübung des Widerspruchs ist für den Arbeitnehmer nicht ohne Risiko. Denn der bisherige Arbeitgeber wird unter Umständen einwenden, daß er nunmehr keinen Arbeitsplatz mehr habe, weil über diesen jetzt der private Erwerber verfüge. Folge könnte eine betriebsbedingte Kündigung des öffentlich-rechtlichen Arbeitgebers sein. Diese Kündigung würde im übrigen nicht gegen das Kündigungsverbot des § 613a Abs. 4 BGB verstoßen (Staudinger-Richardi, BGB, § 613a, Rz. 129).

a) Einzige Dienststelle

Hatte der öffentliche Arbeitgeber keine weiteren Einrichtungen, wie z.b. bei **71**
für den Betrieb nur eines Objektes gegründeten Zweckverbänden, scheidet
eine Flucht auf freie Arbeitsplätze in andere Dienststellen von vornherein aus.
Der erklärte Widerspruch kann dann auch bei sonst im übrigen ordentlich
unkündbaren Arbeitnehmern die Beendigung des Arbeitsverhältnisses zur
Folge haben. Denn das BAG läßt bei solchen Fallgestaltungen betriebsbedingte außerordentliche Kündigungen zu (vgl. z. B. BAG, Urteil vom 6. 3.
1986 –2 AZR 15/85 –, BAGE 51, 200).

b) Sozialauswahl bei Teilprivatisierung

Wird nur ein Betriebsteil privatisiert, so stellt sich für den öffentlich-rechtli- **72**
chen Veräußerer, bei dem kraft des Widerspruchs ja die Arbeitsverhältnisse
verbleiben, die Frage, welchen Arbeitnehmer er kündigen kann. Nach § 1
Abs. 3 Satz 1 KSchG ist bei einer Kündigung aus dringenden betrieblichen
Erfordernissen eine sog. Sozialauswahl durchzuführen. Denkbar ist aber, daß
der Widersprechende günstigere Sozialdaten aufweist und deshalb sozial
schutzbedürftiger erscheint als ein Arbeitnehmer, der in einem von der Privatisierung gar nicht betroffenen Betriebsteil beschäftigt war. Da eine Sozialauswahl im Sinne von § 1 Abs. 3 Satz 1 KSchG stets betriebsbezogen ist, kann
dies zur Konsequenz haben, daß ein Arbeitnehmer seinen Arbeitsplatz verliert, weil ein eigentlich von einer Privatisierung betroffener Kollege dem
Übergang seines Arbeitsverhältnisses widersprochen hat. Das BAG hat zwischenzeitlich das Problem erkannt und entschieden, daß sich der dem
Betriebsübergang widersprechende Arbeitnehmer auf eine fehlerhafte Sozialauswahl nur dann berufen könne, wenn ihm zur Ausübung des Widerspruchsrechts sachliche Gründe zur Seite standen (BAG, Urteil vom 7. 4. 1993
– 2 AZR 449/91 (B) – BB 1993, 1596). Welche Motivlagen das sein können,
erwähnt das BAG im einzelnen nicht. Zu denken wäre aber möglicherweise
an bereits verabredete Karriereschritte an anderer Stelle innerhalb der
Arbeitsorganisation des öffentlichen Arbeitgebers. Angesichts dessen, daß
das BAG offenbar deutliche Qualitätsunterschiede zwischen einem öffentlich-
rechtlich und einem privat-rechtlich organisierten Arbeitgeber feststellt (so im
Urteil vom 6. 2. 1980 – 5 AZR 275/78 –, DB 1980, 1495, 1496 unter IV. der
Gründe) muß erwogen werden, ob nicht schon die Privatisierung als solche
ein sachlicher Grund für die Ausübung des Widerspruchsrechts ist, der eine
Einschränkung der vorzunehmenden Sozialauswahl ausschließt.

Die Tarifverträge für den öffentlichen Dienst räumen Arbeitnehmern nach **73**
einer bestimmten Beschäftigungszeit und nach Erreichen eines bestimmten
Lebensalters einen besonderen Bestandsschutz ein (vgl. z. B. § 53 Abs. 3 BAT).
Ihnen kann nur noch außerordentlich gekündigt werden. Damit scheidet eine

betriebsbedingte ordentliche Kündigung von vornherein aus. Widerspricht ein solcher unkündbarer Arbeitnehmer der Privatisierung, so kommt folglich eine ordentliche Kündigung nicht in Betracht. Geht nur ein Teil einer Dienststelle auf einen privaten Arbeitgeber über, so kann es bei Ausübung des Widerspruchsrechts zu einer unangenehmen Konkurrenzsituation für die noch kündbaren Arbeitnehmer in dem verbleibenden, nicht privatisierten Dienststellenteil kommen. Denn nach Auffassung des BAG ist dem unkündbaren Angestellten ein Arbeitsplatz zu den bisherigen Bedingungen notfalls freizumachen, wenn er von einem noch ordentlich kündbaren Angestellten besetzt ist. Der dann ordentlich gekündigte Arbeitnehmer könnte sich seinerseits nicht auf eine unzureichende Sozialauswahl nach § 1 Abs. 3 Satz 1 KSchG berufen, eben weil er mit dem unkündbaren Angestellten nicht vergleichbar ist (BAG, Urteil vom 17. 5. 1984 – 2 AZR 161/83 –, AP Nr. 3 zu § 55 BAT; KR- Becker, § 1 KSchG, Rz. 349).

3. Annahmeverzug

74   Fraglich ist auch, was aus den Vergütungsansprüchen der Mitarbeiter wird, die dem Übergang ihres Arbeitsverhältnisses auf den Erwerber der Dienststelle widersprochen haben. Der öffentliche Dienstgeber wird vielfach den Arbeitnehmer nicht beschäftigen können, weil mit Durchführung der Privatisierungsmaßnahme kein Arbeitsplatz mehr vorhanden ist, auf dem eine vertragsgemäße Beschäftigung noch möglich wäre. Das Arbeitsverhältnis besteht infolge des Widerspruchs mit dem bisherigen Arbeitgeber noch fort, und zwar so lange, bis es wirksam gekündigt wird und die Kündigungsfrist abgelaufen ist.

a) Verzug im ungekündigten Arbeitsverhältnis

75   Das Arbeitsrecht wird von dem Grundsatz beherrscht, daß Anspruch auf Arbeitsentgelt nur bei Erbringung der realen Dienstleistung besteht. § 615 BGB regelt davon eine Ausnahme. Der Arbeitnehmer behält den Anspruch auf die Arbeitsvergütung, wenn der Dienstberechtigte mit der Annahme der Dienste in Verzug gerät (Hueck-Nipperdey, I, S. 325; Münchener Kommentar – Schaub, BGB, § 615, Rz. 2). Eine Pflicht zur Nachleistung besteht nicht. Ob der widersprechende Arbeitnehmer einen Vergütungsanspruch hat, hängt davon ab, ob der bisherige Arbeitgeber in Annahmeverzug gerät. Voraussetzungen für den Annahmeverzug sind das Angebot der Leistung durch den Arbeitnehmer, die Leistungsmöglichkeit des Arbeitsverpflichteten und die Nichtannahme durch den bisherigen Arbeitgeber. Notwendig ist zunächst ein Angebot der Arbeitsleistung. Hierfür gelten die §§ 294–296 BGB. Sie finden auch auf das Arbeitsverhältnis Anwendung (Staudinger-Richardi, BGB,

§ 615, Rz. 46). Nach der Konzeption des Gesetzgebers ist die Leistung so anzubieten, wie sie zu bewirken ist. Dies bedeutet, daß ein tatsächliches Angebot erfolgen muß (§ 294 BGB). Der Arbeitnehmer muß daher seine Arbeit tatsächlich zur rechten Zeit, am rechten Ort und in der rechten Weise anbieten (so die verbreitete Formel: vgl. Münchener Kommentar – Schaub, BGB, § 615, Rz. 11; Staudinger-Richardi, BGB, § 615, Rz. 50). Der Arbeitnehmer wird deshalb bei dem öffentlichen Dienstgeber zur gewohnten Zeit zur Arbeit erscheinen müssen, um die Arbeitsaufnahme anzubieten. Dies gilt jedenfalls so lange, wie das Arbeitsverhältnis noch nicht gekündigt und die Kündigungsfrist noch nicht abgelaufen ist. Allerdings kann ein tatsächliches Angebot auch entbehrlich sein. Wenn nämlich der bisherige Arbeitgeber mit Hinweis darauf, daß er keine Arbeitsplätze mehr hat, die widersprechenden Arbeitnehmer freistellt, so unterläßt er damit zugleich eine für den Leistungsvollzug notwendige Mitwirkungshandlung. Bei einem Arbeitsverhältnis hängt der Leistungsvollzug davon ab, daß der Arbeitgeber dem Arbeitnehmer einen funktionsfähigen Arbeitsplatz zur Verfügung stellt und ihm entsprechend Arbeit zuweist (BAG, Urteil 10. 7. 1969 – 5 AZR 323/68 –, BAGE 22, 111, 117; BAG, Urteil vom 9. 8. 1984 – 2 AZR 374/83 –, BAGE 46, 234, 243 f.) Kann der bisherige Dienstgeber wegen der Privatisierung keinen funktionsfähigen Arbeitsplatz mehr zur Verfügung stellen, so bedarf es deshalb keines Angebotes des Arbeitnehmers mehr, die Arbeitsleistung zu erbringen. Der Dienstgeber befindet sich dann in Annahmeverzug und muß die geschuldete Vergütung zahlen.

Kann der bisherige Arbeitgeber allerdings einen anderen Arbeitsplatz noch **76** zur Verfügung stellen, so treten die Verzugsfolgen nicht ein, wenn der Arbeitnehmer zur Arbeit nicht antritt. Dabei kommt es allerdings darauf an, daß eine vertragsgemäße Beschäftigung angeboten wird. Nur soweit sich der öffentliche Dienstgeber im Rahmen des ihm vorbehaltenen Direktionsrechts verhält, ist der Arbeitnehmer zu einem tatsächlichen Angebot verpflichtet. Wird eine qualitativ mindere Position angeboten, so bleibt der Anspruch auf die Arbeitsvergütung erhalten, wenn der Arbeitnehmer auf das Angebot nicht eingeht. So beendet das Angebot einer Sachbearbeitertätigkeit nicht den Annahmeverzug, wenn der Angestellte zuvor auf Abteilungsleiterebene tätig war.

b) Verzug bei gekündigtem Arbeitsverhältnis

Besonderheiten gelten, wenn der öffentliche Dienstgeber das Arbeitsverhält- **77** nis gekündigt hat und die Kündigungsfrist abgelaufen ist. Nach Auffassung des Bundesarbeitsgerichts bedarf es dann keines Angebotes des Arbeitnehmers mehr, auch nicht eines wörtlichen Angebotes (BAG, Urteil vom 9. 8. 1984 – 2 AZR 374/83 –, BAGE 46, 234; BAG, Urteil vom 21. 3. 1985 – 2 AZR

201/84 –, AP Nr. 35 zu § 615 BGB). In der Kündigung liege zugleich die Erklärung, daß nach Ablauf der Kündigungsfrist die Arbeitsleistung nicht mehr angenommen werde. Der öffentliche Dienstgeber kann dann den Eintritt des Annahmeverzugs nur noch dadurch verhindern, daß er nach Ablauf der Kündigungsfrist wiederum einen funktionstüchtigen Arbeitsplatz anbietet. Umstritten ist dabei, ob der Arbeitgeber den Annahmeverzug verhindern oder beenden kann, wenn er nach Ablauf der Kündigungsfrist die Weiterbeschäftigung bis zum rechtskräftigen Abschluß des Kündigungsschutzprozesses anbietet. Nach Auffassung des BAG endet der Annahmeverzug des Arbeitgebers nicht bereits dadurch, daß sich der Arbeitgeber bereit erklärt, den Arbeitnehmer ohne vertragliche Übergangsregelung im Rahmen eines nur faktischen Arbeitsverhältnisses längstens bis zur rechtskräftigen Entscheidung weiterzubeschäftigen. Er endet nicht einmal dann, wenn der Arbeitgeber dem Arbeitnehmer vorsorglich einen für die Dauer des Kündigungsrechtsstreits befristeten neuen Arbeitsvertrag zu im übrigen unveränderten Bedingungen anbietet und der Arbeitnehmer dieses Angebot ablehnt. Den Annahmeverzug beenden könne – so das BAG – stets nur eine vertragliche Beschäftigung; dies setze die Fortsetzung des bisherigen Arbeitsverhältnisses voraus (BAG, Urteil vom 21. 5. 1981 – 2 AZR 95/79 –, AP Nr. 32 zu § 615 BGB). Zur Beendigung des Annahmeverzugs bleibt danach dem bisherigen Arbeitgeber nur die Rücknahme der Kündigung. Nach anderer Auffassung soll ein Weiterbeschäftigungsangebot jedenfalls dann verzugshindernd oder beendend wirken, wenn dem Arbeitnehmer der Abschluß eines bis zur Beendigung des Kündigungsrechtsstreits befristeten oder einen bis zur rechtskräftigen Abweisung der Kündigungsschutzklage auflösend bedingten Arbeitsvertrag zu den bisherigen Bedingungen angeboten wird (KR Wolf, Grundzüge, Rnr. 485; Münchener Kommentar – Schaub, BGB, § 615, Rz. 32). Folgt man der höchstrichterlichen Rechtsprechung, so bleibt als Ausweg nur eine Anrechnung anderweitigen Verdienstes nach § 615 Satz 2 BGB.

c) Anrechnung anderweitigen Verdienstes

78 Nach § 615 Satz 2 BGB muß der Arbeitnehmer sich den Wert dessen anrechnen lassen, was er infolge des Unterbleibens der Dienstleistung erspart oder durch anderweitige Verwendung seiner Dienste erwirbt. Ist ein Kündigungsschutzrechtsstreit anhängig und besteht nach der Entscheidung des Arbeitsgerichts das Arbeitsverhältnis fort, so gilt § 11 KSchG. Der Arbeitnehmer muß sich dann anrechnen lassen, was er durch anderweitige Tätigkeit verdient hat. Der Gesetzgeber hat hier allerdings davon abgesehen, dem Arbeitnehmer auch das abzuziehen, was er infolge des Unterbleibens der Arbeitsleistung erspart hat (Staudinger-Richardi, BGB, § 615, Rz. 16). Es kommt nicht darauf an, durch welche Arbeit der Arbeitnehmer während des Verzugszeitraums Einkommen erzielt hat. Nach dem Gesetz ist jedweder Verdienst zu

berücksichtigen, der durch anderweitigen Einsatz der Arbeitskraft erworben wird. Es muß sich also keineswegs um eine artgleiche Tätigkeit handeln. Eine Einschränkung gilt jedoch dahingehend, daß natürlich nur solcher Verdienst anzurechnen ist, der infolge des Nichteinsatzes der Arbeitskraft für den bisherigen Arbeitgeber verdient worden ist. Übte der Angestellte schon vorher eine Nebenbeschäftigung zu seiner Position im öffentlichen Dienst aus, so kann dieser Nebenverdienst natürlich nicht verzugsmindernd berücksichtigt werden. Diese Einkünfte würde er auch bei Annahme der Arbeitsleistung zusätzlich erhalten haben.

d) Anrechnung böswillig unterlassenen Verdienstes

Einer anzurechnenden Arbeitsvergütung steht gleich, was der Arbeitnehmer **79** zu erwerben böswillig unterlassen hat. Böswillig soll der Arbeitnehmer dann handeln, wenn ihm vorgeworfen werden kann, daß er trotz Kenntnis der Arbeitsmöglichkeit, deren Zumutbarkeit und der Verzugsfolgen eine anderweitige Tätigkeit nicht aufgenommen hat (BAG, Urteile vom 18. 10. 1958 – 2 AZR 291/58 –, 18. 6. 1965 – 5 AZR 351/64 – und 3. 12. 1980 – 5 AZR 577/78 –, AP Nr. 1, 2 und 4 zu § 615 BGB Böswilligkeit). Dabei kommt es darauf an, ob die anderweitige Tätigkeit zumutbar ist (Münchener Kommentar – Schaub, BGB, § 615, Rz. 60). § 11 Nr. 2 KSchG ordnet dies ausdrücklich an, indem es formuliert, daß sich der Arbeitnehmer anrechnen lassen müsse, was er hätte verdienen können, wenn er es nicht böswillig unterlassen hätte, eine ihm zumutbare Arbeit anzunehmen. Die Böswilligkeit des Arbeitnehmers setzt Vorsatz voraus. Eine Schädigungsabsicht ist nicht erforderlich (BAG, Urteil vom 3. 12. 1980 – 5 AZR 577/78 –, AP Nr. 4 zu § 615 BGB Böswilligkeit). Statusverschlechterungen, erhebliche Unterschiede in qualitativer oder örtlicher Hinsicht u.ä. sollen die Annahme eines anderen Arbeitsangebots unzumutbar erscheinen lassen (KR-Becker, § 11 KSchG, Rdnr. 42). Auf die Zumutbarkeitsanordnung vom 16. 3. 1982 (ANBR 523), welche zu § 103 AFG von der Bundesanstalt für Arbeit erlassen worden ist, kann nicht zurückgegriffen werden. Die Zumutbarkeitsanordnung regelt den Schutz der Versicherungsgemeinschaften, während für den Annahmeverzug das Verhältnis zum Arbeitgeber maßgebend ist (vgl. Staudinger-Richardi, BGB, § 615, Rz. 154; Münchener Kommentar – Schaub, BGB, § 615, Rz. 62). Der Arbeitnehmer ist nicht verpflichtet, eine geringerwertige Tätigkeit anzunehmen, um der Anrechnung fiktiven Einkommens zu entgehen. Er darf bei der Wahl eines neuen Arbeitsplatzes seine Interessen als vorrangig betrachten; dies gestattet ihm, auch eine qualitativ mindere Aufgabe zu übernehmen, verpflichtet ihn aber nicht dazu (vgl. Staudinger-Richardi, BGB, § 615, Rz. 154).

Im Hinblick auf die rechtsgeschäftliche Betriebsübernahme stellt sich jedoch **80** die Frage, ob nicht der widersprechende Arbeitnehmer böswillig handelt, wenn er trotz des Widerspruchs Ansprüche auf die Arbeitsvergütung geltend macht. Hier könnte man dem Arbeitnehmer entgegenhalten, daß er die Möglichkeit hatte, bei dem privaten Übernehmer, wo ein Arbeitsplatz für ihn ja vorhanden war, eine gleich hohe Vergütung zu erlangen, wie die, die er nun von seinem öffentlichen Dienstgeber verlange. Der Inhalt der zu erbringenden Arbeitsleistung ist auch nicht unzumutbar, da sie ja dem entspricht, was bisher ebenfalls schon Arbeitsaufgabe war. Dem ist indes entgegenzuhalten, daß das von der Rechtsprechung entwickelte Widerspruchsrecht inhaltlich ausgehöhlt würde, ließe man den Einwand des bisherigen Arbeitgebers zu, der Arbeitnehmer habe bei dem privaten Erwerber eine adäquate Verdienstmöglichkeit böswillig ausgelassen. Böswillig handelt der Arbeitnehmer deshalb nicht, wenn er sich den Anspruch auf Verzugslohn letztlich nur dadurch sichern kann, daß er auf das Widerspruchsrecht verzichtet.

81 Etwas anderes kann aber gelten, wenn der private Erwerber dem Arbeitnehmer die Aufnahme der Tätigkeit bei ihm ermöglicht, ohne daß dieser seine sich aus dem Widerspruch ergebende Rechtsposition gefährdet. Der Erwerber wird möglicherweise ein großes Interesse daran haben, auf die eingearbeiteten Mitarbeiter zurückgreifen zu können und deshalb sich damit einverstanden erklären, daß der dem Übergang des Arbeitsverhältnisses widersprechende Arbeitnehmer für ihn tätig wird. Dies dürfte dem Arbeitnehmer in der Regel auch zumutbar sein, da er an seinem bisherigen Arbeitsplatz zu den bisherigen Arbeitsbedingungen arbeiten kann. Nur bei Vorliegen besonderer Umstände kann der Arbeitnehmer im Ausnahmefall berechtigt sein, ohne Gefährdung der Verzugslohnansprüche ein solches Angebot abzulehnen. In Betracht kommen könnte etwa das Verpassen eines schon zugesagten Aufstiegs, wenn der öffentliche Arbeitgeber tatsächlich zu einer Weiterbeschäftigung an anderer Stelle in der Lage ist. Die privatisierungswilligen Parteien sollten deshalb überlegen, ob sie nicht aus taktischen Gründen allen Arbeitnehmern, die dem Übergang ihres Arbeitsverhältnisses widersprechen, anbieten, unter Aufrechterhaltung ihres Arbeitsverhältnisses zum Veräußerer eine Tätigkeit bei dem Erwerber anzunehmen. Für den Erwerber würde sich die Chance vergrößern, auf die von ihm benötigte Belegschaft auch tatsächlich zugreifen zu können, weil die Widersprechenden das Risiko eingehen, Ansprüche auf Verzugslohn zu verlieren. Die Zubilligung der Anrechnungsmöglichkeit nach § 615 Satz 2 BGB würde im übrigen auch einen interessengerechten Ausgleich zur kollektiven Ausübung des Widerspruchsrechts der Arbeitnehmer bedeuten.

e) Anrechnung von Sozialleistungen

82 Die widersprechenden Arbeitnehmer müssen sich natürlich auch das anrechnen lassen, was sie an öffentlich-rechtlichen Leistungen infolge von Arbeits-

losigkeit aus der Sozialversicherung, nämlich der Arbeitslosenversicherung, der Arbeitslosenhilfe oder Sozialhilfe in der Zwischenzeit erhalten haben. Wirtschaftlich erwachsen für die Arbeitgeberseite daraus keine Vorteile. Insoweit ordnet § 11 Nr. 3 KSchG ausdrücklich an, daß der Arbeitgeber die gezahlten Beträge der Stelle erstatten muß, die sie geleistet hat.

4. Beschäftigungsanspruch

Die dem wegen der Einzelrechtsnachfolge gesetzlich angeordneten Arbeitgeberwechsel widersprechenden Arbeitnehmer können grundsätzlich einen Beschäftigungsanspruch geltend machen. Soweit das Arbeitsverhältnis nicht gekündigt ist oder nach erfolgter Kündigung die Kündigungsfrist noch andauert, besteht ein allgemeiner vertraglicher Beschäftigungsanspruch. Diesen leitet das Bundesarbeitsgericht im wesentlichen aus dem Aspekt des Persönlichkeitsschutzes des Arbeitnehmers her (vgl. BAG, Urteil vom 19. 8. 1976, AP Nr. 4 zu § 611 BGB Beschäftigungspflicht). In der Entscheidung des Großen Senats vom 27. 2. 1985 (BAG, Beschluß des Großen Senats vom 27. 2. 1985 – GS 1/ –, AP Nr. 14 zu § 611 BGB Beschäftigungspflicht) stellte das BAG im wesentlichen auf die Fürsorgepflicht des Arbeitgebers ab. Diese gebiete eine Beschäftigung, solange keine Gründe vorlägen, die eine Nichtbeschäftigung rechtfertigen. Exemplarisch wurde darauf verwiesen, daß eine vorübergehende Nichtbeschäftigung während der Laufzeit der Kündigungsfrist zulässig sein könne (vgl. Münchener Handbuch Arbeitsrecht – Blomeyer, Band 1, § 93, Rz. 3). Der grundsätzlich bestehende Beschäftigungsanspruch setzt aber dessen Erfüllbarkeit voraus. Verfügt der Betriebsveräußerer über keinen Arbeitsplatz mehr, auf dem er den Arbeitnehmer vertragsgerecht einsetzen könnte, so ist ihm die Beschäftigung des Arbeitnehmers unmöglich geworden. Dem Arbeitnehmer verbleibt dann zwar der Vergütungsanspruch; sein Beschäftigungsinteresse kann aber nicht mehr erfüllt werden.

Ist die Kündigungsfrist abgelaufen, so kann der Arbeitnehmer einen Weiterbeschäftigungsanspruch nach personalvertretungsrechtlichen Grundsätzen (vgl. etwa § 79 Abs. 2 BPersVG) oder aber den allgemeinen Weiterbeschäftigungsanspruch geltend machen. Kennzeichnend für beide Beschäftigungsbegehren ist, daß die arbeitsvertragliche Grundlage unsicher ist. Denn verliert der Arbeitnehmer seinen Kündigungsschutzprozeß, so steht fest, daß ein Arbeitsverhältnis nach Ablauf der Kündigungsfrist gerade nicht mehr bestand. Für die Zeit nach Ablauf der Kündigungsfrist bis zum Eintritt der Rechtskraft eines Urteils, das die Unwirksamkeit der Kündigung feststellt, kann nach personalvertretungsrechtlichen Grundsätzen der Arbeitnehmer zunächst die tatsächliche Weiterbeschäftigung verlangen. Gleiches kann er unter den vom Großen Senat des BAG zum allgemeinen Weiterbeschäfti-

83

84

gungsanspruch aufgestellten Grundsätzen (BAG, Beschluß des Großen Senats vom 27. 2. 1985 – GS 1/84 –, AP Nr. 14 zu § 611 BGB Beschäftigungspflicht) der Arbeitnehmer nach erstinstanzlich obsiegendem Urteil in einem Kündigungsschutzrechtsstreit für die Prozeßdauer einklagen. Indes hängt auch hier die Zwangsvollstreckung, die sich nach § 888 Abs. 1 ZPO richtet, davon ab, ob bei dem öffentlichen Dienstgeber eine vertragsgemäße Beschäftigung tatsächlich überhaupt noch möglich ist (LAG Berlin, DB 1986, 1386).

V. Rechtsfolgen für die betriebliche Altersversorgung

85   Besondere Aufmerksamkeit verdient bei Privatisierungen die Zusatzversorgung für die Arbeitnehmer des öffentlichen Dienstes. Hier bestehen für den Berater erhebliche Regreßrisiken, wenn die unterschiedlichen Strukturen nicht bedacht werden. Das Versorgungssystem der öffentlichen Hand läßt sich nicht in den Rahmen privatwirtschaftlicher Vorstellungen einordnen. Die öffentlichen Arbeitgeber leben praktisch von der Hand in den Mund. Während jeder Unternehmer Rückstellungen für Rentenzusagen bilden muß, funktioniert die betriebliche Altersversorgung im öffentlichen Dienst nach den Prinzipien des Generationenvertrages. Auf Grundlage der heute bestehenden Arbeitsverhältnisse werden in einem Umlagesystem über Zusatzversorgungskassen die Renten der Arbeitnehmer von gestern finanziert.

1. Strukturen der betrieblichen Altersversorgung im öffentlichen Dienst

86   Für die Arbeitsverhältnisse im öffentlichen Dienst gelten Versorgungstarifverträge, aufgrund derer die dort beschäftigten Arbeitnehmer von ihren jeweiligen Arbeitgebern bei Versorgungsanstalten zu versichern sind, die dann im Versorgungsfall Betriebsrenten auszahlen. So enthalten § 46 BAT, § 44 MTB II, § 44 MTL II, § 12 BMT-G II und § 19 MTV-Azubi sowie für das Lernpflegepersonal § 19 TV Rechtsverh.-Lernpfl.pers. und für Ärzte im Praktikum § 17 TV-Rechtsverh.-Arzt i.P. Regelungen, wonach die genannten Personen Anspruch auf zusätzliche Alters- und Hinterbliebenenversorgung nach Maßgabe eines besonderen Tarifvertrages haben. Die genannten Bestimmungen in den jeweiligen Manteltarifverträgen verweisen auf den Tarifvertrag über die Versorgung der Arbeitnehmer kommunaler Verwaltungen und Betriebe (VersTV-G) vom 6. 3. 1967, den Tarifvertrag über die Versorgung der Arbeitnehmer des Bundes und der Länder sowie von Arbeitnehmern kommunaler Verwaltungen und Betriebe (Versorgungs-TV) vom 4. 11. 1966 und auf den Tarifvertrag über die Versorgung der Arbeitnehmer des Saarlandes und der Mitglieder des kommunalen Arbeitgeberverbandes Saar e.V. (VersTV Saar) vom 15. 11. 1966. Allen tarifvertraglichen Bestimmungen war

zunächst gemein, daß die Arbeitnehmer einen eigenen Anteil zur Zusatzversorgung beitrugen; seit Beginn der 70er Jahre wurden aber auch die Arbeitnehmeranteile von den Arbeitgebern übernommen, so daß die Zusatzversorgung des öffentlichen Dienstes eine letztlich allein arbeitgeberfinanzierte soziale Leistung beinhaltet. Anzumerken ist, daß die Arbeitnehmer seinerzeit dafür, daß sie keine eigenen Beiträge mehr leisten mußten, als Gegenleistung auf erhebliche Tariferhöhungen verzichteten.

a) Versorgung durch Versorgungskassen

Im öffentlichen Dienst wird die zusätzliche Alters- und Hinterbliebenenversorgung nicht vom Arbeitgeber unmittelbar, sondern über eine Zusatzversorgungskasse gewährt. Die Zusatzversorgungskasse ist Anstalt des öffentlichen Rechts. Die Rechtsbeziehungen zwischen Arbeitgeber, der Versorgungskasse und den Arbeitnehmern sind nach Auffassung des BGH privatrechtlicher Natur. Es liege eine Gruppenversicherung vor, bei der nicht die einzelnen Arbeitnehmer, sondern die beteiligten Arbeitgeber Versicherungsnehmer seien (BGH, Urteil vom 16. 3. 1988 – IV a ZR 154/87 –, BGHZ 103, 370). Den Satzungsbestimmungen kommt die Bedeutung allgemeiner Versicherungsbedingungen zu (BGH, Urteil vom 16. 10. 1985 – IV a ZR 154/83 –, BB 1986, 880). Zwischen dem gegenüber seinen Angestellten versicherungspflichtigen Arbeitgeber und der Zusatzversorgungseinrichtung besteht ein Beteiligungsverhältnis. Es wird durch die Beteiligungsvereinbarung und das Satzungsrecht der betreffenden Zusatzversorgungseinrichtung näher bestimmt. Dabei ist der versichernde Arbeitgeber der Versicherungsnehmer. Aber auch gegenüber der Zusatzversorgungseinrichtung besteht eine Verpflichtung zur Versicherung der versicherungsfähigen Arbeitnehmer (vgl. z. B. § 19 ff., insbesondere § 21 VBL-Satzung). Es besteht schließlich eine Verpflichtung zur Abführung von Umlagen. Streitigkeiten zwischen den Zusatzversorgungseinrichtungen und den beteiligten Arbeitgebern werden vor den ordentlichen Gerichten ausgetragen, soweit sie auf Rechten und Pflichten beruhen, die sich aus dem Beteiligungsverhältnis ergeben (vgl. Scheuring-Lang, BMT-G II, § 12, Erl. 5b)). Beziehen sich die Streitigkeiten auf Rechte und Pflichten aus dem Versicherungs- oder Leistungsverhältnis (z. B. Klagen auf Leistungen gegen die Zusatzversorgungseinrichtung, Erstattungsförderungen etc.), so ist zu differenzieren (vgl. hierzu Scheuring-Lang, BMT-G II, § 12, Erl. 5c)). Im Bereich des VersTV-G sind Art und Umfang der Versorgung tarifvertraglich im einzelnen geregelt. Hier sind die Gerichte für Arbeitssachen in den Fällen zuständig, in denen Arbeitgeber und Zusatzversorgungskasse rechtsidentisch sind, d. h. dieselbe Körperschaft (z. B. Stadt) sowohl Arbeitgeber als auch Träger der (unselbständigen) Zusatzversorgungskasse ist (Scheuring-Lang, BMT-G II, § 12, Erl. 5 c)). In den Fällen, in denen dies nicht der Fall ist

87

sowie in den Bereichen der Versorgungs-TV und des VersTV-Saar sind die ordentlichen Gerichte zuständig. Zum Teil bestehen Schiedsgerichtsbestimmungen. Andere Zusatzversorgungskassen schreiben in ihren Satzungen für den Streitfall Widerspruchsverfahren vor (Scheuring-Lang, BMT-G II, § 12, Erl. 5 c)).

88   Im Verhältnis zur Zusatzversorgungseinrichtung ist der Angestellte Versicherter und bei Eintritt des Zusatzversorgungsfalls Bezugsberechtigter. Dieses gegenüber der Zusatzversorgungskasse bestehende Versicherungs- und spätere Versorgungsleistungsverhältnis ist durch das Satzungsrecht der jeweiligen Zusatzversorgungseinrichtung inhaltlich näher bestimmt. Es ist privatrechtlicher, nicht arbeitsrechtlicher Natur (Böhm/Spiertz/Sponer/Steinherr, BAT, § 46, Rz. 18). Insbesondere ist es nicht öffentlich-rechtlicher Art (vgl. BGH, Urteil vom 22. 5. 1967 –VII ZR 188/64 –, AP Nr. 1 zu § 242 BGB Ruhegehalt – VBL; BSG, Urteil vom 27. 7. 1972 - 1 RA 145/71 – AP Nr. 4 zu § 242 BGB Ruhegehalt – VBL).

b) Gesamtversorgung

89   Das Tatbestandsmerkmal „zusätzliche Alters- und Hinterbliebenenversorgung" in den einschlägigen Bestimmungen der Manteltarifverträge für den öffentlichen Dienst weist darauf hin, daß die begünstigten Arbeitnehmer zusätzlich zu einer bereits bestehenden Grundversorgung eine weitere soziale Absicherung für den Rentenfall erhalten sollen. Aus der Zusatzversorgung erhalten die begünstigten Arbeitnehmer eine dynamisch ausgestaltete, einer an beamtenrechtlichen Grundsätzen orientierten Gesamtversorgung. Als Grundversorgung steht den Arbeitnehmern dabei im Regelfall die Rente aus der gesetzlichen Rentenversicherung zur Verfügung. Diese wird durch die Versorgungsrente der Zusatzversorgungskassen bis zur Höhe der Gesamtversorgung aufgestockt. Anspruch auf eine solche Versorgungsrente hat der Versicherte, der bei Eintritt des Versicherungsfalles die Wartezeit erfüllt hat und in diesem Fall pflichtversichert ist oder als pflichtversichert gilt (vgl. § 37 VBL-Satzung). Im Unterschied dazu erhält ein Versicherter, der vor Eintritt des Versorgungsfalles ausscheidet, eine Versicherungsrente. Diese wird – anders als die Versorgungsrente – nicht dynamisiert; die zu zahlende Rente ist statisch und wird also nicht etwa an einen Kaufkraftverlust angepaßt. Insbesondere ist der öffentliche Arbeitgeber nicht zu der in der Privatwirtschaft obligatorischen Anpassungsprüfung im Drei-Jahres-Rhythmus nach § 16 BetrAVG verpflichtet; gem. § 18 Abs. 1 BetrAVG gilt nämlich § 16 BetrAVG im öffentlichen Dienst nicht.

90   Der Versicherungsfall tritt bei einem Versicherten in der Regel an dem Tag ein, von dem an aufgrund des Bescheides des gesetzlichen Rentenversiche-

rungsträgers (BfA, LVA etc.) die Zahlung einer Altersrente als Vollrente oder eine Berufs- oder Erwerbsunfähigkeitsrente beginnt. Die Höhe der Gesamtversorgung ist dabei abhängig von der gesamtversorgungsfähigen Zeit und dem gesamtversorgungsfähigen Entgelt.

Die Gesamtversorgung wird mit einem von der gesamtversorgungsfähigen **91** Zeit abhängigen Vomhundertsatz aus dem gesamtversorgungsfähigen Entgelt berechnet. Sie wird dann auf einen, wiederum von der gesamtversorgungsfähigen Zeit abhängigen Vomhundertsatz eines fiktiven Nettoarbeitsentgelts begrenzt. Der Vomhundertsatz der Gesamtversorgung beträgt regelmäßig für jedes Jahr der gesamtversorgungsfähigen Zeit 1,875 %, mindestens 35 %, insgesamt jedoch höchstens 75 %. Für Geburtsjahrgänge vor 1937, deren Pflichtversicherung vor 1992 begonnen hat, gelten noch günstigere Regelungen, dort wird der Vomhundert-Höchstsatz schon nach 35 Jahren erreicht, während sonst dafür 40 gesamtversorgungsfähige Dienstjahre notwendig sind.

Das gesamtversorgungsfähige Entgelt wird in der Regel als monatlicher **92** Durchschnitt der zusatzversorgungspflichtigen Entgelte der letzten drei Kalenderjahre vor dem Jahr des Eintritts des Versorgungsfalles berechnet. Der zwischenzeitlich eingetretene Kaufkraftverlust wird dabei durch einen Anpassungsfaktor kompensiert. Gesamtversorgungsfähige Zeiten sind in der Regel Zeiten der Pflichtversicherung bei der Zusatzversorgungseinrichtung. Hälftig hinzugerechnet werden Zeiten, für die zwar keine Pflichtversicherung bei der Zusatzversorgungseinrichtung bestand, die aber der Berechnung der Altersrente der gesetzlichen Rentenversicherung, einer Versicherung bei einer berufsständischen Versorgungseinrichtung oder einer befreienden Lebensversicherung zugrunde lagen (vgl. z. B. § 42 Abs. 2 Satz 1a) i. V. m. § 98 Abs. 3 und 4 der Satzung VBL).

Um das Gesamtvolumen der Zusatzversorgungsverpflichtungen einer privatisierten Dienststelle erfassen zu können, wird die Einholung eines versicherungsmathematischen Gutachtens unumgänglich sein. Alle namhaften Beratungsinstitute verfügen über die erforderlichen Berechnungsprogramme, um die zum Zeitpunkt der Privatisierung erdienten Versorgungsansprüche ermitteln zu können.

c) Umlagen

Die Zusatzversorgung im öffentlichen Dienst wird über Umlagen finanziert. **93** Das bedeutet, daß die Versorgungslasten, die auf den jeweiligen Dienststellen ruhen, nicht rückgedeckt sind. Der öffentliche Arbeitgeber bildet also keine Rückstellungen. Beteiligte einer Zusatzversorgungskasse können aber nicht nur juristische Personen des öffentlichen Rechtes sein, sondern auch andere

Arbeitgeber, für die das für die Bundesrepublik Deutschland, die Länder, die Gemeinden und die sonstigen Gebietskörperschaften sowie ihrer Verbände geltende Tarifrecht anzuwenden ist. Vereinfacht ausgedrückt: Auch juristische Personen des privaten Rechts können Beteiligte einer Zusatzversorgungseinrichtung sein, soweit sie unter den BAT, MTB II, MTL II, BMT-G II oder einen damit vergleichbaren Tarifvertrag fallen. Voraussetzung ist dabei, daß an diesen privaten Unternehmen juristische Personen des öffentlichen Rechts entweder überwiegend beteiligt sind oder nach Satzung oder Gesellschaftsvertrag maßgeblichen Einfluß ausüben können und Aufgaben wahrgenommen werden, die sonst juristischen Personen des öffentlichen Rechts obliegen würden (vgl. § 19 Abs. 2 Satz 1 c) Satzung VBL und die dazu ergangene Ausführungsbestimmung). Betreibt beispielsweise eine Kommune ihre Verkehrsbetriebe in der Rechtsform einer juristischen Person des privaten Rechts, etwa als GmbH, so kann diese Beteiligte an der Zusatzversorgungseinrichtung sein. Diese GmbH müßte keine Rückstellungen für die Versorgungslasten bilden. Es bestünde lediglich die Verpflichtung zur Umlagezahlung. Insoweit läßt sich aus den Bilanzen eine an einer öffentlichen Zusatzversorgungseinrichtung beteiligten juristischen Person des privaten Rechts nicht der Umfang der bestehenden Versorgungslasten ablesen.

94 Der Arbeitgeber hat eine monatliche Umlage in Höhe eines satzungsmäßig festgesetzten Satzes des zusatzversorgungspflichtigen Entgelts des jeweilig versicherten Arbeitnehmers zu zahlen. Die Zusatzversorgungseinrichtung hat ein natürliches Interesse daran, daß für eine möglichst große Anzahl von Arbeitnehmern Umlagen gezahlt werden. Denn die Finanzierung des öffentlichen Zusatzversorgungssystems ist nur so lange gewährleistet, wie zwischen Versorgungsempfängern und Arbeitnehmern, für die eine Umlage gezahlt wird, ein einigermaßen konstantes Verhältnis gewahrt werden kann.

2. Eintritt in Versorgungsansprüche

95 Tritt der private Arbeitgeber gem. § 613 a Abs. 1 Satz 1 BGB in das Arbeitsverhältnis eines Arbeitnehmers des öffentlichen Dienstes ein, so gilt dies auch für die Versorgungsrechte. Dies bedeutet nichts anderes, als daß er den Arbeitnehmer so stellen muß, als wäre dieser im öffentlichen Dienst verblieben. Da der private Arbeitgeber nicht ohne weiteres Mitglied in einer Zusatzversorgungseinrichtung sein kann, muß er ggf. später die Versorgungslasten selbst aufbringen.

a) Anspruch auf Versorgungsleistungen

96 Die Zusatzversorgung im öffentlichen Dienst ist versicherungsförmig ausgestaltet. Der Arbeitnehmer als versicherte Person erhält einen Anspruch gegen

die Zusatzversorgungskasse auf Versicherungsleistungen, soweit der Arbeitgeber seine Verpflichtungen gegenüber der Versorgungseinrichtung ordnungsgemäß erfüllt hat. Hieraus haben die öffentlichen Arbeitgeber abgeleitet, den begünstigten Arbeitnehmern stünde nur ein Anspruch auf Versicherung nach Maßgabe der bei der Zusatzversorgungseinrichtung geltenden Satzungsbestimmungen zu. Ob der Arbeitnehmer später Leistungen von der Zusatzversorgungskasse beanspruchen könne, hänge davon ab, ob die Begründung eines Versicherungsverhältnisses satzungsmäßig überhaupt möglich sei. Soweit es daran fehle, sei der Anspruch des Arbeitnehmers auf eine unmögliche Leistung gerichtet. Er könne dann keine Leistungen beanspruchen (vgl. BAG, Urteil vom 28. 7. 1992 –3 AZR 173/92 – unter II. 1. der Gründe). Übertragen auf die Privatisierung einer öffentlichen Einrichtung hätte dies folgende Konsequenzen: Der private Arbeitgeber könnte nicht ohne weiteres Beteiligter der Zusatzversorgungseinrichtung sein. Es wäre rechtlich für ihn nicht möglich, die übernommenen Arbeitnehmer bei der Versorgungseinrichtung zu versichern. Mit der Privatisierung würden die Arbeitnehmer aus dem Anwendungsbereich des Satzungsrechts der Zusatzversorgungseinrichtung ausscheiden. Ein vor Eintritt des Versorgungsfalles ausscheidender Arbeitnehmer hat aber nur Anspruch auf eine statische Versicherungsrente und nicht auf eine an dem Prinzip der Gesamtversorgung orientierte dynamische Versorgungsrente. Sie würden damit im Hinblick auf die vergangene Dienstzeit Verluste erleiden und könnten zugleich durch weitere Betriebstreue bei dem privaten Arbeitgeber nicht mehr die ursprünglich zugesagte Gesamtversorgung erlangen.

Das BAG hat der Auffassung der öffentlichen Arbeitgeber eine Absage erteilt: **97** Richtig sei zwar, daß der öffentliche Arbeitgeber nach den tariflichen Regelungen seine Arbeitnehmer bei der für ihn zuständigen Zusatzversorgungskasse anmelden und Umlagen zahlen müsse. Weitere Mitwirkungspflichten bei der Durchführung und Abwicklung der Versorgung würden ihn aber nicht treffen. Es sei Sache der Zusatzversorgungskasse, die Anwartschaften zu verwalten und beginnend ab dem Versorgungsfall auch Leistungen zu erbringen. Eine auf die Begründung dieser Pflichten beschränkte Auslegung der Versorgungszusage des öffentlichen Arbeitgebers werde dem Inhalt der Versorgungszusage jedoch nicht gerecht. Ein Arbeitnehmer, der in den öffentlichen Dienst eintrete, könne davon ausgehen, daß ihm auch die im öffentlichen Dienst gewährte Zusatzversorgung zugute komme. Das Versprechen einer dem öffentlichen Dienst angepaßten Versorgung beziehe sich deshalb nicht auf eine bestimmte Versorgungsform, sondern lediglich auf die Berechnung des Ruhegehalts. Der Arbeitnehmer sei in erster Linie daran interessiert, daß er eine Zusatzrente erhalte; die Frage, wer diese Rente zahle, trete demgegenüber in den Hintergrund. Für ihn sei allein von Bedeutung, daß er bei diesem öffentlichen Arbeitgeber eine Zusatzversorgung erhalte. Er

dürfe daher, auch ohne jede weitere Erklärung des Arbeitgebers, davon ausgehen, daß ihm die zusätzliche betriebliche Altersversorgung – auf welchem
Weg auch immer – verschafft werde (BAG, Urteil vom 28. 7. 1992 – 3 AZR
173/92 – unter II. 1. der Gründe).

98   Für den privaten Erwerber folgt daraus, daß er die Ansprüche der übernommenen Arbeitnehmer auf Zusatzversorgung in gleicher Weise erfüllen muß,
wie sie aufgrund der erteilten Versorgungszusage gegenüber der Zusatzversorgungseinrichtung bestanden hat. Soweit er nicht ausnahmsweise doch
Mitglied in einer Versorgungskasse für den öffentlichen Dienst sein kann,
muß er notfalls aus eigenen Mitteln die bestehenden Versorgungsansprüche
finanzieren. Er muß die übernommenen Arbeitnehmer so stellen, als wären
sie im öffentlichen Dienst verblieben. Dies bedeutet auch, daß die betroffen
Arbeitnehmer grundsätzlich durch weitere Betriebstreue bei dem privaten
Erwerber ihre Versorgungsansprüche nach Maßgabe des Leistungsrechts der
öffentlichen Versorgungseinrichtungen ausbauen können.

b) Rückstellungslast für den Erwerber

99   § 613a BGB hat haftungsrechtliche Auswirkungen. Der private Erwerber
muß nicht nur für die künftig zu erdienenden Anwartschaftsteile einstehen.
Er haftet auch für die bis zur Privatisierung erdienten Anwartschaftsteile. Da
sie bei dem öffentlichen Arbeitgeber nicht rückgedeckt sind und er folglich
deshalb auch keine Rückstellungen übernehmen kann, müssen nun erstmals
Pensionsrückstellungen gebildet werden. Einschlägig sind die allgemeinen
steuerlichen und handelsrechtlichen Bestimmungen. Die auf der Dienststelle
ruhende Versorgungslast ist bei den Kaufpreisverhandlungen natürlich zu
berücksichtigen. Denn der private Erwerber übernimmt Schulden, für die er
keinen Gegenwert hält. Wird die Rückstellungslast übersehen oder nicht
angemessen berücksichtigt, so kann sich der private Erwerber schnell in einer
wirtschaftlichen Notlage wiederfinden; der Rückstellungsbedarf kann ohne
weiteres die Überschuldungsgrenze erreichen. Deshalb muß es Ziel des privaten Erwerbers sein, vom ausgehandelten Übernahmepreis die Versorgungslast abzuziehen. Dies wiederum wird den öffentlichen Arbeitgeber
schmerzen, die Privatisierung aus politischen Gründen womöglich sogar
scheitern lassen. Man stelle sich den Bürgermeister vor, der seinen Wählern
erklären muß, daß er für die Übertragung der kommunalen Kuranlagen nicht
nur nichts bekommt, sondern noch etwas zuzahlen muß, nur weil die vom
privaten Arbeitgeber zu übernehmende Versorgungslast einen angemessenen Kaufpreis übersteigt.

100 Bei der Ermittlung des Gesamtvolumens der zu übernehmenden Versorgungsanwartschaften ist folgendes zu berücksichtigen: Der öffentliche

Arbeitgeber wird einwenden, er habe Umlagen bezahlt und den bei ihm ausscheidenden Arbeitnehmern einen nicht mehr entziehbaren Anspruch auf Versicherungsrente finanziert. Die Anwartschaft auf Versicherungsrente bleibt auch nach dem Übertritt in die Dienste des privaten Arbeitgebers gegenüber der Zusatzversorgungskasse erhalten; vom Gesamtvolumen der Versorgungsanwartschaften sind daher die Anwartschaftsanteile abzuziehen, die weiterhin bei der Zusatzversorgungskasse abgesichert sind. Diese Anteile können aber niemals den Gesamtbedarf abdecken. Denn mit der Privatisierung entfällt nicht der Anspruch der Arbeitnehmer auf die höhere dynamische Gesamtversorgung, für die zeitanteilig bis zur Privatisierung ausschließlich der öffentliche Arbeitgeber in den Genuß der Arbeitsleistung der betreffenden Arbeitnehmer gelangt ist. Zu ermitteln ist deshalb der bis zur Privatisierung erdiente Anteil an der den Arbeitnehmern zustehenden Gesamtversorgung. Es erscheint sachgerecht, hierbei auf die Grundsätze des § 2 Abs. 1 BetrAVG zurückzugreifen: Zu ermitteln wäre zunächst, welche Gesamtversorgung der Arbeitnehmer erhalten würde, bliebe er bis zum Eintritt des Versorgungsfalles in den Diensten des Arbeitgebers. Der so ermittelte Betrag wäre im Verhältnis der bis zur Privatisierung geleisteten Betriebstreue zur danach bei dem privaten Arbeitgeber bis zum Erreichen der Altersgrenze zu erwartenden Dienstzeit aufzuteilen.

Beispiel:

Ein Arbeitnehmer kann bis zum Eintritt des Versorgungsfalles eine Gesamtversorgung von 5000,00 DM erreichen. Abgesichert durch die gesetzliche Rentenversicherung sind davon 3000,00 DM. Die restlichen 2000,00 DM müssen durch die Zusatzversorgungskasse aufgebracht werden. Bis zur Privatisierung hat der Arbeitnehmer 20 Dienstjahre zurückgelegt. Bis zum Erreichen der Altersgrenze sind weitere 20 Jahre erforderlich. Bis zur Privatisierung wären folglich 50 % der zu erwartenden Zusatzversorgungskassenleistungen, also 1000,00 DM, erdient gewesen. Würde der Arbeitnehmer davon bis zur Privatisierung 250,00 DM als von der Zusatzversorgungskasse weiterhin aufrechtzuerhaltenden Anwartschaft auf statische Versicherungsrente erdient haben, so betrüge die Haftungslücke für den privaten Arbeitgeber 750,00 DM. Die sich aus diesem Betrag errechnende Versorgungsanwartschaft wäre bei der Kaufpreisermitlung zu berücksichtigen.

Der private Arbeitgeber wird bemüht sein, einen möglichst hohen Abzugsbetrag auszuhandeln, um nicht kalkulierbare Risiken zu erfassen. So ist der private Arbeitgeber anders als der öffentliche Dienst zur Anpassung nach § 16 BetrAVG verpflichtet. Arbeitnehmer, welche erst nach der Privatisierung ausscheiden, sind insoweit unter Umständen günstiger gestellt. Der private Arbeitgeber wird damit argumentieren, daß er durch Übernahme der Dienststelle dauerhaft gezwungen ist, den übernommenen Arbeitnehmern Leistungen der betrieblichen Altersversorgung nach Maßgabe des Satzungsrechts der Zusatzversorgungseinrichtungen zu gewähren. Hieraus entstehe eine

101

dauerhafte Belastung, die deshalb auch eines höheren Ausgleichs bedürfe, als sich bei der zeitanteiligen Bewertung des Gesamtvolumens der Versorgungsanwartschaften ergebe. Letztlich wird es vom Verhandlungsgeschick der Beteiligten und der möglicherweise bestehenden Privatisierungsnot des öffentlichen Arbeitgebers abhängen, inwieweit auch künftig erst zu erdienende Anwartschaftsteile bei der Kaufpreisermittlung mit berücksichtigt werden können oder nicht.

c) Insolvenzsicherungspflicht

102 Für die vom privaten Erwerber übernommenen Altersversorgungsverpflichtungen besteht der gesetzliche Insolvenzschutz des § 7 BetrAVG. Für Altersversorgungsverbindlichkeiten, die der private Arbeitgeber aufgrund einer Insolvenz nicht mehr erfüllen kann, haftet der Pensions-Sicherungs-Verein aG. Dies bedeutet im Grundsatz, daß die Altersversorgungsansprüche mit der Privatisierung nicht unsicherer werden, das Insolvenzrisiko, dem jeder private Arbeitgeber untersteht, für die Arbeitnehmer also zu vernachlässigen ist. Kehrseite des Insolvenzschutzes für die Arbeitnehmer ist die Beitragspflicht für den privaten Erwerber. Nach § 10 BetrAVG muß er an den PSVaG als Träger der gesetzlichen Insolvenzsicherung Zwangsbeiträge abführen. Der PSVaG ist insoweit Beliehener; er kann Verwaltungsakte erlassen und im Verwaltungsvollstreckungsverfahren daraus vorgehen. Für aus der Beitragspflicht herrührende Rechtsstreitigkeiten sind die Verwaltungsgerichte zuständig. § 11 BetrAVG legt dem Arbeitgeber umfangreiche Mitteilungspflichten auf. Dem PSVaG ist die betriebliche Altersversorgung zu melden, sobald die gesetzliche Unverfallbarkeit nach § 1 BetrAVG eingetreten ist. Hinsichtlich der näheren Einzelheiten, die zu beachten sind, kann bei dem PSVaG ein Merkblatt bezogen werden.

103 Nach § 11 Abs. 2 BetrAVG müssen beitragspflichtige Arbeitgeber dem PSVaG spätestens bis zum 30. 9. eines jeden Kalenderjahres die Höhe des nach § 10 Abs. 3 BetrAVG für die Bemessung des Beitrags maßgebenden Betrages mitteilen. Die Beitragsfestsetzung erfolgt in einem Selbstveranlagungssystem. D.h. der jeweilige Arbeitgeber muß ein versicherungsmathematisches Gutachten über die Rentenverpflichtungen erstellen lassen und beim PSVaG einreichen. Auf Grundlage dieses jährlich einzureichenden Gutachtens erfolgt dann die Beitragsfestsetzung. Der PSVaG ist aber berechtigt, Vorschüsse zu erheben. Die Beitragssätze des PSVaG werden von Jahr zu Jahr, abhängig vom Umfang seiner Zahlungsverpflichtungen insgesamt, festgesetzt.

104 Beitragsbemessungsgrundlage ist der Teilwert der Pensionsverpflichtungen gem. § 6a Abs. 3 EStG. Von dieser Bemessungsgrundlage erhebt der PSVaG einen bestimmten Promillesatz als Beitrag und ist für alle Unternehmen

gleich hoch. Der Vorschußsatz ist regelmäßig niedriger. Dieser betrug beispielsweise im Jahre 1994 1,0 Promille, während der endgültige Beitragssatz auf 2,3 Promille festgesetzt wurde.

Der Anspruch auf Leistungen des PSVaG im Insolvenzfall ist nicht abhängig davon, ob der private Arbeitgeber tatsächlich Beiträge entrichtet hat (vgl. BGH, Urteile vom 16. 2. 1981 – II ZR 95/80 –, AP Nr. 5 zu § 17 BetrAVG und 4. 5. 1981 – II ZR 100/80 –, BB 1981, 1276). D.h. der Arbeitnehmer ist auch dann gegenüber dem PSVaG anspruchsberechtigt, wenn der private Arbeitgeber keine Meldung gegenüber dem PSVaG erstattet und auch keine oder zu geringe Beiträge entrichtet hat. Es ist deshalb ohne Bedeutung, wenn im Übernahmevertrag zugunsten der Arbeitnehmer vereinbart wird, daß der private Arbeitgeber Beiträge an den PSVaG entrichtet. Eine dahin zielende Formulierung hätte lediglich Hinweischarakter. **105**

VI. Lösungswege für bestehende Versorgungslasten

Die Zusatzversorgungskassen haben den gesetzlich angeordneten Übergang von Versorgungslasten als Privatisierungshemmschuh erkannt. Ihr Satzungsrecht enthält dafür teilweise Lösungsansätze, die ihrerseits aber nicht problemfrei sind. Wesentliches Kriterium ist dabei stets die Sicherstellung der Finanzierung des Zusatzversorgungssystems. Die Bezahlung der Zusatzrenten durch Umlagen ohne bilanzielle Rückdeckung kann nur dann funktionieren, wenn die künftige wirtschaftliche Leistungsfähigkeit des privaten Arbeitgebers gewährleistet ist. Die öffentlichen Zusatzversorgungskassen können das Insolvenzrisiko in privatrechtlicher Rechtsform geführten Unternehmen nur beschränkt tragen. Denn die Zusatzversorgungseinrichtung müßte eine Zusatzversorgung auch dann weiter erbringen, wenn der private Arbeitgeber zahlungsunfähig geworden und deshalb nicht mehr in der Lage ist, durch Umlagenzahlungen den Finanzierungsbedarf mit abzudecken. Inwieweit der gesetzliche Insolvenzschutz eingreifen würde, ist bislang ungeklärt. Jedenfalls würde ein Umlagenzahler ausfallen und damit die Finanzierung gegenwärtiger Versorgungsansprüche gefährdet. Vor diesem Hintergrund sind verschiedene Modelle entwickelt worden, um die im Hinblick auf die Zusatzversorgung bestehenden Fragen bei der Privatisierung zu lösen. Die satzungsmäßig angebotenen Lösungsansätze haben jeweils Vor- und Nachteile, die sehr sorgfältig gegeneinander abgewogen werden sollten: **106**

1. Bürgschaftsmodell

Lukrativ für die Beteiligten einer Privatisierung ist zumindest auf den ersten Blick, das Versicherungsverhältnis mit der Zusatzversorgungseinrichtung **107** aufrechtzuerhalten. Kann auch der private Erwerber weiterhin an dem Umlagensystem partizipieren, so bedarf es einer Regelung der Zusatzversorgungslasten im Übernahmevertrag nicht. Denn das bisherige Versorgungssystem bliebe erhalten; die Privatisierung würde daran nichts verändern. Nur zur Umlagenzahlung wäre anstelle des öffentlichen Arbeitgebers nun der private Erwerber verpflichtet. Um dessen künftige wirtschaftliche Leistungsfähigkeit nicht zum Risikofaktor für die Zusatzversorgungseinrichtung werden zu lassen, wird eine selbstschuldnerische Bürgschaft einer juristischen Person des öffentlichen Rechts verlangt (vgl. z. B. § 10 Abs. 1 e) i.V.m. Abs. 3 der Satzung der Zusatzversorgungskasse der bayrischen Gemeinden – Satzung ZVK-Bayern).

a) Voraussetzungen

108 Das Verhältnis zwischen dem öffentlichen Arbeitgeber und der Zusatzversorgungseinrichtung ist unterschiedlich ausgestaltet. Bei den kommunalen Zusatzversorgungskassen wird regelmäßig ein Mitgliedschaftsverhältnis begründet (vgl. § 10 der Mustersatzung der Arbeitsgemeinschaft der kommunalen Zusatzversorgungskassen – Mustersatzung ZVK). Nach § 19 der Satzung der Versorgungsanstalt des Bundes und der Länder (Satzung VBL) entsteht durch Beteiligungsvereinbarung ein Beteiligungsverhältnis. Der Erwerb der Mitgliedschaft und die Begründung des Beteiligungsverhältnisses wird allgemein auch Arbeitgebern, die nicht juristische Personen des öffentlichen Rechts sind, ermöglicht. Die Voraussetzungen hierfür sind nicht einheitlich geregelt.

aa) Versorgungsanstalt des Bundes und der Länder

109 Nach § 19 Abs. 2 e) können auch solche Arbeitgeber bei der Versorgungsanstalt des Bundes und der Länder beteiligt sein, die nicht juristische Personen des öffentlichen Rechts sind, sofern sie das für die Bundesrepublik Deutschland, die Länder, die Gemeinden und die sonstigen Gebietskörperschaften sowie ihre Verbände geltende Tarifrecht oder ein Tarifrecht wesentlich gleichen Inhalts anwenden. Die Satzung verweist sodann auf Ausführungsbestimmungen und legt fest, daß deren Voraussetzungen für eine Beteiligung zusätzlich erfüllt sein müssen. In diesen Ausführungsbestimmungen ist zunächst festgelegt, daß Beteiligungsvereinbarungen nur mit juristischen Personen des Privatrechts zulässig sind. Die Privatisierung auch durch eine Personengesellschaft oder einen Einzelkaufmann ist nun nach der neuesten Satzungsänderung vom Januar 1996 ebenfalls möglich; bislang war sie nicht vorgesehen. Weiterhin kommen auch nur solche Unternehmen und Einrichtungen in Betracht, an denen juristische Personen des öffentlichen Rechts entweder überwiegend beteiligt sind oder satzungsmäßig bzw. nach dem Gesell-

schaftsvertrag maßgeblichen Einfluß ausüben können. Eine maßgebliche Einflußmöglichkeit wird nur dann anzunehmen sein, wenn eine Stimmrechtsmehrheit besteht. Dies ergibt sich schon aus der Alternative, die eine überwiegende, also mehrheitliche Beteiligung verlangt. Darüber hinaus muß der private Arbeitgeber ausschließlich Aufgaben wahrnehmen, die sonst der juristischen Person des öffentlichen Rechts obliegen würden. Schließlich müssen mindestens 20 bei der Versorgungsanstalt zu versichernde Arbeitnehmer beschäftigt werden. Letzteres Kriterium dient dazu, ein gewisses Umlagevolumen zu gewährleisten.

Alternativ können juristische Personen des Privatrechts auch dann beteiligt   110
sein, wenn sie Zuwendungsempfänger i. S. d. § 44 Abs. 1 BHO oder einer entsprechenden landesrechtlichen Vorschrift sind. Die Summe der vom Bund oder den Ländern gewährten Zuwendungen muß dabei aber mehr als die Hälfte der Haushaltsmittel des privaten Zuwendungsempfängers betragen. Er muß des weiteren ausschließlich Aufgaben wahrnehmen, die sonst dem Zuwendungsgeber obliegen würden und ebenfalls mindestens 20 bei der Versorgungsanstalt zu versichernde Arbeitnehmer beschäftigen. Schließlich muß zur Sicherstellung der Finanzierung der Zusatzversorgung der langfristige Fortbestand des Zuwendungsempfängers hinreichend gesichert sein und dessen Aufgaben im Falle seiner Auflösung auf den Zuwendungsgeber übergehen.

Selbst wenn diese Voraussetzungen erfüllt sind, ist nach § 20 Abs. 1 Satzung-   111
VBL die Anstalt nicht verpflichtet, eine Beteiligungsvereinbarung abzuschließen. Sie kann die Beteiligung von Bedingungen abhängig machen, insbesondere davon, daß der Fortbestand des privaten Arbeitgebers und die künftige weitere Anwendung des Versorgungstarifrechts gesichert ist. Die Absicherung kann hier – wenn auch hier nicht ausdrücklich in der Satzung genannt – durch eine Bürgschaft, Versicherungserklärung oder Versicherungsschutz erfolgen. Gibt der privatisierungswillige öffentliche Arbeitgeber eine solche Bürgschaftserklärung ab, so dürfte regelmäßig dem Interesse der Zusatzversorgungseinrichtung an einer dauerhaften Finanzierbarkeit ihrer Verpflichtungen Genüge geleistet sein.

Die endgültige Überführung in private Trägerschaft ist durch Satzungsände-   111 a
rung vom Januar 1996 erleichtert worden. Der Vorstand der VBL hat nun die Befugnis, in einem vorgezeichneten Rahmen, Ausnahmen von den bisherigen Beteiligungsvoraussetzungen zu machen. Einen Anspruch auf ausnahmsweise Zulassung schließt die Satzung dabei ausdrücklich aus. Die Beteiligung bei der VBL kann nun ausnahmsweise fortgesetzt werden, wenn das beteiligte Unternehmen entweder nicht mehr ein Tarifrecht anwendet, das dem des öffentlichen Dienstes wesensgleich ist, oder die öffentliche Hand ihre Mehrheitsbeteiligung bzw. ihren durch Satzung oder Vertrag gesicherten

maßgeblichen Einfluß verloren hat. Dies bedeutet, daß eine Privatperson nun sogar Alleingesellschafter sein kann. Die Beteiligung Privater setzt allerdings voraus, daß deren finanzielle Leistungsfähigkeit gesichert ist. Liegt keine Mehrheitsbeteiligung der öffentlichen Hand mehr vor, so bedarf es einer unwiderruflichen Verpflichtungserklärung einer nicht konkursfähigen juristischen Person des öffentlichen Rechts, für die Erfüllung aller finanziellen Verpflichtungen im Falle der Beendigung der Beteiligung einzustehen. Die VBL kann zulassen, daß statt dessen eine unwiderrufliche Deckungszusage eines inländischen Versicherungsunternehmens oder eine entsprechende Bankbürgschaft beigebracht wird. Bleibt auf diese Weise die Beteiligung erhalten, erhöht sich für die bestehenden Pflichtversicherungen der Umlagesatz um 10 %.

Das neue Satzungsrecht läßt auch zu, daß nur die bei der Privatisierung bereits vorhandenen Pflichtversicherten weiter versichert bleiben und neu eintretende Mitarbeiter nicht mehr zusatzversorgt werden. Der Beteiligte muß dann einen Ausgleichsbetrag zahlen, der zusammen mit den laufenden Umlagen nach versicherungsmathematischen Grundsätzen gewährleistet, daß die bis zur Privatisierung erdienten Anwartschaften einschließlich des Verwaltungsaufwandes abgesichert sind. Das bedeutet nichts anderes, als daß die in der Zusatzversorgung eigentlich nicht notwendige Rückdeckung nachgeholt wird. Für den privaten Arbeitgeber kann die Unabhängigkeit von der öffentlichen Hand damit recht kostspielig werden.

Jeder andere private Arbeitgeber kann nun ebenfalls – im eingeschränkten Umfang – Beteiligter bei der VBL werden, wenn er Aufgaben und bisher pflichtversicherte Arbeitnehmer von einem bisher Beteiligten übernimmt. Die Beteiligung besteht dann nur hinsichtlich der übernommenen, bisher schon pflichtversicherten Arbeitnehmer.

Dies ist eigentlich nur interessant für private Arbeitgeber, die die übernommenen Arbeitnehmer gerne weiterversichern und nicht selbst versorgen wollen. Denn auch hier ist ein Ausgleichsbetrag fällig, der die bis zur Privatisierung aufgelaufenen Ansprüche absichern muß. Der private Arbeitgeber übernimmt dabei den Teil der auf dem bisherigen Beteiligten lastenden Gesamtverpflichtungen, der dem Verhältnis der Zahl der übernommenen Arbeitnehmer zur Gesamtzahl der über diesen Beteiligten Pflichtversicherten entspricht. Die Berechnung erfolgt anhand von Durchschnittsbeträgen. Der private Erwerber muß damit auch für Versorgungsteile einstehen, die zu früheren, vor der Privatisierung liegenden Zeiten erdient wurden. Insoweit ist die Beteiligung nicht kostengünstiger, als die volle Übernahme aller Versorgungsverpflichtungen (vgl. unten Rz. 132 ff.); im Gegenteil: der anteilige Verwaltungsaufwand für die VBL kommt noch hinzu. Der Verpflichtung zur Zahlung des Ausgleichsbetrages kann der private Arbeitgeber nur entgehen, wenn er sich verpflichtet, alle Arbeitnehmer künftig bei der VBL pflichtzuversichern. Selbstverständlich benötigt auch der („freie") private Arbeitgeber eine Versicherungserklärung einer juristischen Person des öffentlichen Rechts oder entsprechenden Versicherungsschutz bzw. Bankbürgschaft. Darauf kann nur verzichtet werden, wenn der bisher Beteiligte eine nicht konkursfähige juristische Person des öffentlichen Rechts ist und rechtsverbindlich erklärt, daß er bei Wegfall des privaten Arbeitgebers die an diesen übertragenen Aufgaben und damit auch die Pflichtversicherten zurücknimmt.

bb) *Kommunale Zusatzversorgungseinrichtungen*

Nach § 10 Abs. 1 e) ZVK-Mustersatzung können auch Arbeitgeber, die nicht   **112**
juristische Personen des öffentlichen Rechts sind, Mitglieder der Kasse sein. Eine Beschränkung auf juristische Personen des privaten Rechts findet nicht statt; hier kommen also auch Personengesellschaften und Einzelkaufleute in Betracht. Anders als nach dem Satzungsrecht der Versorgungsanstalt des Bundes und der Länder genügt es, wenn überwiegend – und nicht ausschließlich – öffentliche Aufgaben wahrgenommen werden. Damit wird die Möglichkeit, sich an Privatisierungsprojekten zu beteiligen, auch denjenigen eröffnet, die sich nicht ausschließlich mit der Wahrnehmung öffentlicher Aufgaben befassen. Es können also auch rein gewerbliche Aktivitäten verfolgt werden, soweit nur überwiegend öffentliche Aufgaben wahrgenommen werden. Unternehmen mit unterschiedlichen Geschäftsbereichen können auf diese Weise die Mitgliedschaft bei der Zusatzversorgungskasse erwerben.

Alternativ genügt für die Mitgliedschaft auch die Anerkennung als ge-   **113**
meinnützig, verbunden mit der statutenmäßig abgesicherten Möglichkeit für eine juristische Person des öffentlichen Rechts, maßgeblichen Einfluß auf die Unternehmensentscheidungen auszuüben. Eine Beteiligung der öffentlichen Hand ist satzungsmäßig nicht vorgesehen. Wie stark die Einflußmöglichkeiten ausgestaltet sein müssen, ist ebenfalls nicht geregelt. Viel spricht dafür, daß der juristischen Person des öffentlichen Rechts zumindest ein Vetorecht eingeräumt sein muß oder Entscheidungen des privaten Unternehmensträgers der Genehmigung der öffentlichen Hand bedürfen. Weitere Voraussetzung für den Erwerb der Mitgliedschaft ist, daß der private Arbeitgeber das für die Mitglieder der in der Vereinigung der kommunalen Arbeitgeberverbände zusammengeschlossenen Arbeitgeberverbände geltende Versorgungstarifrecht oder ein Tarifrecht wesentlich gleichen Inhalts tarifvertraglich oder allgemein einzelvertraglich anwendet. Dies bedeutet nichts anderes, als daß der private Arbeitgeber auch künftig eintretenden Arbeitnehmern eine zusätzliche Alters- und Hinterbliebenenversorgung nach Maßgabe des Versorgungstarifrechts zusagen muß. Soweit nur ein Tarifrecht wesentlich gleichen Inhalts angewendet wird, muß dieses zumindest Regelungen enthalten,

nach denen eine Gesamtversorgung vorgesehen ist und der private Arbeitgeber ggf. Zuschüsse zur freiwilligen Versicherung in der gesetzlichen Rentenversicherung oder einer anderen Zukunftssicherung gewähren muß. Nach dem Versorgungstarifrecht haben nämlich Arbeitnehmer, die in der gesetzlichen Rentenversicherung nicht pflichtversichert sind, Anspruch auf einen Zuschuß zu einer freiwilligen Versicherung in der gesetzlichen Rentenversicherung, einer diese ersetzenden Lebensversicherung oder einer entsprechenden berufsständischen Versorgungseinrichtung.

114 Nach § 10 Abs. 3 Mustersatzung ZVK können zusätzliche Bedingungen für den Erwerb der Mitgliedschaft gesetzt werden, wenn der dauernde Bestand eines privaten Arbeitgebers nicht gesichert erscheint. Diese Bedingungen müssen die zusatzversicherungsrechtlichen Fragen regeln, welche sich aus einer Auflösung des privaten Arbeitgebers ergeben können. Insbesondere müssen also für den Fall einer Insolvenz Vorkehrungen getroffen werden. Das Satzungsrecht enthält keinen Hinweis dafür, unter welchen Voraussetzungen der dauernde Bestand eines privaten Arbeitgebers nicht gesichert erscheint. Bei einer überwiegenden Beteiligung der öffentlichen Hand dürften Sicherheitsbedenken der Zusatzversorgungskasse nicht bestehen. Ist die öffentliche Hand aber nicht oder nur geringfügig beteiligt, so werden jedenfalls regelmäßig Sicherheitsbedenken erhoben werden. Als Sicherungsmittel käme auch hier eine Bürgschaft einer juristischen Person des öffentlichen Rechts in Betracht. Das Satzungsrecht wird voraussichtlich auch hier im Sinne der bei der VBL bereits vorgenommenen Änderungen (vgl. Rz. 111 a) modifiziert werden.

Die Notwendigkeit einer selbstschuldnerischen Bürgschaft ist zum Teil inzwischen Satzungsinhalt der verschiedenen Zusatzversorgungskassen. § 10 Abs. 3 Satzung ZVK Bayern legt so ausdrücklich fest, daß ein privater Arbeitgeber die Mitgliedschaft nur erwerben kann, wenn für seine aus der Mitgliedschaft und einer etwaigen Beendigung der Mitgliedschaft sich ergebenden Verpflichtungen eine juristische Person des öffentlichen Rechts eine selbstschuldnerische Bürgschaft übernimmt.

b) Selbstschuldnerische Bürgschaft, Verpflichtungserklärung oder Versicherungsschutz

115 Eine selbstschuldnerische Bürgschaft, Verpflichtungserklärung oder entsprechender Versicherungsschutz kommen nur dann als geeignetes Sicherungsmittel in Betracht, wenn sie sowohl die laufenden Verpflichtungen aus einer Beteiligung bzw. Mitgliedschaft als auch die bei einer Beendigung des Mitgliedschafts- oder Beteiligungsverhältnisses erwachsenden Lasten abdecken. Die laufenden Verpflichtungen bestehen im wesentlichen in den Umlagezahlungen. Wenn die Mitgliedschaft aber endet, weil der private Arbeitgeber vielleicht infolge einer Insolvenz nicht mehr besteht, so muß nach dem übereinstimmenden Satzungsrecht aller Zusatzversorgungseinrichtungen ein Ausgleichsbetrag gezahlt werden. Zu zahlen ist der Barwert der im Zeitpunkt der Beendigung der Mitgliedschaft auf der Kasse lastenden Verpflichtungen aus Leistungsansprüchen von Personen, bei denen der Versicherungsfall in einer Pflichtversicherung aufgrund eines Arbeitsverhältnisses bei dem ausgeschiedenen Mitglied bereits eingetreten ist oder deren Pflichtversicherung zum Zeitpunkt des Eintritts des Versicherungsfalls als Aufrechterhalten gegolten hat (Anwartschaft auf Versicherungsrente) und Leistungsansprüchen von Hinterbliebenen. Bei der Feststellung des Barwertes werden allerdings die Teile der Leistungsansprüche nicht berücksichtigt, die aus dem Vermögen der Kassen zu erfüllen sind. Denn die Kassen sind verpflichtet, aus den Umlagen für einen begrenzten Zeitraum Deckungsrücklagen zu bilden. Die zu übernehmende Bürgschaftsverpflichtung oder Verpflichtungserklärung ist letztlich für die öffentliche Hand nicht betragsmäßig umrissen, sondern variabel. Denn sie muß nicht nur die Verpflichtungen abdecken, die zum Zeitpunkt der Privatisierung bestanden. Vielmehr müssen auch alle zukünftigen Verpflichtungen abgedeckt werden, so beispielsweise aus Versorgungszusagen, die der private Arbeitgeber erst nach dem Erwerb erteilt. Die Übernahme einer Bürgschaftsverpflichtung beinhaltet letztlich also für den öffentlichen Bürgen ein nur schwer abzugrenzendes finanzielles Risiko. Vor diesem Hintergrund erscheint das Bürgschaftsmodell aus Sicht der öffentlichen Hand nicht unbedingt als empfehlenswert.

c) Ausgleichsbetrag

Die Privatisierungsmaßnahme kann dazu führen, daß der öffentliche Dienstgeber aus der Versorgungseinrichtung ausscheidet. Mit dem Ausscheiden ist regelmäßig die Zahlung des Ausgleichsbetrages verbunden, der den Barwert der Versorgungsverpflichtungen umfaßt. Die Verpflichtung zur Zahlung eines Ausgleichsbetrages bezweckt, einerseits einem öffentlichen Arbeitgeber den Austritt zu ermöglichen, andererseits aber sicherzustellen, daß eigentlich eine in diesem Versorgungssystem nicht vorgesehene Rückdeckung erfolgt. Denn mit dem Ausscheiden aus der Kasse steht fest, daß der betreffende öffentliche Arbeitgeber künftig nicht mehr zur Aufbringung des Umlagevolumens beiträgt. Für die Zusatzversorgungskassen tritt aber dann kein Finanzierungsrisiko ein, wenn anstelle des bisherigen Mitglieds für die betreffenden versicherten Arbeitnehmer ein anderer Umlagen zahlt. Aus diesem Grunde ist satzungsmäßig festgelegt, daß kein Ausgleichsbetrag zu zahlen ist, wenn die Pflichtversicherung der Arbeitnehmer spätestens drei Monate nach Beendigung der Mitgliedschaft oder Beteiligung des bisherigen Arbeitgebers durch ein anderes Mitglied oder einen anderen Beteiligten fortgesetzt

116

wird. Wird der private Arbeitgeber selbst Mitglied oder Beteiligter der Versorgungseinrichtung, so muß kein Ausgleichsbetrag bezahlt werden, soweit er auch künftig einzustellende Arbeitnehmer versichert. Scheidet der öffentliche Arbeitgeber aus der Mitgliedschaft bzw. dem Beteiligungsverhältnis aus und werden nicht alle pflichtversicherten Arbeitnehmer bei dem privaten Erwerber, der seinerseits Mitglied in der Zusatzversorgungseinrichtung geworden ist, weiterbeschäftigt, so kann ein anteiliger Ausgleichsbetrag fällig werden. § 13 Abs. 2 Satz 2 Mustersatzung ZVK bestimmt, daß dann, wenn weniger als 80 % der bisherigen Arbeitnehmer beschäftigt werden, ein Ausgleichsbetrag in Höhe des Bruchteils zu zahlen ist, um den die Zahl der Arbeitnehmer, deren Pflichtversicherung fortgesetzt wurden, hinter 80 % der Zahl der Arbeitnehmer zurückbleibt. Würden beispielsweise von 100 zunächst beschäftigten Arbeitnehmern nur 60 übernommen, so bleibt die Zahl der Arbeitnehmer, deren Pflichtversicherung fortgesetzt wird, hinter 80 von 100 der Zahl der Arbeitnehmer, die ursprünglich beschäftigt waren, um 25 % zurück. In Höhe von 25 % des Gesamtbarwerts ist dann ein Ausgleichsbetrag zu zahlen.

117 Nach § 23 Abs. 3 Satz 2 Satzung VBL besteht nur eine eingeschränkte Ausgleichspflicht, wenn zumindest die Hälfte der in den letzten drei Jahren vor der Privatisierung beschäftigten Pflichtversicherten ihr Arbeitsverhältnis bei dem privaten Arbeitgeber fortsetzen. Es ist dann der Gegenwert nur in Höhe des Bruchteils zu zahlen, um den die Zahl der Arbeitnehmer, deren Pflichtversicherungen fortgesetzt werden, hinter der Zahl der Pflichtversicherten, die am ersten Tag des 36. Monats vor dem Privatisierungsstichtag beschäftigt waren, zurückbleibt.

d) Folgen für die veräußernde Dienststelle

118 Die veräußernde Dienststelle wird zunächst aus den Verpflichtungen gegenüber der Zusatzversorgungseinrichtung frei. Sie muß also keine Umlagen mehr zahlen und auch keinen entsprechenden Verwaltungsaufwand mehr leisten. Die übernommene Bürgschaftsverpflichtung schränkt allerdings ihren finanziellen Handlungsspielraum erheblich ein. Die übernommene Bürgschaftsverpflichtung ist bei den Haushaltsplanungen zu berücksichtigen. Letztlich werden dadurch finanzielle Mittel gebunden, die dann für andere Zwecke nicht mehr zur Verfügung stehen. Erschwerend kommt hinzu, daß das Bürgschaftsvolumen wachsen wird, weil die Verpflichtung auch für alle künftigen Versorgungsverpflichtungen besteht, die aus der Mitgliedschaft des privaten Erwerbers bei der Zusatzversorgungseinrichtung erwachsen können. Die öffentliche Hand wird insoweit von der Versorgungslast nur bedingt frei, weil ja nicht feststeht, ob und ggf. wann sie aus der Bürgschaft in Anspruch genommen wird.

e) Folgen für privaten Erwerber

Für den privaten Arbeitgeber bedeutet die Mitgliedschaft bzw. Beteiligung   119
bei der Zusatzversorgungseinrichtung in erster Linie eine Einschränkung der
Flexibilität.

aa) *Verkaufshindernis*

Durch die von der öffentlichen Hand übernommene Bürgschaft oder die bei-
gebrachte Verpflichtungserklärung ist der private Arbeitgeber quasi gebunden. Er kann sich selbst von dem Privatisierungsobjekt nicht mehr ohne weiteres lösen. Denn der frühere öffentliche Arbeitgeber hat nur für ihn
persönlich eine Bürgschaft übernommen oder Verpflichtungserklärung abgegeben, die keineswegs für jede weitere Übertragung gelten würde. Ob die
öffentliche Hand auch bereit wäre, für einen nachfolgenden Erwerber zu haften, wird vom Einzelfall abhängen. Ist der frühere öffentliche Betreiber nicht
bereit, auch für einen Nacherwerber zu haften, so scheidet der Ersterwerber
aus dem Mitgliedschafts- bzw. Beteiligtenverhältnis aus. Er muß dann den
Ausgleichsbetrag zahlen und sich zusätzlich eine Minderung des Kaufpreises
gefallen lassen, weil der Nacherwerber die Versorgungsverbindlichkeiten im
vollen Umfange übernimmt. Dagegen kann er nur in die Waagschale werfen,
was als Anspruch auf Versicherungsrente (statisch, nicht dynamisiert) durch
die Zusatzversorgungseinrichtung abgesichert bleibt. Letztlich treffen ihn die
gleichen Probleme, die vor der Privatisierung den öffentlichen Arbeitgeber
drückten, ohne allerdings die Möglichkeit zu haben, dem privaten Nacherwerber die Stellung einer Bürgschaft die Mitgliedschaft in der Zusatzversorgungseinrichtung zu ermöglichen. Eine nur finanzielle Bindung tritt ein,
wenn ein unwiderruflicher Versicherungsschutz herbeigeführt wird. Es
hängt dann von der Zusatzversorgungseinrichtung ab, ob sie auch mit dem
weiteren Erwerber eine besondere Beteiligungsvereinbarung abschließt.

bb) *Künftige Verpflichtungen*

Mit der vollen Beibehaltung des öffentlichen Zusatzversorgungssystems über-   120
nimmt der private Arbeitgeber zugleich die Verpflichtung, auch allen künftig
eintretenden Arbeitnehmern entsprechende Zusagen zu erteilen. Er kann
keine Zäsur vornehmen, also neu eintretende Arbeitnehmer von Leistungen
der betrieblichen Altersversorgung nicht ausschließen. Er muß die – wenn
auch über Umlagezahlungen – entstehenden Kosten dauerhaft tragen und
zukünftig weitere Verpflichtungen begründen. Anders als andere Unternehmen der Privatwirtschaft hat er keine Möglichkeit, das Versorgungswerk zu
schließen. Gerade unter diesem Aspekt erscheint die Fortführung der Mitgliedschaft bzw. Beteiligung bei einer Zusatzversorgungseinrichtung nicht

ratsam. Mit dem nach dem neuen Satzungsrecht möglichen partiellen Ausstieg aus dem Zusatzversorgungsrecht besteht zwar im Zeitpunkt der Privatisierung die Möglichkeit für eine Zäsur, sie muß aber durch Bezahlung eines Ausgleichsbetrages verhältnismäßig teuer erkauft werden.

f) Folgen für die Arbeitnehmer

121   Für die Arbeitnehmer entstehen durch die Fortführung der Mitgliedschaft bzw. Beteiligung in der öffentlichen Zusatzversorgungseinrichtung keinerlei Nachteile. Für sie bleibt darüber hinaus die Möglichkeit erhalten, innerhalb des öffentlichen Dienstes noch zu wechseln, ohne die Ansprüche bei der Zusatzversorgungseinrichtung zu gefährden. Aus Sicht der Arbeitnehmer und deren Vertreter ist die Bürgschaftslösung durchaus sinnvoll, weil sie einerseits eine Privatisierung gestattet, andererseits einen Teil der Errungenschaften für die Arbeitnehmer des öffentlichen Dienstes dauerhaft absichert. Der zu zahlende Preis liegt allenfalls darin, daß die Arbeitsplatzsicherheit gefährdet sein kann. Je höher die nicht beeinflußbaren Kosten für ein Unternehmen sind, desto größer ist zwangsläufig das Insolvenzrisiko. Im Falle einer Insolvenz droht aber auch den Arbeitnehmern, bloß mit einer statischen Versicherungsrente auszuscheiden. Gelingt keine Anschlußbeschäftigung im öffentlichen Dienst, so geht letztlich die Aussicht auf eine lukrative Gesamtversorgung verloren.

2. Mitgliedschaft im kommunalen Arbeitgeberverband

122   Arbeitgeber des privaten Rechts können auch dann Mitglieder der Zusatzversorgungskassen werden, sofern sie unter den Geltungsbereich des Tarifvertrages über die Versorgung der Arbeitnehmer kommunaler Verwaltungen und Betriebe (VersTV-G) vom 6. 3. 1967 fallen; dies sieht § 10 Abs. 1 d) Mustersatzung-ZVK ausdrücklich vor. Zusätzlich verlangt § 10 Abs. 2 Mustersatzung ZVK als Voraussetzung für den Erwerb der Mitgliedschaft, daß der Arbeitgeber das für die Mitglieder der in der Vereinigung der kommunalen Arbeitgeberverbände zusammengeschlossenen Arbeitgeberverbände geltende Versorgungstarifrecht wesentlich gleichen Inhalts tarifvertraglich oder allgemein einzelarbeitsvertraglich anwendet. Ein Tarifrecht wesentlich gleichen Inhalts soll nur dann bestehen, wenn es auch Regelungen enthält, die dem § 3 Satz 1 und dem Abschnitt III des Zweiten Teils des VersTV-G entsprechen. Die Satzungsbestimmungen verlangen damit im wesentlichen die arbeitgeberseitige Verpflichtung zur Schaffung einer Gesamtversorgung, so wie es im Satzungsrecht der Zusatzversorgungskassen ausformuliert ist. Der besondere Hinweis auf die Anwendung des Versorgungstarifrechts ist eigentlich überflüssig; denn wer unter den Geltungsbereich des VersTV-G fällt, ist bereits aufgrund zwingender tarifrechtlicher Regelungen verpflichtet, den bei ihm beschäftigten Arbeitnehmern eine Zusatzversorgung zu verschaffen. § 10 Abs. 2 Mustersatzung ZVK kann insoweit allenfalls für tarifliche Außenseiter Bedeutung entfalten, als daß klargestellt wird, daß auch für sie das Versorgungstarifrecht allgemein einzelvertraglich angewendet werden muß. Damit kommt es darauf an, ob der private Erwerber unter den Geltungsbereich des VersTV-G vom 6. 3. 1967 fällt.

a) Geltungsbereich VersTV-G vom 6. 3. 1967

Der VersTV-G vom 6. 3. 1967 gilt für alle unter den Geltungsbereich des Bundesangestelltentarifvertrages (BAT) und des Bundesmanteltarifvertrages für Arbeiter gemeindlicher Verwaltungen und Betriebe (BMT-G) fallenden Arbeitnehmer. Er gilt nicht für den Bereich der arbeitsrechtlichen Vereinigung Hamburg e.V. sowie für den Bereich des kommunalen Arbeitgeberverbandes Saar e.V. Diese Ausnahmen beruhen im wesentlichen darauf, daß beide genannten Arbeitgebervereinigungen über eigene tarifliche Vorschriften verfügen, die Zusatzversorgungsleistungen vorsehen. Der Tarifvertrag gilt schließlich nicht für die öffentlichen Arbeitgeber, die an der Versorgungsanstalt des Bundes und der Länder (VBL) beteiligt sind. Der VersTV-G verweist damit auf den Geltungsbereich des BAT einerseits und des BMT-G andererseits. Der Geltungsbereich des BAT umfaßt wiederum u.a. die Mitglieder der Arbeitgeberverbände, die der Vereinigung der kommunalen Arbeitgeberverbände angehören (§ 1 Abs. 1 c) BAT). Eine entsprechende Regelung findet sich im BMT-G II (dort § 1 Abs. 1 a)). Der BMT-G II gilt für Arbeiter, die in einem Arbeitsverhältnis zu Mitgliedern der Arbeitgeberverbände stehen, die der Vereinigung der kommunalen Arbeitgeberverbände angehören. Vereinfacht ausgedrückt: Der private Arbeitgeber muß die Mitgliedschaft in einem kommunalen Arbeitgeberverband erwerben, soll die zu übernehmende Belegschaft auch weiterhin in der Zusatzversorgungskasse versichert sein. Damit kommt es auf das Satzungsrecht der kommunalen Arbeitgeberverbände an.

123

b) Satzungsrecht der öffentlichen Arbeitgeberverbände

Die kommunalen Arbeitgeberverbände verstehen sich in erster Linie als Vertreter der Interessen der öffentlichen Arbeitgeber gegenüber den Arbeitnehmern und den Gewerkschaften. Zu den klassischen Mitgliedern gehören die Gemeinden, Gemeindeverbände, Zweckverbände, aber auch sonstige öffentlich-rechtliche Körperschaften, Anstalten und Stiftungen sowie deren Verbände (vgl. z.B. § 3 Abs. 1 a) Satzung des kommunalen Arbeitgeberverbandes Nordrhein-Westfalen, KAV NW).

124

aa) *Private Arbeitgeber*

125   Die Mitgliedschaft im kommunalen Arbeitgeberverband können aber auch private Arbeitgeber erwerben. Hier verlangt aber das Satzungsrecht, daß die Gemeinden, Gemeindeverbände, Zweckverbände, sonstige öffentlich-rechtliche Körperschaften, Anstalten und Stiftungen sowie deren Verbände zumindest an diesen privaten Unternehmen mehrheitlich beteiligt sind (vgl. z. B. § 3 Abs. 1 b) Satzung KAV NW). Aus dem Erfordernis einer qualifizierten Beteiligung wird deutlich, daß die kommunalen Arbeitgeberverbände sich grundsätzlich nicht für private Arbeitgeber öffnen wollen. Ziel der Öffnung für privatrechtlich organisierte Unternehmungen ist, eigene, in Privatrechtsform geführte Betriebe, wie etwa eine Stadtwerke GmbH o. ä., den gleichen tariflichen Vorschriften unterwerfen zu können, die auch für die mehrheitlich beteiligte öffentliche Dienststelle maßgeblich sind. Der private Arbeitgeber kann also allenfalls eine Minderheitsbeteiligung haben. Dies wird für ihn häufig nicht lohnend erscheinen, weil er praktisch nicht in der Lage ist, die Unternehmenspolitik zu bestimmen. Er kann allenfalls die in gesellschaftsrechtlichen Bestimmungen enthaltenen Rechte eines Minderheitsgesellschafters geltend machen. Eine derartige „Teilprivatisierung" erscheint für den privaten Erwerber wenig lukrativ und mag allenfalls für den interessierten Kapitalanleger geeignet sein.

126   Die Satzung des kommunalen Arbeitgeberverbandes Nordrhein-Westfalen enthält allerdings keine Bestimmung darüber, was geschieht, wenn sich die Beteiligungsverhältnisse bei einem Mitglied ändern. Hat der private Unternehmer bei Beginn der Mitgliedschaft nur eine Minderheitsbeteiligung an dem Unternehmen, so kann es Mitglied werden. Erwirbt er später dann die Mehrheit der Anteile, so sieht das Satzungsrecht jedenfalls ausdrücklich kein Ende der Mitgliedschaft vor. Denn § 3 der Satzung spricht von dem „Erwerb" der Mitgliedschaft und nicht davon, welche Voraussetzungen für ihre Aufrechterhaltung erfüllt sein müssen. Allerdings dürfte bei einer zweckorientierten Auslegung der Satzungsbestimmungen unzweifelhaft sein, daß auch das Fortbestehen der Mitgliedschaft von einer Beibehaltung der bisherigen Beteiligungsverhältnisse abhängig ist. Zumindest dürfte die Aufgabe der Mehrheitsbeteiligung des öffentlichen Arbeitgebers ein Grund zur Ausschließung sein. So nennt die Satzung des KAV NW in § 4 Abs. 3 c) als Ausschließungsgrund Verstöße gegen sonstige Interessen des Verbandes. Zu diesen dürfte sicherlich zählen, daß der Verband im wesentlichen eine Interessengemeinschaft der Gemeinden, Gemeindeverbände und sonstigen öffentlich-rechtlichen Körperschaften bleibt. Eine „allmähliche" Privatisierung erscheint deshalb nicht als geeigneter Lösungsweg für die Probleme, die aus der zusätzlichen Altersversorgung herrühren.

127   Das Satzungsrecht läßt allerdings auch Ausnahmen zu. Nach § 3 Abs. 1 Satz 2 Satzung KAV NW können bei Vorliegen besonderer Voraussetzungen Ausnahmen von dem Grundsatz gemacht werden, daß ein öffentlicher Arbeitgeber mehrheitlich an dem privatrechtlich organisierten Unternehmen beteiligt sein muß. Welche Bedingungen hierfür erfüllt werden müssen, besagt das Satzungsrecht nicht. Es steht aber kaum zu erwarten, daß die kommunalen Arbeitgeberverbände von einer solchen satzungsmäßigen Möglichkeit großzügigen Gebrauch machen werden. Insbesondere kann nicht angenommen werden, daß die kommunalen Arbeitgeberverbände Mitglieder aufnehmen werden, die völlig dem Einfluß der öffentlichen Hand entzogen sind.

bb) Gastmitgliedschaft

Das Satzungsrecht der kommunalen Arbeitgeberverbände läßt zum Teil Gastmitgliedschaften zu. Nach § 3 Abs. 2 können private Arbeitgeber die Gastmitgliedschaft erwerben, soweit sie mittelbar oder unmittelbar an dem privaten Unternehmen beteiligt sind; eine Mehrheitsbeteiligung ist nicht erforderlich.   **128**

Die Gastmitgliedschaft begründet jedoch keine Mitgliedschaft im Sinne der übrigen Satzungsbestimmungen. Dies bedeutet, daß insbesondere keine Tarifbindung besteht. Gastmitglieder sind also nicht satzungsmäßig verpflichtet, die von den kommunalen Arbeitgeberverbänden abgeschlossenen Tarifverträge einzuhalten. Infolgedessen besteht auch keine Verpflichtung zur Einhaltung des VersTV-G. Eine bloße Gastmitgliedschaft scheidet deshalb aus, um Mitglied in einer kommunalen Zusatzversorgungseinrichtung zu werden bzw. zu bleiben.

c) Folgen für veräußernde Dienststelle

Die Mitgliedschaft im kommunalen Arbeitgeberverband kann der private Erwerber sich also nur verschaffen, wenn er eine mehrheitliche Beteiligung der öffentlichen Hand zuläßt. Für diese bedeutet das wiederum, daß die möglicherweise beabsichtigte vollständige Herauslösung einer Einrichtung aus ihrem Zuständigkeitsbereich nicht möglich ist. Die öffentliche Hand trägt nach wie vor die Entscheidungsverantwortung, weil sie als Mehrheitsbeteiligte die Unternehmenspolitik bestimmt. Sie mag zwar die Haftung auf das Gesellschaftsvermögen des Erwerbers begrenzen können; als Mehrheitsbeteiligte wird sie sich jedoch eine Insolvenz des übernehmenden Unternehmens politisch oftmals nicht leisten können. Je nach den Umständen wird sie möglicherweise sogar für die mangelnde Leistungsfähigkeit des privaten Gesellschafters einstehen müssen. Auch für die öffentliche Hand ist deshalb diese Form der Privatisierung, die ja letztlich nur eine „Teilprivatisierung" bedeuten würde, nicht lohnenswert.   **129**

Die (Teil-)Privatisierung kann dazu führen, daß der bisherige öffentliche Arbeitgeber keine Arbeitnehmer mehr hat. Dies wird ihn möglicherweise veranlassen, das Mitgliedschaftsverhältnis bei der Zusatzversorgungskasse zu kündigen. Handelt es sich beispielsweise um einen Zweckverband, so mag auch die Auflösung des öffentlichen Arbeitgebers erwogen werden. Scheidet ein Mitglied aus der Zusatzversorgungskasse aus, so ist ein Ausgleichsbetrag zu zahlen (vgl. § 13 Mustersatzung ZVK). Dieser umfaßt den Barwert der im Zeitpunkt der Beendigung der Mitgliedschaft auf ihr lastenden Verpflichtungen. Praktisch müssen die nicht rückgedeckten Ansprüche nun finanziert werden. Bei der Feststellung des Barwertes werden nur die Teile der Leistungsansprüche nicht berücksichtigt, die aus dem Vermögen der Kasse zu erfüllen sind. Die näheren Einzelheiten legt im übrigen das Satzungsrecht fest. Die Privatisierung kann den öffentlichen Arbeitgeber insoweit verhältnismäßig teuer zu stehen kommen. Allerdings ist dann kein Ausgleichsbetrag zu zahlen (§ 13 Abs. 3 Mustersatzung ZVK), wenn die von dem ausgeschiedenen Mitglied wahrgenommenen Aufgaben von einem anderen Mitglied oder mehreren anderen Mitgliedern übernommen werden. Wird der (teil-)private Erwerber seinerseits Mitglied in der Zusatzversorgungseinrichtung, so hat die Übertragung der Aufgaben für den bisherigen öffentlichen Arbeitgeber keine nachteiligen Auswirkungen. Ein Ausgleichsbetrag ist nicht zu zahlen; das Mitgliedschaftsverhältnis wird quasi von dem Erwerber übernommen. Daran ändert sich auch dann nichts, wenn der Erwerber Mitglied in einer anderen Zusatzversorgungseinrichtung wird. Denn das Satzungsrecht läßt insoweit Überleitungen und Übernahmen zwischen Zusatzversorgungseinrichtungen (vgl. § 68 Mustersatzung ZVK) ausdrücklich zu. Auch hier entstehen also keine besonderen Zahlungsverpflichtungen für die öffentliche Hand.

d) Folgen für den Erwerber

130 Der (teilprivate) Erwerber hat zunächst den Vorteil, für die übernommenen Versorgungsverpflichtungen keine Rückstellungen bilden zu müssen. Denn mit der Mitgliedschaft im kommunalen Arbeitgeberverband kann er gleichzeitig Mitglied in der Zusatzversorgungskasse sein. Das Zusatzversorgungssystem in der bisherigen Form kann deshalb für die übernommenen Arbeitnehmer aufrechterhalten bleiben. Auch die Finanzierungsform wird sich nicht ändern. Er muß die satzungsmäßigen Umlagen zahlen und kann damit die betriebliche Altersversorgung auch in Zukunft finanzieren.

Als Mitglied im kommunalen Arbeitgeberverband ist er aber auch für die Zukunft verpflichtet, das Tarifrecht einzuhalten. Dies bedeutet, daß er auch neu eintretenden Mitarbeitern eine Zusatzversorgung bei der betreffenden Zusatzversorgungskasse verschaffen muß. Diese Verpflichtung gilt nicht nur gegenüber tarifgebundenen Arbeitnehmern, also solchen, die Gewerkschaftsmitglied sind. Insoweit sei nochmals auf die Bestimmung des § 10 Abs. 2 Mustersatzung ZVK hingewiesen, wonach die Verpflichtung besteht, das Versorgungstarifrecht allgemein einzelvertraglich anzuwenden. Diese Verpflichtung ist für die Zusatzversorgungseinrichtung deshalb von so großer Bedeutung, weil nur bei einer hinreichenden Anzahl von Mitarbeitern, für die nach dem Versorgungstarifrecht Umlagen zu zahlen sind, die Finanzierung der Zusatzversorgungsleistungen sichergestellt ist. Der private Arbeitgeber muß also auch für künftig eintretende Mitarbeiter mit erheblichen Belastungen durch betriebliche Ruhegeldzahlungen rechnen. Er muß aber auch im übrigen die Bestimmungen der Tarifverträge für die öffentlichen Arbeitgeber einhalten, also ein Gehaltsgefüge nach dem BAT oder dem BMT-G II gewährleisten.

e) Folgen für die Arbeitnehmer

Für die Arbeitnehmer ändert sich bei einer Privatisierung wenig, wenn ihr **131** Arbeitgeber Mitglied im kommunalen Arbeitgeberverband wird. Ihre Versorgungsansprüche gegenüber der Zusatzversorgungseinrichtung bleiben erhalten. Denn der Wechsel von einem an die Tarifverträge für den öffentlichen dienstgebundenen Arbeitgeber zu einem anderen, bei dem die gleiche Bindung besteht, ist für die Versorgungsansprüche der Arbeitnehmer ohne Bedeutung. Ihre Rechte werden praktisch fortgeschrieben, als sei es zu einem Arbeitgeberwechsel gar nicht gekommen. Allenfalls kann der Arbeitnehmer verpflichtet sein, einen schriftlichen Überleitungsantrag zu stellen. Dies hängt vom Satzungs- und Leistungsrecht der jeweiligen Zusatzversorgungseinrichtung ab. Dies erleichtert auch den späteren Wechsel zu einem anderen Arbeitgeber der öffentlichen Hand. Denn tarifrechtlich betrachtet ist der Arbeitnehmer aus dem öffentlichen Dienst nicht ausgeschieden. Soweit das Tarifrecht einen Arbeitgeberwechsel zuläßt und Dienstzeiten bei einem früheren öffentlichen Arbeitgeber anerkennt, gilt dies auch für die Beschäftigungszeit bei dem (teil-)privatisierten Unternehmen.

3. Übernahme der Versorgungsverbindlichkeiten

Völlige Freiheit erwirkt der private Arbeitgeber nur dann, wenn er bereit ist, **132** die Versorgungslast selbst zu übernehmen. Er haftet dann auch für die bereits bei der öffentlichen Hand erdienten Ansprüche. Freilich bleibt ein Teil davon durch die Zusatzversorgungseinrichtung abgesichert, so daß der private Arbeitgeber die übernommenen Altersversorgungsrechte nur bis zur Höhe der vollen – dynamischen – Versorgungsrente auffüllen muß.

a) Teilweise Absicherung durch Zusatzversorgungskasse

133   Wird eine Dienststelle privatisiert, so endet zwar damit nicht unmittelbar die Mitgliedschaft des öffentlichen Dienstgebers in der Zusatzversorgungseinrichtung. Durch den gesetzlich angeordneten Arbeitgeberwechsel wird auch nicht der rechtliche Bestand des Arbeitsverhältnisses berührt. Der Beschäftigte ist aber nicht mehr Arbeitnehmer des an der Zusatzversorgungseinrichtung beteiligten öffentlichen Arbeitgebers. Damit endet automatisch die Versicherungspflicht in der Zusatzversorgungseinrichtung. Mit Beendigung des Pflichtversicherungsverhältnisses entsteht eine beitragsfreie Versicherung (vgl. § 34 Satzung VBL). Der beitragsfrei versicherte Arbeitnehmer wiederum hat nur Anspruch auf eine Versicherungsrente für Versicherte (vgl. § 37 Abs. 1 b Satzung VBL). Voraussetzung hierfür ist wiederum, daß die Wartezeit von 60 Umlagemonaten erreicht ist. Liegen diese Voraussetzungen vor, so behält der Arbeitnehmer trotz seines Ausscheidens aus dem öffentlichen Dienst und des Pflichtversicherungsverhältnisses bei der Zusatzversorgungseinrichtung einen wenn auch statischen Anspruch auf Versicherungsrente. Bei Eintritt des Versorgungsfalles muß folglich die Zusatzversorgungseinrichtung eine Rente zahlen. Für Anwartschaften auf Versicherungsrente gegenüber einer Zusatzversorgungseinrichtung gilt allerdings auch § 1 BetrAVG. Dies bedeutet, daß Ansprüche gegenüber der Zusatzversorgungseinrichtung nur dann erwachsen können, wenn er mindestens zehn Jahre ununterbrochen durch denselben Beteiligten oder dessen Rechtsvorgänger pflichtversichert gewesen ist oder sein Arbeitsverhältnis mindestens zwölf Jahre ohne Unterbrechung bestanden hat und seit mindestens drei Jahren ununterbrochen durch denselben Beteiligten oder dessen Rechtsvorgänger eine Pflichtversicherung gewährleistet war. Lagen diese Voraussetzungen im Zeitpunkt der Privatisierung noch nicht vor, so bestehen Ansprüche gegenüber der Zusatzversorgungseinrichtung nur in geringem Umfang (s. dazu unten Rz. 135). Dies bedeutet jedoch noch nicht, daß der von der Privatisierung betroffene Arbeitnehmer darüber hinausgehende Ansprüche auf eine zusätzliche Altersversorgung völlig verliert.

b) Anwendbarkeit des § 18 BetrAVG

134   Die Höhe der Anwartschaft auf Versicherungsrente bemißt sich nach der Satzung der jeweiligen Zusatzversorgungseinrichtung. § 2 Abs. 1 BetrAVG, der die Höhe einer bei einem vorzeitigen Ausscheiden aufrechtzuerhaltenden Anwartschaft auf betriebliches Ruhegeld regelt, ist nicht anwendbar. § 18 Abs. 1 BetrAVG bestimmt ausdrücklich, daß die §§ 2 bis 5, 16, 27 und 28 BetrAVG nicht gelten. Der Anspruch auf Versicherungsrente ist deshalb auch kein ratierlich gekürzter Anspruch auf eine Vollversorgung, sondern ein Versorgungsanspruch eigener Art. Für ihn gilt auch nicht § 16 BetrAVG, so daß eine Anpassung an die Steigerung des Lebenshaltungskostenindexes grundsätzlich unterbleibt. Der gegenüber der Zusatzversorgungseinrichtung erworbene Anspruch auf Versicherungsrente bleibt deshalb unverändert.

c) Folgen der Privatisierung für den Erwerber

Kann der private Erwerber nicht Mitglied bzw. Beteiligter bei der Zusatzversorgungseinrichtung werden, so tritt er selbst in die von dem öffentlichen Dienstgeber noch erteilten Versorgungszusagen ein. Der Eintritt in die Rechte und Pflichten aus einem Arbeitsverhältnis gem. § 613a BGB beinhaltet auch die Übernahme der Versorgungsansprüche. Der private Arbeitgeber unterliegt deshalb im Hinblick auf die Altersversorgungszusagen verschiedenen Bindungen:

aa) *Rückstellungen*

Für die übernommenen Altersversorgungsverpflichtungen müssen Rückstellungen gebildet werden. Schon hier kann ein Überschuldungsrisiko drohen, wenn die Versorgungslast aufgrund der bestehenden Alters- und Beschäftigtenstruktur besonders hoch ist. Abzudecken ist grundsätzlich der gesamte Bedarf für die Altersversorgung. Als Abzugsposten können die unentziehbaren Anwartschaften auf Versicherungsrente bei der Zusatzversorgungseinrichtung berücksichtigt werden. Dabei ist jedoch folgende Besonderheit zu beachten: Arbeitnehmer, die im Zeitpunkt der Privatisierung noch keine unverfallbare Versorgungsanwartschaft nach Maßgabe des § 1 Abs. 1 BetrAVG besaßen, bringen keine Anwartschaft auf Zusatzversorgung ein. Die Unverfallbarkeit der Versorgungszusage kann aber bei dem privaten Arbeitgeber problemlos noch erreicht werden. Dies hat zur Konsequenz, daß dann ebenfalls eine Rückstellung zu bilden ist, der Altersversorgungsanspruch des betreffenden Arbeitnehmers aber nicht teilweise durch Zusatzversorgungskassenleistungen abgesichert ist. Bei Ermittlung des Kaufpreises ist deshalb darauf zu achten, daß auch noch verfallbare Versorgungsanwartschaften angemessen berücksichtigt werden. Der öffentliche Veräußerer wird dagegen einwenden, daß insoweit noch keine Versorgungsansprüche wirksam begründet worden sind. Denn wenn er die Dienststelle nicht privatisiere sondern schließe und die Aufgaben einem Drittunternehmen übertrage, würden Mitarbeiter mit noch verfallbaren Anwartschaften ausscheiden, ohne die Unverfallbarkeitsfristen noch erfüllen zu können. Insoweit liegt es allein an dem privaten Erwerber, ob Versorgungsrechte tatsächlich entstehen. Gelinge rechtzeitig eine Trennung, so würden von vornherein keine Rückstellungen erforderlich machende Versorgungsansprüche entstehen.

135

Beispiel:

Es wird eine Dienststelle privatisiert, die erst 9,5 Jahre besteht und in der infolgedessen keine Mitarbeiter beschäftigt werden, die bereits die Unverfallbarkeitsfristen des § 1 Abs. 1 BetrAVG erfüllen. Mit dem Ausscheiden aus der Zusatzversorgungseinrichtung erlöschen Ansprüche auf eine Versicherungsrente nach BetrAVG. Würde die Dienststelle geschlossen und die Mitarbeiter entlassen, so gingen alle Arbeitnehmer fast leer aus; sie würden nur Anspruch auf den versicherungsmathematischen Gegenwert für die geleisteten Beiträge haben. Weil die Beträge seit 1978 nur vom Arbeitgeber getragen werden, fußt die Höhe dieser Leistung auf dem angenommenen Wert, in dessen Höhe die Arbeitnehmer auf Tariferhöhung verzichtet haben, weil sie nicht mehr selbst Beitragsanteile tragen mußten. Denn dieser Verzicht stellt hier die Leistung des Arbeitnehmers dar. Infolgedessen könnte der private Arbeitgeber bei der Bildung von Rückstellungen keine durch die Zusatzversorgungseinrichtung abgesicherten Versorgungsbestandteile abziehen. Die Arbeitnehmer können bei dem privaten Arbeitgeber die Unverfallbarkeitsfristen mit einer weiteren Betriebszugehörigkeit erreichen. Die dann zu bildenden Rückstellungen umfassen dann den gesamten Zeitraum, in dem die Versorgungsanwartschaft erdient wurde, auch den, in der der Arbeitnehmer noch im öffentlichen Dienst stand. Es wird deutlich, daß damit der private Erwerber eine ganz erhebliche Versorgungslast übernehmen muß, auch wenn im Zeitpunkt der Privatisierung die Versorgungsansprüche noch verfallbar waren.

136 Auf das Argument, die Unverfallbarkeitsfristen seien im Zeitpunkt der Privatisierung noch nicht erfüllt gewesen, wird sich der öffentliche Dienstgeber nicht berufen können. Denn § 613 a BGB ermöglicht gerade keine Zäsur. Das Arbeitsverhältnis wird mit allen Rechten und Pflichten fortgeführt und kann insbesondere nicht (§ 613 a Abs. 4 BGB) wegen des Inhaberwechsels beendet werden. Umgekehrt erscheint es unbillig, verfallbare Anwartschaftsrechte unbegrenzt zu berücksichtigen. Denn berücksichtigt werden muß, daß nach allgemeiner Lebenserfahrung nicht sämtliche noch verfallbaren Anwartschaften später tatsächlich auch unverfallbar werden. Es wird wahrscheinlich ein Teil der Arbeitnehmer aus welchen Gründen auch immer vor Erreichen der Unverfallbarkeit ausscheiden. Es ist nicht einzusehen, daß auch für diese Arbeitnehmer dann die gesamte Anwartschaftshöhe bei der Festsetzung des Kaufpreises berücksichtigt wird. Eine präzise Abgrenzung wird praktisch nicht möglich sein, es sei denn, man würde nachträglich, immer wenn ein Mitarbeiter vor Erreichen der Unverfallbarkeit ausscheidet, Erstattungen bzw. Nachforderungen auf den ausgehandelten Kaufpreis vornehmen. Praktikabel wird deshalb nur eine pauschale Berücksichtigung sein. Diese könnte sich – soweit vorhanden – an der bisherigen Fluktuation innerhalb der privatisierten Dienststelle orientieren. In versicherungsmathematischen Berechnungen läßt sich die zu erwartende Fluktuation ohne weiteres einbeziehen.

bb) Künftig erdiente Anwartschaftsteile

Der private Arbeitgeber übernimmt ein Gesamtversorgungssystem nach   **137**
beamtenrechtlichen Grundsätzen. Er muß die Arbeitnehmer so stellen, als
würde das Pflichtversicherungsverhältnis bei der Zusatzversorgungseinrichtung fortbestehen. Er ist aber nicht in der Lage, dieses über Umlagen zu
finanzieren, sondern muß entsprechende Rückstellungen bilden. Der private
Erwerber wird deshalb sehr sorgfältig erwägen müssen, ob er die damit verbundenen Lasten überhaupt übernehmen kann. Dabei kann es nicht nur
darum gehen zu erfassen, welche Versorgungsansprüche von den zu übernehmenden Arbeitnehmern bis zur Privatisierung schon erdient worden
sind. Besondere Aufmerksamkeit ist vielmehr der zukünftigen Entwicklung
zu widmen; denn der private Erwerber muß die Versorgungsrechte weiterführen und wirtschaftlich in der Lage sein, die künftige Entwicklung der
Anwartschaften wirtschaftlich zu verkraften. Bestehen hier Schwierigkeiten,
so kann auch dies Anlaß dafür sein, den Kaufpreis herabzusenken. Denn die
künftigen Belastungen beruhen wie auch die schon erdienten Anwartschaftsanteile auf der Versorgungszusage des öffentlichen Dienstgebers, zu deren
inhaltlicher Abänderung der Erwerber nicht ohne weiteres in der Lage ist.
Letztlich wird es vom Verhandlungsgeschick und von den konkreten Ver-
hältnissen des Einzelfalles abhängen, inwieweit auch der künftigen Entwicklung des für die Altersversorgung notwendigen Finanzvolumens bei der
Kaufpreisermittlung Rechnung getragen werden kann.

cc) Keine Pflicht, neue Versorgungszusagen zu erteilen

Das Ausscheren aus dem Altersversorgungsrecht der öffentlichen Arbeit-   **138**
geber ermöglicht es, erst nach der Privatisierung eintretende Mitarbeiter
anders zu behandeln. Der arbeitsrechtliche Gleichbehandlungsgrundsatz
gebietet es nicht, auf alle Zeiten für den Betrieb das bei der Privatisierung
vorgefundene Altersversorgungssystem festzuschreiben (vgl. Höfer/Rei-
ners/ Wüst, BetrAVG, ART Rz. 222). Der private Arbeitgeber kann sich deshalb frei entscheiden, ob er künftig eintretenden Mitarbeitern überhaupt
keine Versorgungszusage mehr erteilen will oder aber eine inhaltlich anders
gestaltete Ruhegeldzusage geben möchte. Er kann insofern problemlos zwischen übernommenen Mitarbeitern und neu eingetretenen Arbeitnehmern
differenzieren.

dd) Flexibilität

Die Übernahme der Altersversorgungslasten garantiert dem privaten Erwer-   **139**
ber insbesondere eine größtmögliche Flexibilität. Soweit er sich nicht vertraglich gegenüber dem öffentlichen Dienstgeber gebunden hat, ist er in der Lage,

die übernommene Dienststelle seinerseits wieder zu veräußern. Er kann die übernommene Einrichtung ggf. auch schließen. Er ist gegenüber der Zusatzversorgungseinrichtung in keiner Weise gebunden. Ihr gegenüber ist er nicht verpflichtet, die Versorgungsanwartschaften der übernommenen Mitarbeiter fortzuentwickeln. Eine Verpflichtung besteht ausschließlich gegenüber den Arbeitnehmern. Sind diese bereit, ihre Ansprüche auf eine neue inhaltliche Grundlage zu stellen, sie möglicherweise zu verringern oder auf sie gänzlich zu verzichten, so kann der Erwerber in den nach dem BetrAVG zulässigen Grenzen mit ihnen entsprechende Vereinbarungen schließen.

ee) Abänderungsmöglichkeiten

140   Der Arbeitgeber, der Versorgungsansprüche nach beamtenrechtlichen Grundsätzen erfüllen muß, wird möglicherweise darüber nachdenken, wie er eine Abänderung herbeiführen kann. Das hierfür zur Verfügung stehende rechtliche Instrumentarium bestimmt sich nach der Rechtsqualität der Ansprüche. Soweit es sich um individual-rechtliche Ansprüche handelt, also solche, die auf dem Arbeitsvertrag beruhen, kommen nur Änderungskündigung, Änderungsvereinbarung und ein Widerruf in Betracht.

– Änderungsvereinbarung

141   Eine Änderungsvereinbarung setzt das Einverständnis des Arbeitnehmers voraus. Dabei ist § 17 Abs. 1 BetrAVG zu beachten. Nach dessen Abs. 3 kann von bestimmten gesetzlichen Bestimmungen durch Tarifvertrag abgewichen werden. Im übrigen kann von den Bestimmungen des BetrAVG nicht zuungunsten des Arbeitnehmers abgewichen werden. So können beispielsweise keine längeren Unverfallbarkeitsfristen vereinbart werden. Zu den Bestimmungen, von denen zugunsten des Arbeitnehmers nicht abgewichen werden darf, gehört auch das Abfindungs- und Verzichtsverbot des § 3 Abs. 1 BetrAVG. Nach dieser Bestimmung kann eine Versorgungsanwartschaft, die der Arbeitnehmer nach § 1 Abs. 1 bis 3 BetrAVG bei Beendigung des Arbeitsverhältnisses behält, nur dann abgefunden werden, wenn die Anwartschaft auf einer Versorgungszusage beruht, die weniger als zehn Jahre vor dem Ausscheiden erteilt wurde. Das BAG hat entschieden, daß auch ein Verzicht ohne Abfindung unzulässig ist, wenn im übrigen die Voraussetzungen des § 3 Abs. 1 Satz 1 BetrAVG erfüllt sind (vgl. BAG, Urteil vom 22. 9. 1987 – 3 AZR 194/86 –, DB 1988, 656). Das Abfindungs- und Verzichtsverbot gilt aber nur bei einer Beendigung des Vertragsverhältnisses, nicht aber wenn der Verzicht oder die Abfindung während des laufenden Arbeitsverhältnisses vereinbart werden. Insoweit erscheint ein Verzicht, eine Reduzierung oder eine inhaltliche Veränderung von Altersversorgungsansprüchen anläßlich einer Privatisierung unbedenklich. Etwas anderes gilt nur dann, wenn sich

die Ansprüche auf Zusatzversorgung aus einem Tarifvertrag ergeben, der kraft beiderseitiger Tarifgebundenheit gilt. Denn in diesem Falle kommt die einjährige Veränderungssperre des § 613 a Abs. 1 Satz 2 zur Anwendung, nach der tarifvertragliche Regelungen und solche, die auf Betriebsvereinbarungen beruhen, zwar ebenfalls Inhalt des Arbeitsverhältnisses werden, aber nicht vor Ablauf eines Jahres nach dem Zeitpunkt des Übergangs zum Nachteil des Arbeitnehmers abgeändert werden dürfen (vgl. Ausführungen unter Rz. 183 ff.).

– Änderungskündigung

Kann der Erwerber keine Änderungsvereinbarung durchsetzen, so bleibt die Möglichkeit einer Änderungskündigung. Mit einer Änderungskündigung wird das bisherige Arbeitsverhältnis beendet. Sie enthält zugleich das Angebot, das Arbeitsverhältnis unter geänderten Arbeitsbedingungen fortzusetzen, hier also ohne Altersversorgungsansprüche bzw. mit einer veränderten Altersversorgungsregelung. Der Arbeitnehmer hat unterschiedliche Möglichkeiten, auf die Änderungskündigung zu reagieren. Er kann das Änderungsangebot vorbehaltlos annehmen. Geschieht dies, ändert sich mit Ablauf der Kündigungsfrist der Inhalt des Arbeitsverhältnisses. Es würde dann keine Altersversorgungszusage mehr bestehen. Er kann das Änderungsangebot ablehnen. Die Änderungskündigung wandelt sich dann praktisch in eine Beendigungskündigung. Unternimmt der Arbeitnehmer nichts weiter, so endet das Arbeitsverhältnis mit Ablauf der Kündigungsfrist. Es hängt dann davon ab, ob der Arbeitnehmer die Unverfallbarkeitsfristen des § 1 Abs. 1 Satz 1 BetrAVG erfüllt hat, ob später bei Eintritt des Versorgungsfalles von dem Erwerber betriebliche Versorgungsleistungen zu gewähren sind. Der Arbeitnehmer kann schließlich das Änderungsangebot unter dem Vorbehalt des § 2 Satz 1 KSchG annehmen. Er kann dem Erwerber gegenüber also erklären, daß er das Angebot, das Arbeitsverhältnis unter geänderten Bedingungen fortzusetzen, nur unter dem Vorbehalt annehme, daß die inhaltliche Veränderung der Arbeitsbedingungen nicht sozial ungerechtfertigt ist. Diesen Vorbehalt muß der Arbeitnehmer dem Arbeitgeber innerhalb der Kündigungsfrist, spätestens jedoch innerhalb von drei Wochen nach Zugang der Kündigung erklären. Ist der Vorbehalt fristgerecht erklärt worden, so kann der Arbeitnehmer in einem arbeitsgerichtlichen Änderungskündigungsschutzverfahren klären lassen, ob die Veränderung der Arbeitsbedingungen sozial gerechtfertigt war. Gewinnt er den Rechtsstreit, so verbleibt es bei den ursprünglichen Regelungen. Verliert er den Prozeß, so bleibt das Arbeitsverhältnis erhalten, allerdings nur unter den geänderten Konditionen. Äußert sich der Arbeitnehmer überhaupt nicht zu dem Änderungsangebot, so wird man dies, soweit nicht anders zu deutende Anhaltspunkte ersichtlich sind, regelmäßig als Ablehnung des Angebots interpretieren. Aus der Änderungskündigung würde dann eine Beendigungskündigung. Das Kündigungsschutzgesetz äußert sich nur zu der Frage, innerhalb welcher Frist die vorbehaltliche Annahme des Änderungsangebots zu erklären ist. Gesetzliche Bestimmungen zu der Frage, wann der Arbeitnehmer sich ohne Vorbehalt zu dem Änderungsangebot erklären muß, fehlen. Hier ist auf die allgemeinen Bestimmungen des BGB zu verweisen. Dabei ist zu unterscheiden zwischen einer Erklärung gegenüber einem anwesenden und einem abwesenden Vertragspartner. Der gegenüber einem Anwesenden gemachte Antrag kann gem. § 147 Abs. 1 Satz 1 nur sofort angenommen werden. Der gegenüber einem Abwesenden gemachte Antrag kann nur bis zu dem Zeitpunkt angenommen werden, in welchem der Antragende den Eingang der Antwort unter regelmäßigen Umständen erwarten darf (§ 147 Abs. 2 BGB). Nach § 148 BGB kann der Antragende auch eine Frist für die Annahme des Angebotes bestimmen. Die gesetzlichen Bestimmungen deuten darauf hin, daß der Arbeitnehmer schnell handeln muß. Da er gem. § 2 Satz 1 KSchG jedoch mit der Erklärung des Vorbehaltes bis zum Ablauf der Kündigungsfrist, längstens jedoch drei Wochen, zuwarten darf, kann für die Annahme oder Ablehnung des Angebots ohne Vorbehalt nichts anderes gelten. Der Arbeitnehmer wird sich deshalb spätestens innerhalb von drei Wochen äußern müssen; diese Frist kann er jedoch voll ausschöpfen, soweit die Kündigungsfrist nicht weniger als drei Wochen beträgt.

142 Soweit das Kündigungsschutzgesetz gilt, bedarf die arbeitgeberseitige Änderungskündigung der sozialen Rechtfertigung gem. § 1 Abs. 2 und 3 KSchG. Die Wirksamkeit einer Änderungskündigung hängt jedenfalls dann, wenn der Arbeitnehmer das Änderungsangebot unter Vorbehalt angenommen hat, davon ab, ob die angebotene Vertragsänderung sozial gerechtfertigt ist (BAG, Urteil vom 11. 10. 1989 – 2 AZR 375/88 –, RzK I, 769). Dies ergibt sich schon aus § 4 Satz 2 KSchG, wonach im Falle der vorbehaltlichen Annahme des Änderungsangebots Klage auf Feststellung zu erheben ist, daß die Änderung der Arbeitsbedingungen sozial ungerechtfertigt ist. Fraglich ist allerdings, ob dies auch dann gilt, wenn der Arbeitnehmer die Änderungen der Arbeitsbedingungen abgelehnt hat, also kein Verfahren gem. § 4 Satz 2 KSchG durchgeführt werden kann. Denn lehnt der Arbeitgeber das Angebot ab, geht es bei der folgenden Kündigungsschutzklage nur noch um die Beendigung des Arbeitsverhältnisses. Es ist dann auch ein Antrag entsprechend § 4 Satz 1 KSchG auf Feststellung zu richten, daß das Arbeitsverhältnis nicht aufgelöst worden ist (vgl. KR-Rost, § 2 KSchG, Rz. 89). Auch bei Ablehnung des Änderungsangebotes muß der Prüfungsmaßstab unverändert bleiben. § 2 KSchG räumt dem Arbeitnehmer ein Wahlrecht ein. Er kann den Arbeitsplatz gänzlich aufgeben; er kann ihn sich auch erhalten. Unabhängig wie er sich entscheidet, steht jedenfalls fest, daß der Arbeitgeber sich eigentlich nicht von dem Arbeitnehmer trennen, sondern lediglich eine Vertragsänderung herbeiführen wollte. Deshalb kommt es für das Änderungsangebot auf dessen soziale Rechtfertigung an und nicht darauf, ob die Beendigung des Arbeitsverhältnisses sozial gerechtfertigt gewesen wäre (vgl. KR-Rost, § 2 KSchG, Rz. 90 ff.; BAG, Urteil vom 7. 6. 1973 – 2 AZR 450/72 –, AP Nr. 1 zu § 626 BGB Änderungskündigung).

Soweit das Kündigungsschutzgesetz Anwendung findet, gelten die Maßstäbe des § 1 Abs. 2 KSchG. Im Regelfall wird der Erwerber also betriebsbedingte Gründe nachweisen müssen. Eine ordentliche Änderungskündigung ist dann sozial gerechtfertigt, wenn sie sachlich gerechtfertigt und für den Arbeitnehmer zumutbar ist. Das Änderungsangebot des Arbeitgebers soll daran zu messen sein, ob dringende betriebliche Erfordernisse nach § 1 Abs. 2 KSchG das Änderungsangebot bedingen und ob der Arbeitgeber sich bei einem an sich anerkennenswerten Anlaß zur Änderungskündigung darauf beschränkt hat, nur Änderungen vorzuschlagen, die der Arbeitnehmer billigerweise hinnehmen muß (BAG, Urteil vom 12. 12. 1986 – 7 AZR 405/85 –, n.v.; BAG, Urteil vom 13. 6. 1986 – 7 AZR 623/84 –, DB 1987, 335). Die Anforderungen an eine sozial gerechtfertigte betriebsbedingte Änderungskündigung werden zunehmend schärfer. In seiner neueren Rechtsprechung weist das Bundesarbeitsgericht darauf hin, daß dringende betriebliche Erfordernisse nur dann vorliegen, wenn es dem Arbeitgeber nicht möglich ist, der betrieblichen Lage durch andere Maßnahmen auf technischem, organisatorischem oder wirtschaftlichem Gebiet zu entsprechen. Daher soll es nicht ausreichen, wenn die dem unternehmerischen Grundkonzept entsprechende Maßnahme an sich geeignet ist, den erstrebten Zweck zu erreichen. Es muß darüber hinaus auch unter mehreren geeigneten Mitteln dasjenige gewählt werden, das den Betroffenen am wenigsten belastet (BAG, Urteil vom 18. 1. 1990 – 2 AZR 93/89 –, EzA Nr. 65 zu § 1 KSchG betriebsbedingte Kündigung). **143**

So ist das Motiv eines Arbeitgebers, in einer bestimmten Abteilung Entgeltkosten einzusparen, nach Auffassung des BAG erst dann eine „unternehmerische Entscheidung", wenn aufgrund dieses Motivs konkrete Maßnahmen im betrieblichen Bereich beschlossen werden, die eine Weiterbeschäftigung zu unveränderten Bedingungen ausschließt. Soll im Wege der Änderungskündigung wegen schlechter Ertragslage die Vergütung reduziert werden, ist eine Änderungskündigung nur dann sozial gerechtfertigt, wenn die Kosten nicht durch „andere Maßnahmen" gesenkt werden können. Das BAG verlangt für eine vom Arbeitgeber im Wege der Änderungskündigung beabsichtigte Kürzung von Fixum und Provision als Darlegung der Dringlichkeit des betrieb-lichen Erfordernisses u.a., daß bei Ausspruch der Kündigung eine akute Gefahr für die Arbeitsplätze oder eine Existenzgefährdung des Unternehmens erkennbar ist (BAG, Urteil vom 20. 3. 1986 – 2 AZR 294/85 –, NZA 1986, 824; BAG, Urteil vom 11. 10. 1989 – 2 AZR 61/89 –, NZA 1990, 607). **144**

145 Die Rechtsprechung verstand die betriebliche Altersversorgung ursprünglich nur als Fürsorgeleistung des Arbeitgebers für seine Arbeitnehmer (Höfer/ Reiners/Wüst, BetrAVG, ART, Rdnr. 40). Heute betont die höchstrichterliche Rechtsprechung vornehmlich den Entgeltcharakter von betrieblichen Ruhegeldern (BAG, Urteil vom 10. 3. 1972 – 3 AZR 278/71 –, AP Nr. 156 zu § 242 BGB Ruhegehalt; BGH, Urteil vom 28. 9. 1981 - II ZR 181/80 –, AP Nr. 12 zu § 7 BetrAVG). Nach Auffassung des BAG sind Leistungen der betrieblichen Altersversorgung kein vorenthaltener Arbeitslohn, der in unmittelbarer Beziehung zu einer konkreten Arbeitsleistung steht. Ein betriebliches Altersruhegeld sei vielmehr Gegenleistung des Arbeitgebers für die erbrachte bzw. zu erwartende Betriebstreue des Arbeitnehmers insgesamt (BAG, Urteil vom 10. 3. 1972 – 3 AZR 278/71 –, AP Nr. 156 zu § 242 BGB Ruhegehalt). Wenn das Bundesarbeitsgericht der betrieblichen Altersversorgung Entgeltcharakter beimißt und für die Reduzierung von Entgelt im Wege einer Änderungskündigung quasi existenzgefährdende Umstände verlangt, wird eine Änderungskündigung nur in seltenen Ausnahmefällen sozial gerechtfertigt sein können. Sie ist in der Regel deshalb kein taugliches Mittel, um den arbeitgeberseitigen Aufwand für Altersversorgungsleistungen zu reduzieren.

146 Auf eine angestrebte Gleichbehandlung mit neu eintretenden Mitarbeitern, die über keine Versorgungszusage verfügen, kann eine Änderungskündigung ebenfalls nicht gestützt werden, selbst dann, wenn die übernommenen Mitarbeiter in der Minderheit sein sollten. So hat das BAG eine Änderungskündigung für sozialwidrig erachtet, mit der der Arbeitgeber einen Mietzuschuß, den er einer Minderheit der Arbeitnehmer gewährte, beseitigen wollte. Der Gleichbehandlungsgrundsatz ist für sich genommen kein dringendes betriebliches Erfordernis i. S. d. § 1 Abs. 2 KSchG, der eine Änderungskündigung sozial rechtfertigen könnte (BAG, Urteil vom 28. 4. 1982 – 7 AZR 1139/79 –, AP Nr. 3 zu § 2 KSchG 1969). Die Erfolgsaussichten einer Änderungskündigung als Mittel zur Beseitigung übernommener Versorgungsverpflichtungen sind deshalb als äußerst gering einzustufen.

– Rücktritt

147 § 346 BGB läßt den Rücktritt von einem Vertrag zu, soweit sich eine Partei den Rücktritt vorbehalten hat. Hier könnte man daran denken, von der Versorgungszusage zurückzutreten. Dies müßte dann aber vertraglich vorbehalten sein. Dieser Ansatz bedarf keiner Vertiefung, denn ein solcher Vorbehalt findet sich in den allgemeinen Versorgungszusagen für den öffentlichen Dienst nicht.

– Widerruf

148 In Betracht käme schließlich ein Widerruf der Versorgungszusage. Aber auch dieser müßte vorbehalten sein. Widerrufsvorbehalte sind in den Versor-

gungssatzungen zwar regelmäßig enthalten, sie gelten jedoch nur für Fälle besonders schwerer Verfehlungen des Arbeitnehmers (vgl. z.B. § 56 Abs. 3 der Mustersatzung der Arbeitsgemeinschaft der Kommunalen Zusatzversorgungskassen). Besteht die Möglichkeit zum Widerruf, so darf der Arbeitgeber keine Änderungskündigung aussprechen, sondern muß von dem Widerrufsrecht Gebrauch machen (BAG, Urteil vom 7. 10. 1982 – 2 AZR 455/80 –, BAGE 40, 199). Auch ohne ausdrücklich vereinbarten Vorbehalt kommt ein Widerruf in Betracht. Die Rechtsprechung erkennt einen Widerruf jedoch nur dann an, wenn die Geschäftsgrundlage erschüttert ist (BAG, Urteil vom 8. 10. 1972 – 3 AZR 481/71 –, AP Nr. 157 zu § 242 BGB Ruhegehalt). Der Widerruf einer Versorgungszusage ist eine einseitige, empfangs-, aber nicht zustimmungsbedürftige Willenserklärung, wirkt also ähnlich wie eine Kündigung (vgl. Höfer/Reiners/Wüst, BetrAVG, ART, Rz. 349). Rechtsdogmatisch beinhaltet er den Einwand der unzulässigen Rechtsausübung gegenüber dem Begünstigten (BAG, Urteil vom 8. 2. 1983 – 3 AZR 463/80 –, AP Nr. 7 zu § 1 BetrAVG Treuebruch). Die Wirksamkeit des Widerrufs hängt davon ab, ob der Arbeitgeber hinreichende Gründe dafür geltend machen kann. Der Arbeitgeber ist dafür darlegungs- und beweispflichtig. Liegen keine ausreichenden Gründe vor, ist der Widerruf unwirksam (Höfer/Reiners/Wüst, BetrAVG, ART, Rz. 350). Die Rechtsprechung hat verschiedene Gruppen herausgearbeitet, in denen sich der Arbeitgeber auf den Wegfall der Geschäftsgrundlage berufen kann.

Eine Gruppe umfaßt sog. Treuepflichtsverletzungen. Der Arbeitnehmer soll **149**
seine Verjährungsrechte verlieren, wenn er in schwerwiegender Weise seine Treuepflicht gegenüber dem Arbeitgeber verletzt hat. Entsprechende Vorbehalte finden sich in den Satzungen der Versorgungseinrichtungen. So erlischt nach § 66 Abs. 3 Satzung VBL der Versorgungsanspruch, wenn der Versorgungsberechtigte wegen einer vorsätzlichen Tat zu einer Freiheitsstrafe von mindestens zwei Jahren oder wegen einer vorsätzlichen Tat, die nach den Vorschriften über Friedensverrat, Hochverrat, Gefährdung des demokratischen Rechtsstaats oder Landesverrat und Gefährdung der äußeren Sicherheit strafbar ist, zu einer Freiheitsstrafe von mindestens sechs Monaten verurteilt worden ist. Eine entsprechende Regelung findet sich in § 56 Abs. 3 der Mustersatzung ZVK. Mit dem Widerruf einer Vorsorgungszusage wegen Treuebruch kann jedoch allenfalls die Versorgungslast gegenüber einzelnen Begünstigten reduziert werden. Für eine generelle Entlastung des privaten Erwerbers ist sie nicht geeignet.

Ein Widerruf wegen Wegfalls der Geschäftsgrundlage kann u.a. auch dann in **150**
Betracht kommen, wenn der Arbeitnehmer überversorgt wird. Eine Überversorgung liegt vor, wenn die Ruhestandsbezüge (gesetzliches Altersruhegeld zzgl. Betriebsrente) die aktiven Bezüge übersteigt. Ist die Überversorgung

nicht gewollt, so kann der Arbeitgeber eine Reduzierung seiner Versorgungsleistungen vornehmen, dabei kann nach Auffassung des BAG auch ausnahmsweise in bereits erdiente Besitzstände eingegriffen werden. Denn insoweit ergebe sich eine Notwendigkeit, Verträge an die geänderten
Verhältnisse anzupassen, um die Vertragsgerechtigkeit wieder herzustellen
(BAG, Urteil vom 9. 7. 1985 – 3 AZR 546/82 –, AP Nr. 6 zu § 1 BetrAVG Ablösung). Auch über diesen Weg wird regelmäßig keine Begrenzung des
Gesamtvolumens herbeizuführen sein. Dies liegt an der inhaltlichen Ausgestaltung der Zusatzversorgungskassenleistungen als Gesamtversorgungssystem. Eine überproportionale Erhöhung der Sozialversicherungsrente würde
zu einer entsprechenden Verringerung der Zusatzversorgungskassenleistungen führen und somit eine Überversorgung ausschließen.

151 Praktische Relevanz kann der Widerruf von Versorgungszusagen wegen
wirtschaftlichen Notlagen erhalten. Betriebliche Versorgungswerke der Privatwirtschaft enthalten deshalb regelmäßig sog. steuerunschädliche Not-
lagenvorbehalte. Abschnitt 41 Abs. 4 Ziffer 2 a) EStR enthält insoweit einen
Mustervorbehalt, der wie folgt lautet:

> „Die Firma behält sich vor, die zugesagten Leistungen zu kürzen oder einzustellen,
> wenn die wirtschaftliche Lage des Unternehmens sich nachhaltig so wesentlich ver-
> schlechtert hat, daß ihm die Aufrechterhaltung der zugesagten Leistungen nicht
> mehr zugemutet werden kann."

Auch ohne einen derartigen Vorbehalt kann wegen wirtschaftlicher Notlage
des Arbeitgebers der Widerruf von Versorgungszusagen wirksam erklärt
werden (BAG, Urteil vom 26. 4. 1988 – 3 AZR 277/87 –, AP Nr. 3 zu § 1
BetrAVG Geschäftsgrundlage). Insoweit enthält auch der Widerruf wegen
wirtschaftlicher Notlage nichts anderes als die Geltendmachung des Wegfalls
der Geschäftsgrundlage. Die Satzungen der öffentlichen Versorgungseinrichtungen enthalten einen ausdrücklichen Notlagenvorbehalt regelmäßig nicht.
Der Erwerber privatisierter öffentlicher Einrichtungen, der das Zusatzversorgungsrecht für die übernommenen Mitarbeiter weiter anwenden muß, kann
deshalb bei nachhaltigen wirtschaftlichen Schwierigkeiten durch einen
Widerruf der Versorgungszusagen ggf. die finanziellen Belastungen für das
Unternehmen entscheidend ermäßigen.

152 Da es um den Wegfall der Geschäftsgrundlage geht, sind für das Vorliegen
der Voraussetzungen einer wirtschaftlichen Notlage strenge Maßstäbe zu
erfüllen. Zugleich ist der Widerruf wegen wirtschaftlicher Notlage ein Sicherungsfall nach § 7 Abs. 1 Satz 3 Nr. 5 BetrAVG für den Eintritt des Pensions-
Sicherungs-Vereins aG als Träger der gesetzlichen Insolvenzsicherung für
Ansprüche aus betrieblicher Altersversorgung. Es sind also nicht nur die
rechtlichen Interessen des Arbeitgebers und der Arbeitnehmer berührt, sondern auch die des PSVaG. § 7 Abs. 1 Satz 3 Nr. 5 BetrAVG sieht die Ein-

standspflicht des Insolvenzsicherers deshalb auch nur dann vor, wenn die Kürzung oder Einstellung von Versorgungsleistungen wegen wirtschaftlicher Notlage durch rechtskräftiges Urteil eines Gerichts für zulässig erklärt worden ist.

Der Bestand des Unternehmens muß wegen wirtschaftlicher Schwierigkeiten **153** ernsthaft gefährdet sein (BAG, Urteil vom 5. 5. 1955 – 2 AZR 55/53 –, AP Nr. 4 zu § 242 BGB Ruhegehalt). Andererseits darf die Gefährdung auch nicht so weit gediehen sein, daß eine Sanierung nicht mehr möglich ist. Die Einstellung oder Kürzung der Pensionszahlungen muß allein oder im Zusammenhang mit anderen Maßnahmen geeignet sein, die Rettung des Unternehmens herbeizuführen (BAG, Urteil vom 17. 12. 1958 – 4 AZR 499/57 –, AP Nr. 42 zu § 242 BGB Ruhegehalt). Deshalb kommt ein Widerruf nicht in Betracht, wenn der Arbeitgeber die freiwerdenden Mittel dafür verwenden will, neue Versorgungszusagen zu erteilen. Ein Widerruf wegen wirtschaftlicher Notlage darf nicht zum Instrument für Umstrukturierungen gemacht werden (Blomeyer/Otto, BetrAVG, Vorbem., § 7, Rz. 73).

Ein Widerruf wegen wirtschaftlicher Notlage kommt im übrigen solange **154** nicht in Betracht, wie der Inhaber einer Einzelfirma diese Zahlungen aus seinem Privatvermögen leisten kann (BAG, Urteil vom 13. 3. 1975 – 3 AZR 446/74 –, BB 1975, 1114). Eine Kürzung oder Leistungsverweigerung der zugesagten Versorgung ist dem Arbeitgeber nur in dem Umfang erlaubt, als es zur Behebung der wirtschaftlichen Schwierigkeiten und zur Erhaltung des Betriebes beiträgt (Paulsdorff, Kommentar zur Insolvenzsicherung der betrieblichen Altersversorgung, § 7, Rz. 148). Ggf. kommt auch nur eine Stundung in Betracht (BAG, Urteil vom 13. 3. 1975 – 3 AZR 446/74 –, BB 1975, 1114). Da ein Widerruf grundsätzlich nur bei begründeter Sanierungsaussicht zulässig ist, verlangt die Rechtsprechung die Erstellung einer von einem unabhängigen Sachverständigen zu fertigenden Betriebsanalyse, die sowohl die wirtschaftliche Notlage bestätigt als auch zu deren Ursachen Stellung nimmt (BAG, Urteil vom 26. 11. 1985 – 3 AZR 105/84 –, AP Nr. 8 zu § 7 BetrAVG Widerruf). Weiterhin muß der Arbeitgeber einen wirtschaftlichen Sanierungsplan erarbeiten, der nach vernünftiger Beurteilung einer dafür sachkundigen Stelle einen Erfolg erwarten läßt (BAG, Urteil vom 26. 11. 1985 – 3 AZR 105/84 –, AP Nr. 8 zu § 7 BetrAVG Widerruf). Das BAG bemüht sich, die Anforderungen diesbezüglich nicht zu überspannen. Es muß ein vernünftiges Verhältnis von Aufwand und zu erwartendem Ergebnis gewahrt werden (BAG, Urteil vom 8. 7. 1972 – 3 AZR 481/71 –, AP Nr. 157 zu § 242 BGB Ruhegehalt; Urteil vom 20. 1. 1987 – 3 AZR 313/85 –, BB 1987, 2307). Der zu betreibende Aufwand hängt deshalb auch von der Größe und der Leistungsfähigkeit des betreffenden Unternehmens ab. Der Sanierungsplan muß Auskunft darüber geben, in welcher Weise durch Behebung der Ursachen die eingetretene Notlage beseitigt werden kann. Er muß bindende Forderungsverzichte anderer Gläubiger des Unternehmens ausweisen. Aus ihr muß hervorgehen, welchen Beitrag die Inhaber zu leisten bereit sind. Schließlich sind auch die Opfer, zu denen die aktive Belegschaft bereit ist, darzustellen. Dabei genügen bloße Hoffnungen, auch Dritte würden auf Forderungen verzichten, nicht aus (BAG, Urteil vom 26. 11. 1985 – 3 AZR 105/84 –, AP Nr. 8 zu § 7 BetrAVG). Nur wenn alle Gläubiger einen Sanierungsbeitrag leisten und die Versorgungsberechtigten von Sonderopfern verschont bleiben, läßt das Bundesarbeitsgericht einen Widerruf von Versorgungszusagen zu. Hiervon ist das BAG in jüngerer Zeit nur für Waren- und Kreditgläubiger abgerückt, weil diese nicht der Dispositionsbefugnis des Arbeitgebers unterlägen; hier könne ein Forderungsverzicht nicht erzwungen werden (BAG, Urteil vom 16. 3. 1993 – 3 AZR 299/92 –, DB 1993, 1927). Der Widerruf ist aber auch nur dann zulässig, wenn bei gemeinsamer Anstrengung aller Beteiligten eine Rettung möglich ist. Ist das Sanierungskonzept also in sich nicht schlüssig und hängt dessen Verwirklichung davon ab, daß der Arbeitgeber in unbestimmter Höhe zusätzliche Eigenkapitalzuschüsse gewährt, ist der Widerruf nicht zulässig. Schließlich ist zu berücksichtigen, daß ein bestehender Betriebsrat nach § 87 Abs. 1 Nr. 8 und 10 BetrVG Mitbestimmungsrechte hat. Der Betriebsrat hat zwar nicht dabei mitzubestimmen, welches Volumen an Geldmitteln der Arbeitgeber für betriebliche Versorgungsleistungen aufwenden will. Bei der Verteilung von Altersversorgungsleistungen ist er jedoch voll mitbestimmungsberechtigt; d.h. eine ohne seine Zustimmung herbeigeführte Regelung ist unwirksam. Kann sich der Arbeitgeber mit dem Betriebsrat nicht einigen, so muß er notfalls die Einigungsstelle anrufen und dort eine verbindliche Entscheidung herbeiführen.

155   Der Widerruf wegen wirtschaftlicher Notlage und der Insolvenzschutz nach § 7 Abs. 1 Satz 3 Nr. 5 BetrAVG sind eng miteinander verknüpft. Der in § 7 BetrAVG normierte Insolvenzschutz geht von der Vorstellung aus, daß der Arbeitnehmer, dessen Altersversorgungsansprüche von dem Arbeitgeber im Insolvenzfalle nicht mehr erbracht werden können, durch den PSVaG in einem bestimmten Rahmen schadlos zu stellen ist. Der Gesetzgeber hat den Fall der wirtschaftlichen Notlage in § 7 ausdrücklich dem Unternehmenskonkurs gleichgestellt. Hieraus folgt zugleich, daß eine Einstellung der Versorgungsleistungen durch den Arbeitgeber stets nur in dem Rahmen zulässig ist, wie der Arbeitnehmer gegen den Träger der Insolvenzsicherung einen Anspruch erwirkt (BAG, Urteil vom 26. 4. 1988 – 3 AZR 277/87 –, BAGE 58, 167).

156   Nach § 7 Abs. 1 Satz 3 Nr. 5 BetrAVG ist der PSVaG aber nur dann zur Leistung verpflichtet, wenn die Rechtmäßigkeit des Widerrufs durch ein rechtskräftiges Urteil festgestellt worden ist. Dieser kann allerdings auf ein rechtskräftiges Urteil verzichten, wenn er die Kürzung selbst für zulässig hält. Da der Arbeitgeber auch bei einem Widerruf auf die Interessen der betroffen

Rentner und der anwartschaftsberechtigten Arbeitnehmer Rücksicht nehmen und den schonendsten Weg wählen muß, ist er aus Rechtsgründen gehalten, von vornherein mit dem PSVaG abzuklären, ob dieser die Berechtigung des Widerrufs anerkennt (BAG, Urteil vom 24. 11. 1977 – 3 AZR 732/76 –, AP Nr. 177 zu § 242 BGB Ruhegehalt). Vor einer Kürzung der Ruhegelder ist also der PSVaG in jedem Falle einzuschalten. Mit ihm ist abzuklären, ob er den Widerruf anerkennt. Geschieht dies nicht, so ist der Widerruf unwirksam und damit wirkungslos. Die Zustimmung des PSVaG kann auch nicht nach erklärtem Widerruf eingeholt werden (BAG, Urteil vom 17. 9. 1991 – 3 AZR 413/90 –, DB 1992, 97). Auch sind die Betriebsrentner nicht in der Lage, den PSVaG einzuschalten, um so dessen Einstandspflicht zu begründen (BAG, Urteil vom 17. 9. 1991 – 3 AZR 413/90 –, DB 1992, 97). Zahlt der Arbeitgeber nicht, so müssen sie ihn ggf. auf Erbringung der Versorgungsleistungen verklagen.

Stimmt der PSVaG einer Reduzierung der Versorgungslasten nicht zu, kann der Sicherungsfall nur durch ein rechtskräftiges Urteil herbeigeführt werden. In dem Rechtsstreit wird dann geprüft, ob die Voraussetzungen einer wirtschaftlichen Notlage vorliegen. Der Arbeitgeber wird den PSVaG auf Feststellung verklagen müssen, daß dieser die Versorgungslasten ganz oder teilweise übernehmen muß, weil sich der Arbeitgeber in einer wirtschaftlichen Notlage befindet (Blomeyer/Otto, BetrAVG, § 7, Rz. 141). Allerdings kann die Zeit, bis ein rechtskräftiges Urteil erwirkt ist, für den Arbeitgeber zu lang werden. Deshalb läßt das BAG es genügen, wenn der Arbeitgeber Klage erhebt; das Zuwarten bis zu einer rechtskräftigen Entscheidung kann ihm nicht zugemutet werden (BAG, Urteil vom 20. 1. 1987 – 3 AZR 313/85 –, AP Nr. 12 zu § 7 BetrAVG Widerruf). **157**

Widerruft der Arbeitgeber, nachdem er den PSVaG verklagt hat, kann dies für die Versorgungsberechtigten unangenehm werden. Denn der Arbeitgeber wird die Versorgungsleistungen nach dem erklärten Widerruf verweigern. Der PSVaG seinerseits wird mangels rechtskräftiger Entscheidung keine Leistungen der Insolvenzsicherung erbringen wollen. Die Versorgungsberechtigten werden sich deshalb auf längerfristige erhebliche Minderleistungen einrichten müssen. Höfer/Reiners/Wüst (vgl. Höfer/Reiners/Wüst, BetrAVG, § 7, Rz. 2799) schlagen deshalb folgende Lösung vor: Bis zu dem erstinstanzlichen Urteil brauchen weder der Arbeitgeber noch der PSVaG zu leisten; bejaht das erstinstanzliche Urteil die Zulässigkeit des Widerrufs, so soll der PSVaG vorläufig und bedingt leisten müssen. Wird der Widerruf endgültig für unzulässig erklärt, soll der PSVaG wegen der in der Zwischenzeit erbrachten Versorgungsleistungen bei dem Arbeitgeber Rückgriff nehmen können. Ob dafür dann allerdings noch hinreichend Vermögen vorhanden ist, erscheint zumindest fraglich. Soweit ersichtlich, hat der PSVaG sich dieser Lösung bisher nicht angeschlossen. **158**

Festzuhalten bleibt damit, daß der Widerruf von Versorgungsleistungen und -anwartschaften wegen wirtschaftlicher Notlage die einzige in Betracht kommende einseitig wahrnehmbare Möglichkeit ist, Versorgungslasten zu reduzieren. Hierfür muß sich der private Erwerber aber in einer konkursgleichen wirtschaftlichen Lage befinden, die eine Rettung noch zuläßt. Er muß ein Sanierungskonzept erarbeiten, welches die Opfer gleichmäßig verteilt. Er darf dann auch nur zu dem mildesten Mittel greifen und muß deshalb damit rechnen, nach Behebung der Notlage wieder voll im bisherigen Umfang zu haften.

ff) Besitzstände

159 Gelingt es dem Arbeitgeber, mit den Arbeitnehmern einvernehmlich Verzichtsverträge zu schließen, können Versorgungslasten erheblich reduziert werden. § 3 BetrAVG läßt einen Verzicht auf Versorgungsanwartschaften in einem laufenden Vertragsverhältnis ohne weiteres zu. Nur Aufhebungen von Versorgungsanwartschaften bei Beendigung eines Arbeitsverhältnisses sind unzulässig, wenn die Versorgungsanwartschaft unverfallbar und die Versorgungszusage mindestens zehn Jahre alt ist (BAG, Urteil vom 14. 8. 1990 – 3 AZR 301/89 –, AP Nr. 4 zu § 23 BetrAVG). Soweit die Arbeitnehmer weiterbeschäftigt werden, ist eine Reduzierung der Versorgungsansprüche durch Verzicht also ohne weiteres möglich. Gleiches gilt für schon Ausgeschiedene; auch sie können auf das betriebliche Ruhegeld ganz oder teilweise verzichten. Für den Arbeitnehmer sind deshalb Verzichtserklärungen nicht ungefährlich; insbesondere kann er nicht darauf vertrauen, durch das BetrAVG vor einem eigenen leichtfertigen Handeln geschützt zu werden.

Darüber hinaus unterliegt aber der Arbeitgeber einem Irrtum, der meint, mit einer Änderungskündigung oder einem Widerruf könne er ebenfalls alle Versorgungsverpflichtungen beseitigen. Es gibt Besitzstände, die nicht ohne weiteres aufgehoben werden können (vgl. Griebeling, NZA 1989, Beilage 3, 26).

– Erdienter Teilwert

160 Unter dem erdienten Teilwert einer Versorgungsanwartschaft versteht man den Betrag, für den der Arbeitnehmer in der Vergangenheit gearbeitet hat, den er folglich „erdient" hat. Dieser Teilwert ist am stärksten geschützt, eben weil der Arbeitnehmer seine Gegenleistung schon erbracht hat und deshalb erwarten kann, auch die Leistung des Arbeitgebers zu erhalten. Eingriffe läßt die Rechtsprechung hier nur unter den Voraussetzungen der wirtschaftlichen Notlage zu.

161 Erdient ist dabei der Teil der Versorgung, den der Arbeitnehmer als unverfallbare Versorgungsanwartschaft behalten würde, wenn er zum Zeitpunkt der Abänderung der Versorgungszusage aus den Diensten seines Arbeitgebers ausscheiden würde. Die Versorgungsanwartschaft ist entsprechend § 2 Abs. 1 BetrAVG zu berechnen; die für den Versorgungsfall zugesagten Leistungen sind also im Verhältnis der tatsächlichen Betriebszugehörigkeit bis zur Änderung der Versorgungsregelung zur möglichen Betriebszugehörigkeit bis zur Altersgrenze ratierlich zu kürzen. Die Berechnung erfolgt dabei auf Basis der zur Zeit der Veränderung oder Aufhebung der Versorgungsregelung geltenden Werte; dies ergibt sich aus § 2 Abs. 5 BetrAVG. Das bedeutet, daß künftig zu erwartende Steigerungen der Bemessungsgrundlagen unberücksichtigt bleiben.

Beispiel:

Einem Arbeitnehmer wird als Gesamtversorgung zugesagt, er werde bei Eintritt des Versorgungsfalles 75 % seiner letzten Bezüge erhalten. Nach zehn Jahren wird die Versorgungszusage aufgehoben. Bis zur Altersgrenze hätte er weitere zehn Jahre zurücklegen müssen. Setzt man mögliche und tatsächliche Betriebszugehörigkeit ins Verhältnis, so zeigt sich, daß der Arbeitnehmer 50 % der ihm zugesagten Leistungen als Anwartschaft auf spätere Ruhegeldleistungen behält. Beträgt bei der Aufhebung der Versorgungszusage der ruhegeldfähige Verdienst 2000,00 DM, so würde er – bei unveränderter Fortgeltung der Bemessungsgrundlagen – bei Eintritt des Versorgungsfalles maximal eine Rente von 1500,00 DM erreichen können. Erdient hat er bis zum Zeitpunkt der Aufhebung der Versorgungszusage davon jedoch nur 750,00 DM (= 50 %). Die zu erwartenden Steigerungen des rentenfähigen Verdienstes bis zum Erreichen der Altersgrenze werden nicht berücksichtigt.

Das BAG hat ausdrücklich darauf hingewiesen, daß es nicht darauf **162** ankommt, ob im Zeitpunkt der Veränderung oder Aufhebung einer Versorgungszusage bereits die gesetzliche Unverfallbarkeit nach § 1 BetrAVG eingetreten ist. Auch noch verfallbare Versorgungsanwartschaften, die aber bereits erdient sind, weil der Arbeitnehmer die dafür geschuldete Arbeitsleistung schon erbracht hat, genießen den vorerwähnten besonderen Schutz. Scheidet der Arbeitnehmer vor Erreichen der Unverfallbarkeit aus, so verliert er auch diesen erdienten Teil seiner (noch verfallbaren) Anwartschaft. Bleibt er jedoch, so genügt es, wenn er später die Unverfallbarkeitsfristen erreicht (BAG, Urteil vom 26. 4. 1988 – 3 AZR 168/86 –, NZA 1989, 219). Selbstverständlich sind die Dienstzeiten bei dem öffentlichen Arbeitgeber und dem privaten Erwerber zusammenzurechnen. Der private Erwerber muß also den bei dem früheren Betriebsinhaber erdienten Teilwert genauso absichern, als würde er auf einer für ihn abgeleisteten Betriebszugehörigkeit beruhen.

– Erdiente Dynamik

Einen geringeren Schutz verdient nach Auffassung des BAG die sog. **163** „erdiente Dynamik". Hierunter versteht man Versorgungszusagen, die Rentensteigerungen nach dienstzeitunabhängigen Faktoren vorsehen, so etwa, wenn die Betriebsrente abhängig ist von der Höhe des letzten Gehalts. Auch die Zusatzversorgung im öffentlichenDienst beinhaltet eine dienstzeitabhängige Dynamik. Denn das gesamtversorgungsfähige Entgelt wird in der Regel als monatlicher Durchschnitt der zusatzversorgungspflichtigen Entgelte der letzten drei Kalenderjahre vor dem Jahr des Eintritts des Versicherungsfalles berechnet. Nach Auffassung des BAG erwirbt der Arbeitnehmer auch an einer solchen Dynamik einen Besitzstand. Er habe nämlich bis zum Widerruf seiner Versorgungszusage Betriebstreue auch dafür geleistet, daß sein erreichbares, aber regelmäßig noch nicht erreichtes Endgehalt die Höhe seiner Betriebsrente beeinflußt (BAG, Urteil vom 17. 4. 1985 – 3 AZR 72/83 –, BAGE 49, 57).

164 Weil der Besitzstand der erdienten Dynamik geringer geschützt ist, sollen „triftige" Gründe ausreichen, um diesen Besitzstand zu beseitigen. Triftige Gründe sollen ihrerseits dann vorliegen, wenn der Arbeitgeber nicht in der Lage ist, die Rentensteigerungen aus dem Ertrag des Unternehmens zu finanzieren. Es muß eine Substanzgefährdung des Unternehmens vorliegen, ohne daß bereits eine akute wirtschaftliche Notlage besteht (BAG, Urteil vom 17. 4. 1985 – 3 AZR 72/83 –, AP Nr. 4 zu § 1 BetrAVG Unterstützungskassen). Das BAG erkennt allerdings auch Gründe nicht wirtschaftlicher Art an. So dürfen bestehende Versorgungsordnungen umstrukturiert werden mit dem Ziel einer Vereinheitlichung unterschiedlicher Regelungen oder der Änderung einer als ungerecht empfundenen Leistungsstruktur (Höfer/Reiners/Wüst, BetrAVG, ART, Rz. 474.1; BAG, Urteil vom 7. 7. 1992 – 3 AZR 522/91 –, BB 1992, 2224). Allerdings ist dann eine Schmälerung des Gesamtaufwandes nicht zulässig; der Dotierungsrahmen ist zu wahren (BAG, Urteil vom 7. 7. 1992 – 3 AZR 522/91 –, BB 1992, 2224). Soweit beispielsweise der Arbeitgeber mit einer Änderungskündigung (etwa weil der Arbeitnehmer die 3-Wochen-Frist des § 4 KSchG verstreichen läßt) eine Aufhebung oder doch zumindest Veränderung der Versorgungszusage erreichen kann, bedarf es dennoch triftiger Gründe, um den Versorgungsbesitzstand des Arbeitnehmers zu schmälern.

– Künftige Steigerungsbeträge

165 Am wenigsten geschützt sind von weiterer Betriebstreue abhängige Steigerungen (BAG, Urteil vom 17. 4. 1985 – 3AZR 72/83 –, BAGE 49, 57). Das BAG begründet dies damit, daß der Arbeitnehmer noch nicht vorgeleistet habe. Es seien deshalb sachliche, nachvollziehbare und nicht willkürlich erscheinende Gründe ausreichend, um die künftig zugesagten Steigerungsbeträge entfallen zu lassen. Das BAG führt weiter aus, daß bei noch nicht erdienten Steigerungsraten Eingriffe „proportional" bleiben müßten. Eingriffsgrund und Eingriffsumfang müßten sich entsprechen. Griebeling (Griebeling, NZA 1989,

Beilage 3, 26, 33) erläutert dies am Beispiel einer Gesamtversorgung, so wie sie auch für den öffentlichen Dienst besteht: Wer eine Gesamtversorgung zusage, also verspreche, die Deckungslücke zwischen einem definierten Gesamtversorgungsbedarf und den Leistungen der gesetzlichen Rentenversicherung auszufüllen, der müsse von vornherein mit schwankenden Leistungen der gesetzlichen Rentenversicherung und deshalb mit schwankenden Verpflichtungen seinerseits rechnen. Er könne nicht mit stets steigenden gesetzlichen Renten kalkulieren und seine Zusagen schon dann zum Nachteil der Arbeitnehmer ändern, wenn die Leistungslinie in der gesetzlichen Rentenversicherung erstmals nach unten zeige.

Es sei noch einmal daran erinnert, daß es sich um Vertragsrecht handelt, **166** soweit der Anspruch auf Zusatzversorgung dem Arbeitnehmer durch arbeitsvertragliche Regelungen zugesagt wurde. Auch Altersversorgungsregelungen vertraglicher Art können zwar einvernehmlich verändert oder aufgehoben werden. Bei einseitigen Maßnahmen ist der Arbeitgeber aber geschützt. Besitzstände sind zu wahren; in sie kann nur unter den vorgenannten Voraussetzungen eingegriffen werden. Eingriffe in erdiente Besitzstände lösen den gesetzlichen Insolvenzschutz aus. Die Beseitigung der gehaltsabhängigen Dynamik ist aus triftigen Gründen zulässig, führt aber nicht zu einem Anspruch gegenüber dem Insolvenzsicherer. Aus diesem Grunde kommt insoweit ein Widerruf durch den Arbeitgeber nicht in Betracht. Zu denken wäre allenfalls an eine Änderungskündigung, die ihrerseits aber der sozialen Rechtfertigung bedarf. Ein Eingriff in noch nicht erdiente Steigerungen ist ebenfalls nicht durch Widerruf möglich, sondern allenfalls mittels Änderungskündigung. Es kommt dann auf die soziale Rechtfertigung an.

d) Folgen für Veräußerer

Mit der Privatisierung einer Einrichtung verliert der öffentliche Arbeitgeber **167** die in der Einrichtung beschäftigten Arbeitnehmer, soweit sie nicht von der Möglichkeit Gebrauch machen, dem Eintritt der Rechtsfolgen des § 613 a BGB zu widersprechen. Dies hat auch Einfluß auf die zu zahlenden Umlagen. Denn nach den satzungsrechtlichen Bestimmungen (vgl. z. B. § 61 Mustersatzung ZVK) hat das Mitglied nur für die versicherten Arbeitnehmer Umlagen zu zahlen. Mit dem Ausscheiden der betreffenden Arbeitnehmer endet folglich auch die Verpflichtung zur Umlagenzahlung. Zwar kann für die durch die Privatisierung ausgeschiedenen Arbeitnehmer noch eine Anwartschaft auf eine statische Versicherungsrente gegenüber der Zusatzversorgungseinrichtung bestehen. Zur Finanzierung dieser Leistungen sieht das Satzungsrecht der Zusatzversorgungseinrichtungen jedoch eine besondere Umlagezahlung nicht vor.

168 Die Übertragung einer öffentlichen Einrichtung auf einen privaten Erwerber kann dazu Veranlassung geben, die Mitgliedschaft in der Zusatzversorgungskasse zu beenden. Möglicherweise hat die Dienststelle durch die Privatisierung keine eigenen Arbeitnehmer mehr, so daß eine Kündigung der Mitgliedschaft angeraten erscheint. Denkbar ist aber auch, daß die öffentliche Körperschaft aufgelöst wird und deshalb die Mitgliedschaft endet. So ist durchaus denkbar, daß der zum Betrieb eines Krankenhauses gegründete Zweckverband aufgelöst wird, wenn der Krankenhausbetrieb auf einen privaten Betreiber übertragen worden ist. § 13 Mustersatzung-ZVK sieht für den Fall, daß ein Mitglied ausscheidet, die Zahlung eines Ausgleichsbetrages vor. Mit dem Ausgleichsbetrag sind die Barwerte der Leistungsansprüche sowie der bestehenden Versorgungsanwartschaften abzudecken. Abzuziehen sind die Teile der Leistungsansprüche, die mit dem Vermögen der Zusatzversorgungskasse bereits abgedeckt sind. Je nach Größe der Dienststelle kann deshalb für die öffentliche Hand eine nicht unerhebliche Verpflichtung entstehen. Dies ist insbesondere dann mißlich, wenn man sich wegen der von dem Erwerber aufrechtzuerhaltenden Versorgungsanwartschaften bereits einen Kaufpreisabzug hat gefallen lassen müssen. Es ist deshalb eine differenzierte Betrachtung geboten: Für vor der Privatisierung bereits ausgeschiedene Mitarbeiter ist der volle Ausgleichsbetrag aufzubringen. Der private Erwerber hat damit nichts zu tun. Denn die Arbeitsverhältnisse bereits ausgeschiedener Mitarbeiter gehen nicht auf den Betriebserwerber über; § 613 a BGB gilt nicht für Ruheständler (BAG, AP Nr. 15 zu § 613 a BGB; AP Nr. 1 zu § 26 HGB).

169 Für die noch aktive Belegschaft muß das bei der Zusatzversorgungskasse ausscheidende Mitglied hingegen den Ausgleichsbetrag zahlen. Da der Ausgleichsbetrag den Barwert der künftigen Zahlungsverpflichtungen umfassen soll, ist darauf zu achten, daß er sich auf die Ansprüche beschränkt, die den Arbeitnehmern gegenüber der Zusatzversorgungskasse bei ihrem Ausscheiden aus dem öffentlichen Dienst verbleiben: Bei einem vorzeitigen Ausscheiden vor Eintritt des Versorgungsfalles erlischt der Anspruch auf eine dynamische Gesamtversorgung. Der betreffende Arbeitnehmer behält lediglich eine Anwartschaft auf eine statische Versicherungsrente. Der Ausgleichsbetrag darf deshalb nur die Anwartschaften auf die künftig zu zahlenden statischen Versicherungsrenten abdecken. Der Ausgleichsbetrag kann deshalb nur den Teil der gesamten Altersversorgungslasten umfassen, den der private Erwerber nicht übernehmen muß, weil insoweit Ansprüche gegenüber der Zusatzversorgungskasse bestehen bleiben.

Im Ergebnis führt dies dazu, daß der öffentliche Träger bei der Privatisierung einer Einrichtung die gesamten bis dahin erdienten Altersversorgungsansprüche bezahlen muß, wenn er gleichzeitig bei der Zusatzversorgungskasse als Mitglied ausscheidet: Gegenüber dem privaten Erwerber muß er sich anrechnen lassen, was dieser an Versorgungsverpflichtungen übernimmt. Dies ist der bis zur Privatisierung erdiente Teil der zugesagten Gesamtversorgung, soweit er nicht durch die von der Zusatzversorgungskasse aufrechtzuerhaltende Anwartschaft finanziert ist. Gegenüber der Zusatzversorgungskasse wiederum besteht die Verpflichtung, eben für diese Anwartschaften auf Versicherungsrente einen Ausgleichsbetrag zu zahlen.

Soweit ersichtlich ist satzungsmäßig nicht die Frage geregelt, was geschieht, **170** wenn der öffentliche Dienstgeber trotz Aufgabe seiner wesentlichen Aktivitäten in der Zusatzversorgungskasse als Mitglied verbleibt. Für diesen Fall sieht die Mustersatzung-ZVK keine Kündigungsmöglichkeit vor, selbst wenn der öffentliche Arbeitgeber mangels versicherungspflichtiger Arbeitnehmer keinerlei Umlagen mehr zahlt. Entsprechendes gilt für den Bereich der VBL. Auch dort ist keine Beendigung des Beteiligungsverhältnisses vorgesehen, wenn die beteiligte öffentliche Einrichtung über keine oder nur noch wenige pflichtversicherte Arbeitnehmer verfügt. Derartige Situationen haben offenbar die Satzungsgeber nicht bedacht. Nur einzelne Zusatzversorgungskassen haben dieses Problem erkannt, so beispielsweise die Zusatzversorgungskasse der bayerischen Gemeinden. Diese läßt eine Kündigung der Mitgliedschaft durch die Zusatversorgungseinrichtung in § 12 Abs. 2 Satz 1 ihrer Satzung zu, wenn das Mitglied keinen versicherungspflichtigen Arbeitnehmer mehr beschäftigt. Hier wird bei einer Kündigung des Mitgliedschaftsverhältnisses der Ausgleichsbetrag fällig. Dieser Verpflichtung kann der öffentliche Dienstgeber nur dadurch entgehen, daß er wenigstens einen versicherungspflichtigen Arbeitnehmer weiterhin für sich tätig werden läßt.

e) Folgen für die Arbeitnehmer

Für die Arbeitnehmer erscheinen die mit dem Ausscheiden aus dem öffentli- **171** chen Dienst verbundenen Folgen für das betriebliche Ruhegeld zunächst unbedeutend. Anstelle der Versorgung durch eine Zusatzversorgungseinrichtung muß nun der private Erwerber zahlen. Seine Zahlungsverpflichtung ist im wesentlichen insolvenzgeschützt, so daß der betriebliche Ruhegeldanspruch nach wie vor abgesichert scheint.

aa) Anspruch auf statische Versicherungsrente

Arbeitnehmer, die bei ihrem Ausscheiden aus dem öffentlichen Dienst infolge der Privatisierung zumindest die allgemein vorausgesetzte Wartezeit von 60 Umlagemonaten zurückgelegt haben, haben eine Anwartschaft auf Versicherungsrente gegenüber der Zusatzversorgungseinrichtung (vgl. § 28 Abs. 1 b) Mustersatzung ZVK; § 37 Abs. 1 b) Satzung VBL). Dieser Anspruch wird unverfallbar nach § 1 BetrAVG, der auch für die versorgungsberechtigten Arbeitnehmer des öffentlichen Dienstes gilt. § 18 Abs. 1 BetrAVG, der festlegt, daß bestimmte Vorschriften des BetrAVG für die Arbeitnehmer des öffentlichen Dienstes nicht gelten, läßt § 1 BetrAVG ausdrücklich unberührt. Eine unverfallbare Anwartschaft hat nach § 1 BetrAVG der, der nach Vollendung des 35. Lebensjahres aus dem Arbeitsverhältnis bei dem öffentlichen Arbeitgeber ausscheidet und seit mindestens 10 Jahren ununterbrochen durch denselben Beteiligten bzw. dasselbe Mitglied oder dessen Rechtsvorgänger pflichtversichert gewesen ist oder – wenn das Arbeitsverhältnis mindestens zwölf Jahre ohne Unterbrechung bestanden hatte – seit mindestens drei Jahren ununterbrochen durch denselben Beteiligten bzw. dasselbe Mitglied oder dessen Rechtsvorgänger pflichtversichert gewesen ist. Waren die genannten Voraussetzungen bei Vollzug der Privatisierung nicht erfüllt, so erhält der Arbeitnehmer nur eine viel geringere Leistung aus der Versichertenrente, als wenn die Unverfallbarkeitsvoraussetzungen des BetrAVG erfüllt wären. Nach dem Satzungsrecht der VBL erhält er praktisch bei Erfüllung der Anwartschaftsvoraussetzung von 60 Umlagemonaten den versicherungsmathematischen Gegenwert für geleistete Beiträge. Dieser beträgt seit 1978 nur noch 0,03125 % des beitragspflichtigen Entgelts. Erreicht der Arbeitnehmer aber nach der Privatisierung bei dem privaten Erwerber die Unverfallbarkeitsvoraussetzungen nach dem BetrAVG, so hat dieser für das gesamte Versorgungsversprechen einzustehen; der gesamte Versorgungsanspruch richtet sich dann ausschließlich gegen den privaten Erwerber.

bb) Auffüllungsanspruch gegenüber neuem Arbeitgeber

172   Soweit die Arbeitnehmer eine unverfallbare Anwartschaft auf Versicherungsrente gegenüber der Zusatzversorgungskasse behalten, haben sie gegenüber dem neuen Arbeitgeber einen Auffüllungsanspruch. Er muß die Arbeitnehmer so stellen, als wären sie im öffentlichen Dienst verblieben, also die statische Versicherungsrente bis hin zur zugesagten Gesamtversorgung auffüllen.

VII. Individualrechtliche Fortgeltung von Kollektivnormen § 613 a Abs. 1 Satz 2 BGB

173   Das Arbeitsverhältnis im öffentlichen Dienst ist weitgehend durch tarifrechtliche Regelungen geprägt. Vielfach bestehen beiderseitige Tarifbindungen, d. h., sowohl der Arbeitgeber als auch der Arbeitnehmer gehören den jeweils tarifvertragschließenden Organisationen an. Kollektiv-rechtliche Regelungen sind oftmals gesetzesähnlich; sie wirken von außen auf das Arbeitsverhältnis

ein. Ihre Inkraftsetzung, Änderung oder Aufhebung unterliegt gänzlich anderen Mechanismen, als sie für das Vertragsrecht gelten (vgl. Münchener Handbuch zum Arbeitsrecht – Wank, § 120, Rz. 174). Mit der Privatisierung kann die Dienststelle aus dem Geltungsbereich der bisherigen Tarifverträge ausscheiden. § 613 a Abs. 1 Satz 2 BGB transponiert für diesen Fall die kollektivrechtlichen Normen in den Arbeitsvertrag. Der private Arbeitgeber steigt damit in Arbeitsverhältnisse ein, die kraft gesetzlicher Anordnung weiterhin – allerdings nun individualvertraglich – vom Kollektivrecht der öffentlichen Hand geprägt werden.

1. Entstehungsgeschichte und Zweck der Vorschrift

§ 613 a Abs. 1 Satz 2 – 4 BGB sind erst später in das Gesetz eingefügt worden. **174** Sie beruhen auf Art. 3 Abs. 2 der EG-Richtlinie 77/187/EWG vom 14. 2. 1977 (abgedruckt bei Seiter, 159 ff.). Die EG-Richtlinie schreibt vor, daß die Mitgliedstaaten beim Übergang von Unternehmen, Betrieben oder Betriebsteilen auf einen anderen Inhaber kollektiv-rechtliche Arbeitsbedingungen aufrechtzuerhalten haben, wobei die Möglichkeit besteht, den Bestandsschutz für diese Rechte und Pflichten auf ein Jahr zu begrenzen (vgl. Begründung des Regierungsentwurfs RegEntw BT-Drucksache 8/3317, 11). Die EG-Richtlinie schreibt nicht vor, ob die kollektiv-rechtlichen Arbeitsbedingungen nach dem Betriebsinhaberwechsel kollektiv-rechtlich oder individualrechtlich fortgelten sollen. § 613 a Abs. 1 Satz 2 – 4 BGB wurden durch Abs. 1 Nr. 5 des arbeitsrechtlichen EG-Anpassungsgesetzes vom 13. 8. 1980 (BGBl I. S. 1308) eingefügt. Die Bestimmungen sind am 21. 8. 1980 in Kraft getreten.

Der Gesetzgeber hat sich dafür entschieden, daß die kollektivvertraglichen Regelungen individualrechtlich weitergelten. Dabei hat er von der Möglichkeit Gebrauch gemacht, die zwingende Fortgeltung auf ein Jahr zu begrenzen. Mit der Anordnung der individualrechtlichen Weitergeltung von Kollektivvereinbarungen hat der Gesetzgeber eine Rechtsfigur geschaffen, die sich nur schwer in das Rechtssystem integrieren läßt und ihm bisher fremd ist (vgl. Münchener Handbuch Arbeitsrecht – Wank, § 120, Rz. 167). Vor dem Inkrafttreten der Richtlinie war im Hinblick auf Betriebsvereinbarungen (BAG, AP Nr. 1 zu § 52 BetrVG 1952) und Haustarifverträge (Wiedemann/Stumpf, TVG, § 3, Rdnr. 43) anerkannt, daß sie bei einem Betriebsinhaberwechsel kollektiv-rechtlich fortgelten, soweit die Betriebe als selbständige Organisationseinheiten erhalten blieben. Nur bei Verbandstarifverträgen war zweifelhaft, ob sie auch dann kollektiv-rechtlich weitergelten, wenn der Erwerber nicht Mitglied des Arbeitgeberverbandes oder Mitglied eines anderen Verbandes war als der Veräußerer (Seiter, S. 87 f.). Die eingefügte Gesetzesregelung schafft „neue Rechtsunsicherheit und unnötige Probleme" (so

Palandt-Putzo, BGB, § 613 a, Anmk. 4). Sie läßt außer acht, daß kollektiv-rechtliche Bestimmungen auch nach dem Betriebsinhaberwechsel kollektiv-rechtlich noch weiter gelten können. § 613 a Abs. 1 Satz 2 BGB enthält insoweit keine abschließende Regelung, sondern einen Auffangtatbestand. Abs. 1 Satz 2–4 kommen daher nur dann zur Anwendung, wenn Betriebsvereinbarungen und Tarifverträge ohnehin nicht kollektiv-rechtlich fortgelten (Staudinger-Richardi, BGB, § 613 a, Rz. 166; Wank, NZA 1987, 505, 506). Kollektivrechtliche Arbeitsbedingungen werden deshalb nur dann Inhalt des Arbeitsvertrages, wenn sie durch den Betriebsübergang ihren kollektiv-rechtlichen Charakter verlieren. Zu prüfen ist deshalb stets, ob die kollektivvertraglichen Regelungen nicht ohnehin bei dem Betriebserwerber als solche weiterhin Geltung haben.

2. Tatbestandsvoraussetzungen

175   § 613 a Abs. 1 Satz 2 BGB setzt voraus, daß die kollektiv-rechtlichen Regelungen für das Arbeitsverhältnis auch aufgrund kollektiv-rechtlicher Grundlage anzuwenden sind. Gelten die kollektivvertraglichen Bestimmungen nur, weil sie durch den Arbeitsvertrag in Bezug genommen worden sind, so findet § 613 a Abs. 1 Satz 2 BGB keine Anwendung; es verbleibt dann bei § 613 a Abs. 1 Satz 1 BGB. Denn ein Tarifvertrag, der nur Arbeitsvertragsbestandteil ist, gilt ohnehin nur individualrechtlich. Der Anordnung seiner Überführung in den Arbeitsvertrag durch § 613 a Abs. 1 Satz 2 BGB bedarf es dann natürlich nicht.

a) Regelungen der Arbeitsbedingungen durch Tarifvertrag

176   Die Arbeitsbedingungen der im öffentlichen Dienst beschäftigten Mitarbeiter sind weitgehend durch Tarifvertrag geregelt. Dies gilt unabhängig von der rechtlichen Organisationsform. Auch dann, wenn die öffentliche Hand in Rechtsformen der Privatwirtschaft tätig ist, können die für den öffentlichen Dienst ausgehandelten Tarifverträge Anwendung finden. Voraussetzung ihrer Anwendung als Tarifrecht ist eine beiderseitige Tarifgebundenheit (§ 3 TVG). Dazu ist zunächst Voraussetzung, daß der Arbeitnehmer in der tarifvertragschließenden Gewerkschaft, etwa der ÖTV oder der DAG Mitglied ist. Der öffentliche Arbeitgeber muß Mitglied in der tarifvertragschließenden Arbeitgeberorganisation sein. So sind tarifvertragschließende Parteien auf der Arbeitgeberseite bei dem BAT die Bundesrepublik Deutschland, die Tarifgemeinschaft der Länder und die Vereinigung der kommunalen Arbeitgeberverbände. Ist der öffentliche Arbeitgeber Mitglied im kommunalen

Arbeitgeberverband, so besteht für ihn gem. § 3 Abs. 1 TVG eine Tarifgebundenheit. Tarifvertragspartei auf der Arbeitgeberseite kann nach § 3 Abs. 1 TVG auch der einzelne Arbeitgeber sein. Tarifverträge, die von einem einzelnen Arbeitgeber abgeschlossen worden sind, werden regelmäßig als Haus- oder Firmentarifvertrag bezeichnet. Sie sind auch für den öffentlichen Dienst denkbar, kommen aber verhältnismäßig selten vor. Ist der einzelne öffentliche Arbeitgeber selbst an dem Tarifvertragsabschluß beteiligt, so genügt für die Geltung des Tarifvertrages als Kollektivrecht allein die Tarifgebundenheit des Arbeitnehmers.

§ 5 TVG sieht schließlich noch die Möglichkeit vor, daß Tarifverträge für all- **177** gemeinverbindlich erklärt werden. Sie gelten dann für alle vom Geltungsbereich des Tarifvertrages erfaßten Arbeitgeber und Arbeitnehmer, unabhängig von ihrer Mitgliedschaft in den jeweiligen tarifvertragschließenden Organisationen. Die Allgemeinverbindlichkeitserklärung erfolgt durch den Bundesminister für Arbeit und Sozialordnung. Sie setzt ein Einvernehmen eines aus Vertretern der Spitzenorganisationen der Arbeitgeber und der Arbeitnehmer bestehenden Ausschusses voraus und kann nur dann erfolgen, wenn die tarifgebundenen Arbeitgeber nicht weniger als 50 % der unter den Geltungsbereich des Tarifvertrages fallenden Arbeitnehmer beschäftigen und darüber hinaus die Allgemeinverbindlichkeitserklärung im öffentlichen Interesse geboten erscheint. Das Bundesministerium für Arbeit und Sozialordnung veröffentlicht im Vierteljahresrythmus ein Verzeichnis der für allgemeinverbindlich erklärten Tarifverträge. Für Tarifverträge des öffentlichen Dienstes bestehen zur Zeit keine Allgemeinverbindlichkeitserklärungen.

Oft sind die Mitarbeiter einer Dienststelle jedoch nicht ausnahmslos gewerk- **178** schaftlich organisiert. Um auch nicht tarifgebundene Arbeitnehmer den Regelungen der Tarifverträge für den öffentlichen Dienst unterwerfen zu können, finden sich in den Arbeitsverträgen der öffentlichen Hand meist Bezugnahmen, nach denen die einschlägigen tarifvertraglichen Regelungen in ihrer jeweils gültigen Fassung Inhalt des Arbeitsvertrages sein sollen (so z. B. Musterverträge der Vereinigung der kommunalen Arbeitgeberverbände). Da es sich nur um einfaches Vertragsrecht handelt, kann es zu einer Überführung der tariflichen Bestimmungen in den Arbeitsvertrag nach § 613a Abs. 1 Satz 2 BGB nicht kommen (Hanau/Vossen, S. 271). Die Rechtsprechung mißt der Bezugnahme tarifrechtlicher Normen in Arbeitsverträgen bei tarifgebundenen Arbeitnehmern keine eigenständige Rechtsbedeutung zu. Es werde nur das bestätigt, was tariflich ohnehin schon gelte (vgl. BAG, Urteil vom 9. 12. 1981 – 4 AZR 312/79 –, BAGE 37, 228, 233; BAG, Urteil vom 30. 1. 1985 – 4 AZR 184/83 –, AP Nr. 101 zu §§ 22, 23 BAT). Bei tarifgebundenen Arbeitnehmern besteht insoweit keine doppelte Einwirkung der Tarifverträge auf das Arbeitsverhältnis, nämlich einmal durch den Tarifvertrag selbst und einmal durch die vertragliche Inbezugnahme. Rechtswirkungen entfaltet der Tarifvertrag insoweit nur als Kollektivvertrag, mit der Folge, daß § 613 a Abs. 1 Satz 2 BGB gilt.

Ist z. B. der privatwirtschaftliche Erwerber ausnahmsweise ebenfalls Mitglied im Arbeitgeberverband der öffentlichen Hand (vgl. zu den Voraussetzungen der Mitgliedschaft oben Rz. 124 ff.), etwa weil eine erhebliche öffentliche Beteiligung besteht, greift § 613 a Abs. 1 Satz 2 BGB nicht ein. Denn die Arbeitnehmer sollen durch den Betriebsinhaberwechsel nicht begünstigt werden, indem sie für Ansprüche aus dem Arbeitsverhältnis neben der tarifvertraglichen noch eine zweite, nämlich einzelvertragliche Anspruchsgrundlage erhalten. Rechtsnormen eines Tarifvertrages werden deshalb nur dann Arbeitsvertragsinhalt, wenn sie nicht ohnehin schon weiter gelten (Staudinger-Richardi, BGB, § 613 a, Rdnr. 166).

b) Regelung der Arbeitsbedingungen durch Betriebs- oder Dienstvereinbarung

179   Eine individualvertragliche Fortgeltung von Arbeitsbedingungen wird auch dann angeordnet, wenn sie durch Betriebsvereinbarungen geregelt sind. Auch hier gilt § 613 a Abs. 1 Satz 2 BGB nur dann, wenn die Betriebsvereinbarung nicht ohnehin schon kollektiv-rechtlich weiter gilt. Dies ist z. B. dann der Fall, wenn der Betrieb als ganzes übergeht und beim Betriebserwerber nicht in einen schon bestehenden Betrieb integriert wird. Die Betriebsidentität bleibt dann nämlich gewahrt. Der Betriebsrat behält sein Amt. Die Betriebsvereinbarungen gelten als solche fort und bedürfen nicht der Überleitung in den Arbeitsvertrag durch § 613 a Abs. 1Satz 2 BGB. Betriebsvereinbarungen sind vom Arbeitgeber und Betriebsrat gemeinsam zu beschließen und schriftlich niederzulegen. Die Schriftform ist konstitutiv (§ 77 Abs. 2 BetrVG), d. h. § 613 a Abs. 1 Satz 2 BGB greift nicht ein, soweit Arbeitsbedingungen zwischen Betriebsrat und Arbeitgeber nicht in der für Betriebsvereinbarungen gesetzlich vorgeschriebenen Schriftform vereinbart sind. Deshalb wird z. B. der Inhalt einer sog. Regelungsabrede zwischen Arbeitgeber und Betriebsrat nicht in den Arbeitsvertrag transponiert. Die vorstehenden Ausführungen gelten nach dem Wortlaut des Gesetzes nur für den Fall, daß Betriebsvereinbarungen bei dem bisherigen Betriebsinhaber bestanden. Seinem Wortlaut nach greift § 613 a Abs. 1 Satz 2 BGB deshalb nur dann ein, wenn die öffentliche Hand in der Rechtsform des privaten Rechts tätig wird, also etwa Aufgaben der öffentlichen Daseinsvorsorge durch eine Aktiengesellschaft oder Gesellschaft mit beschränkter Haftung durchführt (z. B. Verkehrsbetriebe GmbH). Soweit die Organisationsform öffentlich-rechtlicher Natur ist, können keine Betriebsvereinbarungen bestehen. Statt dessen können Dienstvereinbarungen abgeschlossen sein, die § 613a Abs. 1Satz 2 BGB aber ausdrück-lich nicht erwähnt.

Das Äquivalent zur Betriebsvereinbarung ist im öffentlichen Dienst die **180** Dienstvereinbarung (vgl. z. B. § 73 BPersVG, § 70 NWPersVG). Dienstverein-barungen gelten unmittelbar. Teilweise gelten sie nach einer Kündigung fort, bis sie durch eine andere Betriebsvereinbarung ersetzt werden (so z. B. § 70 Abs. 2 NWPersVG). Zwischen Dienstvereinbarungen und Betriebsvereinba-rungen bestehen bezüglich der Auswirkungen auf die betroffenen Arbeits-verhältnisse keine wesentlichen Unterschiede, so daß eine analoge Anwen-dung des § 613a Abs. 1 Satz 2 – 4 BGB geboten ist (vgl. Hanau/Becker, S. 111; Erman/Hanau,BGB, § 613a, Rdnr. 81). Es sind im übrigen auch keinerlei Gesichtspunkte erkennbar, die es sachgerecht erscheinen lassen könnten, dem Arbeitnehmer des öffentlichen Dienstes bei der Privatisierung den Schutz des § 613a Abs. 1 Satz 2 BGB zu versagen. Nur so kann der Verpflich-tung aus Art. 3 Abs. 2 der EG-Richtlinie vom 14. 2. 1977 (abgedruckt bei Sei-ter, S. 159 ff.) Rechnung getragen werden, durch die den Mitgliedsstaaten der Europäischen Gemeinschaft zur Pflicht gemacht wurde, bei Betriebsinhaber-wechseln die Aufrechterhaltung der kollektivvertraglichen Arbeitsbedingun-gen zu gewährleisten. Hieraus folgt, daß die Normen einer Dienstvereinba-rung bei der Privatisierung ebenfalls Inhalt der Arbeitsverträge werden. Bestanden z. B. kraft Dienstvereinbarung Gleitzeitregelungen, so werden sie nun Inhalt der übernommenen Arbeitsverhältnisse.

3. Rechtsfolgen

Durch § 613a Abs. 1 Satz 2 BGB verändert sich der rechtliche Charakter der **181** auf das Arbeitsverhältnis einwirkenden Kollektivnormen. Sie werden Arbeitsvertragsinhalt und können deshalb auch nur mit den für individual-rechtliche Regelungen vorgesehenen rechtlichen Instrumentarien abgeändert werden. Zur Verfügung stehen hierfür die Änderungsvereinbarung und die Änderungskündigung. Gerade in diesem Punkt unterscheiden sich kollektiv-rechtliche und individualvertragliche Anspruchsgrundlagen grundlegend.

a) Transponierung in den Arbeitsvertrag

Die rezeptionierten Tarifverträge gelten im übrigen nur mit dem zum Zeit-punkt des Betriebsübergangs bestehenden Inhalt. § 613a Abs. 1 Satz 2 BGB enthält keine dynamische Verweisung (BAG Urteil vom 13. 11. 1985 – 4 AZR 309/94 –, AP Nr. 46 zu § 613a BGB). Auf beispielsweise erst nach der Privatisierung zwischen den Tarifvertragsparteien vereinbarte Lohn- und

Gehaltserhöhungen können sich die Arbeitnehmer deshalb nicht berufen. Gegenüber tarifgebundenen Arbeitnehmern soll nach Auffassung des BAG eine arbeitsvertragliche Regelung, nach der die jeweils geltenden Tarifverträge anzuwenden sind, keine eigenständige Bedeutung haben, also nur verdeutlichen, was ohnehin zur Zeit schon gilt (BAG, Urteil vom 29. 1. 1975 – 4 AZR 218/74 –, AP Nr. 8 zu § 4 TVG Nachwirkung). In diesem Zusammenhang ist daran zu denken, daß nicht gewerkschaftlich orientierte Arbeitnehmer u. U. bessergestellt sind. Bei ihnen dürfte eine einzelvertragliche Regelung, nach der die jeweils gültigen tarifvertraglichen Bestimmungen anzuwenden sind, dynamischer Natur sein (vgl. hierzu näheres unter Rz. 205).

182   Für Dienstvereinbarungen besteht die Besonderheit, daß sie mit der Überführung eines Betriebes auf einen privatrechtlich organisierten Träger enden. Durch die Privatisierung erleiden sie quasi ihren rechtlichen Tod. Nach Auffassung des BAG gelten sie nicht als Betriebsvereinbarungen fort (BAG, Beschluß vom 9. 2. 1982 – 1 ABR 36/80 –, DB 1982, 1414). Hieraus folgt, daß bei einer Privatisierung die in einer Dienstvereinbarung festgelegten Arbeitsbedingungen stets gem. § 613a Abs. 1 Satz 2 BGB Arbeitsvertragsinhalt werden. Eine kollektiv-rechtliche Fortgeltung scheidet damit in jedem Falle aus, selbst wenn die Betriebsidentität der Dienststelle erhalten bleibt und eine Integration in einen etwaig schon bestehenden Betrieb bei dem privaten Arbeitgeber nicht erfolgt.

b) Einjährige Veränderungssperre

183   Werden die zuvor auf Grundlage von Kollektivverträgen geltenden Arbeitsbedingungen in den Arbeitsvertrag überführt, so gilt eine einjährige Veränderungssperre, innerhalb derer eine Abänderung zuungunsten der Arbeitnehmer nicht erfolgen darf. Die Begrenzung der individualrechtlichen Fortgeltung auf ein Jahr soll dem Betriebsnachfolger ermöglichen, die Arbeitsbedingungen in seinem Unternehmen zu vereinheitlichen (Staudinger/Richardi, BGB, § 613a, Rz. 176). Die Anordnung des Gesetzgebers ist zwingender Natur; insoweit werden die Arbeitnehmer sogar „vor sich selbst" geschützt (Münchener Kommentar-Schaub, BGB, § 613a, Rz. 121). Grund hierfür ist, daß der Arbeitnehmer nicht einem etwaigen Druck seines neuen Arbeitgebers ausgesetzt sein soll, der – verständlicherweise – möglichst zeitnah einheitliche Arbeitsbedingungen für die in seinem Unternehmen beschäftigten Arbeitnehmer schaffen will.

184   Hinsichtlich der Veränderungssperre besteht ein weit verbreitetes Mißverständnis: Oftmals wird angenommen, daß nach Ablauf der Jahresfrist der Betriebserwerber frei sei, in seinem Betrieb einheitliche Arbeitsbedingungen zu schaffen. Dabei wird jedoch übersehen, daß die nun zum Arbeitsvertragsinhalt gewordenen früheren kollektiv-rechtlichen Arbeitsbedingungen nur mit dem für den Arbeitsvertrag bereitstehenden Änderungsinstrumentarium modifiziert werden können. Soweit der private Erwerber den Arbeitnehmer nicht zu einer einverständlichen Regelung zu bewegen vermag, verbleibt nur eine Änderungskündigung. Diese muß sich jedoch an den allgemeinen und besonderen Kündigungsschutzbestimmungen messen lassen, soweit deren Anwendungsvoraussetzungen vorliegen. So bedarf auch eine Änderungskündigung der sozialen Rechtfertigung nach § 1 KSchG. Im übrigen gelten sämtliche Bestimmungen des Sonderkündigungsschutzes (Mutterschutz, Schwerbehindertenschutz, Schutz für betriebsverfassungsrechtliche Amtsträger etc.). Auch nach Ablauf der Jahresfrist wird dem privaten Erwerber deshalb oftmals eine Abänderung der Arbeitsvertragsbedingungen nicht möglich sein. Vielmehr hat es der Arbeitnehmer regelmäßig selbst in der Hand, auf welche Rechte er zu verzichten bereit ist und auf welche nicht. Dabei soll nicht verkannt werden, daß nicht selten der Druck des Faktischen den Arbeitnehmer dazu bewegen wird, Regelungen zu akzeptieren, zu deren Annahme er rechtlich nicht verpflichtet ist.

c) Ausnahmen von der Veränderungssperre

Das Gesetz sieht unter bestimmten Voraussetzungen Ausnahmen von der einjährigen Veränderungssperre vor: **185**

aa) Ablauf des Tarifvertrages

Die einjährige Veränderungssperre endet vorzeitig, wenn der Tarifvertrag nicht mehr gilt. Diese Rechtsfolge des § 613a Abs. 1 Satz 4 BGB ist an und für sich selbstverständlich, weil die kollektivvertragliche Regelung auch ohne Betriebsinhaberwechsel mit ihrem zeitlichen Ablauf ihre zwingende Wirkung gegenüber den Arbeitsvertragsparteien verlieren würde. Im Nachwirkungszeitraum könnenTarifverträge und Betriebsvereinbarungen durch einzelvertragliche Abreden verändert werden. Es wäre deshalb nicht einzusehen, wenn von einem Betriebsübergang betroffene Arbeitnehmer allein dadurch bessergestellt wären als solche, die ihren bisherigen Arbeitgeber behalten haben.

bb) Nachwirkender Kollektivvertrag

Soweit der Tarifvertrag oder die Betriebsvereinbarung bereits im Zeitpunkt des Betriebsinhaberwechsels abgelaufen sind, gilt ebenfalls die Jahresfrist **186** nicht. Auch hier wären ohne Betriebsübergang die Arbeitsvertragsparteien rechtlich nicht gehindert, für den Arbeitnehmer ungünstigere Regelungen zu verabreden. Deshalb gilt auch hier die einjährige Veränderungssperre nicht. Entsprechendes gilt für Dienstvereinbarungen. Auch hier sind vor Ablauf der Jahresfrist abweichende für den Arbeitnehmer ungünstigere Vereinbarungen zulässig, wenn die Dienstvereinbarung abgelaufen ist und nur noch nachwirkend gilt. Zu beachten ist dabei, daß eine Nachwirkung in jedem Fall mit der Privatisierung endet, die Arbeitnehmer also auf die Überführung der kollektivvertraglichen Regelungen in den Arbeitsvertrag angewiesen sind.

cc) Vereinbarung tariflicher Bestimmungen

187 Die einjährige Veränderungssperre gilt schließlich dann nicht, wenn bei fehlender beiderseitiger Tarifgebundenheit im Geltungsbereich eines anderen Tarifvertrages dessen Anwendung zwischen dem neuen Inhaber und dem Arbeitnehmer vereinbart wird. Eine Änderung ist danach also dann zulässig, wenn der Betriebsnachfolger mit dem Arbeitnehmer die Geltung der Tarifverträge vereinbart, die bei Bestehen der Tarifgebundenheit für den Betrieb gelten würden. Für diesen Ausnahmefall soll dem Arbeitgeber die Vereinheitlichung der Arbeitsbedingungen gestattet sein. Dies ist auch sinnvoll. Denn bestünde eine Tarifbindung, so würde die Weitergeltung der kollektivrechtlichen Regelungen verhindert (vgl. Münchener Kommentar – Schaub, BGB, § 613 a, Rz. 125). Wird beispielsweise ein Krankenhaus privatisiert, so können die Arbeitsvertragsparteien die Geltung der Tarifverträge für die Privatkrankenanstalten vereinbaren, wenn sie nicht tarifgebunden sind.

Das Gesetz verlangt ausdrücklich eine beiderseits fehlende Tarifbindung. Dennoch ist sich die herrschende Auffassung darüber einig, daß eine Vereinbarung auch dann möglich ist, wenn nur eine Arbeitsvertragspartei nicht tarifgebunden ist. Denn auch dann gilt die gesetzliche Zwecksetzung, daß die Überführung des übergegangenen Betriebes in die tarifvertraglichen Regelungen des neuen Wirtschaftsbereiches erleichtert werden soll (vgl. Münchener Kommentar – Schaub, BGB, § 613 a, Rz. 126). Allerdings muß dann der Tarifvertrag im ganzen vereinbart werden. Eine Beschränkung auf lediglich einzelne Bestimmungen genügt nicht. Dies ergibt sich aus dem Wortlaut des § 613 a Abs. 1 Satz 4 BGB, der nur die Übernahme eines ganzen Tarifvertrages gestattet (vgl. Münchener Kommentar – Schaub, BGB, § 613 a, Rz. 126). Ist der Arbeitnehmer z. B. nicht gewerkschaftlich organisiert, der Arbeitgeber aber Mitglied im Arbeitgeberverband der Privatkrankenanstalten, so kann auch vor Ablauf der Jahresfrist die Geltung der für die Privatkrankenanstalten gültigen Tarifverträge rechtswirksam vereinbart werden.

VIII. Kollision kollektiv-rechtlicher Arbeitsbedingungen § 613a Abs. 1 Satz 3 BGB

Eine Überführung kollektivvertraglicher Bestimmungen in den Arbeitsvertrag findet nicht statt, wenn die Rechte und Pflichten aus dem Arbeitsverhältnis bei dem privaten Betreiber durch Rechtsnormen eines anderen Tarifvertrages oder einer anderen Betriebsvereinbarung geregelt werden. § 613a Abs. 1 Satz 3 BGB gibt den kollektiv- rechtlichen Regelungen des privaten Erwerbers Vorrang; die bisher bei dem Veräußerer geltenden kollektivvertraglichen Arbeitsbedingungen treten demgegenüber zurück. Für die betroffenen Arbeitnehmer kann dies mit erheblichen Einschnitten verbunden sein, für die das Gesetz keine Kompensation vorsieht. **188**

1. Gesetzeszweck

Mit Einfügung des § 613a Abs. 1 Satz 3 BGB hat sich der Gesetzgeber für das Ordnungsprinzip und gegen das Günstigkeitsprinzip entschieden (vgl. statt vieler: Hanau/Vossen, S. 271, 278). Die kollektiv-rechtlichen Normen des Veräußerers werden durch die bei dem Erwerber geltenden kollektivvertraglichen Regelungen verdrängt. Dem Erwerber wird damit die Möglichkeit eröffnet, die Arbeitsbedingungen der neu hinzukommenden Arbeitnehmer denen der bei ihm schon tätigen Mitarbeiter anzugleichen (vgl. BT-Drucksache 8/3317, S. 11). Der Gesetzgeber hat damit bewußt in Kauf genommen, daß sich durch den Wechsel des Betriebsinhabers die Arbeitsbedingungen der betroffenen Arbeitnehmer sowohl verschlechtern als auch verbessern können, ohne daß sie selbst darauf Einfluß nehmen können. Günstigere individualvertragliche Regelungen bleiben davon unberührt. Sie gelten nach § 613a Abs. 1 Satz 1 BGB weiter, hier gilt insoweit uneingeschränkt das Günstigkeitsprinzip (vgl. Wank, NZA 1987, 505, 509). **189**

§ 613a Abs. 1 Satz 3 BGB ist auf die Fälle zugeschnitten, in denen Betriebe oder Betriebsteile auf einen neuen Inhaber übertragen und dort in einen bereits bestehenden Betrieb eingegliedert werden. Allerdings gilt § 613a Abs. 1 Satz 3 BGB seinem Wortlaut nach auch dann, wenn der Erwerber bisher noch keinen Betrieb hatte, bei ihm aber kraft Verbandszugehörigkeit ein Tarifvertrag schon gilt.

2. Tatbestandsvoraussetzungen

Eine Ablösung der alten kollektivvertraglichen Normen bei dem Veräußerer durch entsprechende kollektivvertragliche Regelungen bei dem Erwerber erfolgt aber nur, wenn sie auch als echtes Kollektivrecht gelten. Die Anwen- **190** dung von Tarifverträgen kann natürlich einzelvertraglich vereinbart werden. Gerade in den Anstellungsverträgen des öffentlichen Dienstes finden sich häufig Klauseln, in denen ein bestimmter Tarifvertrag, beispielsweise der BAT, für anwendbar erachtet wird. Dies genügt jedoch für die Regelung des § 613a Abs. 1 Satz 3 BGB nicht.

a) Tarifgeltung

Tarifverträge können auf unterschiedliche Weise auf Arbeitsverhältnisse einwirken.

aa) Beiderseitige Tarifbindung

191   Ein Tarifvertrag gilt als kollektiv-rechtliche Norm, wenn die Voraussetzungen des § 3 TVG erfüllt sind. Danach sind die Mitglieder der Tarifvertragsparteien und die Arbeitgeber, die selbst Partei eines Tarifvertrages sind, tarifgebunden. Mitglieder der Tarifvertragsparteien sind auf der Arbeitgeberseite die Unternehmen, die einem Arbeitgeberverband beigetreten sind, der für sie Tarifverträge aushandelt. Auf der Arbeitnehmerseite sind dies die Gewerkschaften, in erster Linie die Gewerkschaft Öffentliche Dienste, Transport und Verkehr (ÖTV) und die Deutsche Angestellten Gewerkschaft (DAG). Nicht in Arbeitgeberverbänden organisierte Arbeitgeber können aber auch selbst Tarifvertragspartei sein. Die dann mit der Gewerkschaft ausgehandelten Tarifverträge bezeichnet man als Haus- oder Firmentarifvertrag. Auf der Arbeitnehmerseite ist also stets die Mitgliedschaft in der tarifvertragschließenden Gewerkschaft erforderlich. Fehlt sie, so liegen die Voraussetzungen für eine Tarifbindung nach § 3 TVG nicht vor. Eine Ablösung durch beim Betriebserwerber geltendes Tarifrecht kommt dann von vornherein nicht in Betracht.

Auch bei dem Erwerber müssen die von ihm angewendeten Tarifverträge als Kollektivrecht Gültigkeit haben. Der Erwerber muß also entweder in einem Arbeitgeberverband, der einen Tarifvertrag abgeschlossen hat, Mitglied sein oder selbst den Tarifvertrag mit der Gewerkschaft abgeschlossen haben. Ob der bei dem Erwerber geltende Tarifvertrag die kollektiv-rechtlichen Regelungen des Veräußerers verdrängt, hängt davon ab, in welcher Gewerkschaft die von der Privatisierung betroffenen Arbeitnehmer Mitglied sind und mit welcher Gewerkschaft der neue Arbeitgeber bzw. dessen Arbeitgeberverband einen Tarifvertrag abgeschlossen hat. Verschiedene Konstellationen sind denkbar:

Ist der Erwerber in demselben Arbeitgeberverband Mitglied wie der Ver- 192
äußerer, so ändert sich nichts. Vorstellbar ist dies etwa bei einem ausgegli-
derten Verkehrsbetrieb, an dem die öffentliche Hand eine erhebliche Beteiligung hält. Die Verkehrsbetriebe könnten nach wie vor Mitglied im
kommunalen Arbeitgeberverband sein. Für die Arbeitnehmer würde dann
vor wie nach der Privatisierung ein und derselbe Tarifvertrag Anwendung
finden. Dies versteht sich von selbst, eines Rückgriffs auf § 613a Abs. 1 Satz 3
BGB bedarf es nicht.

Möglich ist aber auch, daß der neue Arbeitgeber einem anderen Arbeitgeber- 193
verband angehört, mit dem die ÖTV oder DAG ebenfalls einen Tarifvertrag
abgeschlossen hat. Diese Voraussetzungen wären beispielsweise erfüllt bei
der Ausgliederung von Verkehrsbetrieben. Denn die ÖTV hat auch mit dem
Verband für das private Omnibusgewerbe Tarifverträge abgeschlossen, die
allerdings – in ihrer Gesamtheit betrachtet – schlechtere Arbeitsbedingungen
für die Arbeitnehmer enthalten. Diese Fallgestaltung wäre von § 613a Abs. 1
Satz 3 BGB erfaßt. Die mit dem Verband für das private Omnibusgewerbe
ausgehandelten Tarifverträge würden unmittelbar auf die Arbeitsverhältnisse der in der ÖTV organisierten Arbeitnehmer gelten. Die Arbeitsbedingungen der betroffenen Arbeitnehmer würden sich entsprechend verändern.
Abhilfe könnte nur durch entsprechende Personalüberleitungsverträge
geschaffen werden, in denen für die übergeleiteten Arbeitnehmer entsprechende Besitzstandsklauseln vereinbart werden. Ob derartige Regelungen für
die Arbeitnehmer erreichbar sind, hängt allerdings von der Stärke der Verhandlungsposition der Arbeitnehmervertreter ab.

Die gleiche rechtliche Situation liegt vor, wenn der erwerbende Arbeitgeber 194
selbst nicht in einem Arbeitgeberverband ist, aber mit den Gewerkschaften,
in denen die Arbeitnehmer bislang organisiert waren, einen Haus- oder Firmentarifvertrag abschließt. Überträgt etwa eine Kommune ein Krankenhaus
auf eine private Klinikgesellschaft, die mit der ÖTV oder der DAG Tarifverträge abgeschlossen hat, so gelten für die Gewerkschaftsmitglieder ab der Privatisierung die mit der Klinikgesellschaft vereinbarten Haus- und Firmenta-
rifverträge.

Anders ist die Rechtslage, wenn der Erwerber einem Arbeitgeberverband 195
angehört, der mit einer anderen Gewerkschaft als der, in der die Arbeitnehmer bisher organisiert waren, einen Tarifvertrag abgeschlossen hat. Bleiben
die Arbeitnehmer in der ÖTV oder DAG, so greift § 613a Abs. 1 Satz 3 BGB
nicht ein. Denn bei dem Betriebserwerber würde es an der beiderseitigen
Tarifbindung fehlen. Die Ablösung tarifvertraglicher Regelungen nach § 613a
Abs. 1 Satz 3 BGB erfolgt nämlich nur dann, wenn auch bei dem Erwerber
eine beiderseitige Tarifgebundenheit besteht. Hierzu ist aber notwendig, daß
auch die Arbeitnehmer in der Gewerkschaft Mitglied sind, die mit dem

neuen Arbeitgeber den Tarifvertrag abgeschlossen hat. Daran fehlt es aber, wenn die Arbeitnehmer ihrer bisherigen Gewerkschaft treu bleiben. Wird z. B. eine Küche aus einem öffentlichen Krankenhaus ausgegliedert, so kann es sein, daß der private Betreiber Mitglied in einem Arbeitgeberverband ist, mit dem die Gewerkschaft Nahrung, Genuß, Gaststätten (NGG) Tarifverträge abgeschlossen hat. Auf Seiten des Arbeitgebers besteht zwar eine Tarifbindung, sie fehlt aber auf der Arbeitnehmerseite, wenn die Mitgliedschaft zur ÖTV fortgeführt wird. Dies hat zur Konsequenz, daß § 613a Abs. 1 Satz 3 BGB nicht gilt. Es verbleibt vielmehr bei der Regel des § 613a Abs. 1 Satz 2 BGB: Die bisher bei dem Veräußerer geltenden Tarifverträge werden Inhalt des Arbeitsvertrages. Allerdings können die in den Arbeitsvertrag transponierten tarifvertraglichen Regelungen unter den erleichterten Voraussetzungen des § 613a Abs. 1 Satz 4 BGB abgeändert werden, indem man sich auf die Anwendung des bei dem Erwerber geltenden Tarifrechts verständigt. Hier hat es der Arbeitnehmer selbst in der Hand, darüber zu befinden, ob für ihn die – möglicherweise schlechteren – Tarifverträge des Erwerbers gelten sollen. Dabei darf nicht verkannt werden, daß es Situationen geben kann, in denen sich der einzelne Arbeitnehmer dem Druck seines neuen Arbeitgebers nicht widersetzen kann.

196   Entsprechendes gilt, wenn der neue Arbeitgeber nicht Mitglied in einem anderen Arbeitgeberverband ist als der bisherige Arbeitgeber, sondern selbst mit einer anderen Gewerkschaft einen Haus- oder Firmentarifvertrag abgeschlossen hat.

197   § 613a Abs. 1 Satz 3 BGB greift allerdings ein, wenn die Arbeitnehmer anläßlich der Privatisierung aus ihrer bisherigen Gewerkschaft austreten und in die Gewerkschaft eintreten, mit der der neue Arbeitgeber bzw. dessen Arbeitgeberverband einen Tarifvertrag abgeschlossen hat. Denn in diesem Falle besteht eine beiderseitige Tarifbindung, die dazu führt, daß das bei dem Erwerber geltende Tarifrecht Vorrang genießt. Treten in dem vorerwähnten Beispielsfall die Arbeitnehmer aus der ÖTV aus und werden Mitglied bei der NGG, so gilt für sie unmittelbar das Tarifrecht, welches die NGG für die Arbeitnehmer ausgehandelt hat. Ein etwa günstigeres Tarifrecht des öffentlichen Dienstes verliert seine Gültigkeit. Die Arbeitnehmer werden deshalb gut beraten sein, wenn sie vor einem Gewerkschaftswechsel sich eingehend beraten lassen oder es ihrer Arbeitnehmervertretung gelingt, die durch einen Gewerkschaftswechsel drohenden Nachteile mittels entsprechender Vereinbarungen auszugleichen.

Für die Rechtsposition der Arbeitnehmer ist deshalb von großer Bedeutung, mit welcher Gewerkschaft der übernehmende Arbeitgeber Tarifverträge abgeschlossen hat. Das bei dem Erwerber gültige Tarifrecht wird genauestens zu analysieren sein, denn die Arbeitnehmer können u. U. durch ihre Entscheidung Einfluß darauf nehmen, welches Recht für ihr Arbeitsverhältnis künftig gelten soll.

bb) Allgemeinverbindlichkeit

§ 5 TVG sieht vor, daß Tarifverträge für allgemeinverbindlich erklärt werden   198
können (siehe Rz. 175 ff.). Diese Tarifverträge gelten dann für die betroffenen
Arbeitnehmer unabhängig davon, ob ihr Arbeitgeber selbst Tarifvertragspartei oder in dem tarifvertragsschließenden Arbeitgeberverband Mitglied ist.
Für den öffentlichen Dienst gibt es zur Zeit keine für allgemeinverbindlich
erklärten Tarifverträge (vgl. oben Rz. 175 ff.). In der Privatwirtschaft hingegen gibt es in unterschiedlichen Branchen Tarifverträge, die für allgemeinverbindlich erklärt worden sind. Ist der Erwerber einer bisher durch die öffentliche Hand betriebenen Einrichtung im Geltungsbereich für allgemeinverbindlich erklärter Tarifverträge tätig, so finden diese Tarifverträge für die
betreffenden Arbeitnehmer unmittelbar Anwendung. Dabei ist gleichgültig,
ob die Arbeitnehmer der Gewerkschaft angehören, die diesen für allgemeinverbindlich erklärten Tarifvertrag ausgehandelt hat. Ebenso ist ohne Belang,
ob der Arbeitgeber im Arbeitgeberverband organisiert ist, der Tarifvertragspartei bei dem betreffenden Tarifabschluß war. So kann etwa die Ausgliederung einer Krankenhausbäckerei dazu führen, daß die in vielen Bundesländern für allgemeinverbindlich erklärten Tarifverträge für das Bäcker-
handwerk Anwendung finden. Bei Ausgliederung des städtischen Bauhofs
können die allgemeinverbindlichen Tarifverträge für das Baugewerbe Geltung erlangen. Die Privatisierung von Behördenkantinen kann die Anwendbarkeit der zum Teil für allgemeinverbindlich erklärten Tarifverträge für das
Hotel- und Gaststättengewerbe auslösen. Gelten bei dem Erwerber für allgemeinverbindlich erklärte Tarifverträge, haben die Arbeitnehmer regelmäßig
keine Möglichkeit der Einflußnahme. Auch für Kompensationsregelungen in
Überleitungsverträgen wird die Verhandlungsposition der Arbeitnehmerseite nicht günstig sein und vom guten Willen der an der Privatisierung beteiligten Arbeitgeber abhängen. Denn der gesetzlichen Rechtsfolge des § 613 a
Abs. 1 Satz 3 BGB können sich die Arbeitnehmer nicht entziehen. Keine
Lösung ist insbesondere der „rechtzeitige" Austritt aus der tarifvertragschließenden Gewerkschaft, um eine individualrechtliche Fortgeltung des
bisherigen Tarifrechts zu erreichen. Denn die Tarifgebundenheit bleibt auch
bei einem Austritt aus der Gewerkschaft bestehen; sie endet nämlich nach § 3
Abs. 3 TVG erst, wenn auch der Tarifvertrag abgelaufen ist. Nur ausnahmsweise dann, wenn der Tarifvertrag bereits abgelaufen ist und nach § 4 Abs. 5
TVG nur noch nachwirkt, könnte man über die Möglichkeit eines Gewerk-
schaftsaustritts nachdenken, um eine Überführung der Tarifverträge für den

öffentlichen Dienst in den Einzelarbeitsvertrag gem. § 613a Abs. 1 Satz 2 BGB zu erreichen.

199 Wichtiger wird deshalb in der Regel sein, genau zu prüfen, ob und ggf. welcher Branche der Betriebserwerber angehört, um feststellen zu können, ob allgemeinverbindliche Tarifverträge Anwendung finden. Aufschluß hierüber gibt das vom Bundesministerium für Arbeit und Sozialordnung vierteljährlich herausgegebene Verzeichnis der für allgemeinverbindlich erklärten Tarifverträge. Dieses kann über die Adresse in 53107 Bonn, Postfach 14 02 80 beschafft werden.

cc) Nachwirkende Tarifverträge

200 Schwierig zu beurteilen ist die Situation, wenn auf Seiten des Veräußerers oder des Erwerbers nur noch nachwirkende Tarifverträge gelten. § 3 Abs. 3 TVG bestimmt, daß die Tarifgebundenheit bestehen bleibt, bis der Tarifvertrag endet. Tarifverträge können durch Zeitablauf enden. Meist aber müssen sie gekündigt werden und enden dann mit Ablauf der Kündigungsfrist. § 4 Abs. 5 TVG ordnet an, daß auch nach Ablauf des Tarifvertrages seine Rechtsnormen weitergelten, bis sie durch eine andere Abmachung ersetzt werden. Im sog. Nachwirkungszeitraum verlieren aber die Tarifverträge ihre zwingende Wirkung; sie können durch Dienst- und Betriebsvereinbarungen oder durch einzelvertragliche Abreden abbedungen werden. Solange dies nicht geschieht, gelten sie als kollektiv-rechtliche Bestimmung weiter. Ein nur nachwirkendes Tarifrecht wird deshalb durch § 613a Abs. 1 Satz 2 BGB in den Arbeitsvertrag überführt, unterliegt aber – wie § 613a Abs. 1 Satz 4 BGB zeigt – nicht der einjährigen Veränderungssperre. Als fortwirkendes Kollektivrecht kann der nachwirkende Tarifvertrag bei dem Erwerber von einem dort geltenden Tarifvertrag abgelöst werden. Es gilt dann ausschließlich das bei dem Erwerber gültige Tarifwerk; die bei dem Veräußerer aufgrund der Nachwirkung bestehenden Dispositionsmöglichkeiten erlöschen.

201 Gleiches gilt für den umgekehrten Fall. Ein bei dem Veräußerer noch geltender Tarifvertrag wird durch den beim Erwerber nur noch nachwirkenden Tarifvertrag abgelöst. Das bei dem Erwerber geltende Tarifrecht ist dann zwar auch für die übernommenen Mitarbeiter dispositiv, weil der Erwerber mit allen übrigen Arbeitnehmern ebenfalls vom Tarifvertrag abweichende Regelungen im Nachwirkungszeitraum treffen kann. Dieses entspricht dem Sinn und Zweck des § 613a Abs. 1 Satz 3 BGB, der es dem Erwerber ermöglichen will, einheitliche kollektiv-rechtliche Arbeitsbedingungen zu schaffen (vgl. oben Rz. 189). Ließe man nachwirkende Tarifverträge bei dem Erwerber nicht ausreichen, um eine Ablösung der kollektivvertraglichen Arbeitsbedin-

gungen zu ermöglichen, so würde § 613 a Abs. 1 Satz 2 BGB eingreifen. Die tariflich geregelten Arbeitsbedingungen würden Inhalt des Arbeitsvertrages. Diese individualrechtliche Fortgeltung des Tarifrechts endet nach Auffassung des BAG aber, wenn später ein Tarifvertrag bei dem Erwerber abgeschlossen wird (BAG, Urteil vom 19. 3. 1986 – 4 AZR 640/84 –, AP Nr. 49 zu § 613 a BGB). Es würde aber keinen Sinn machen, dem Betriebserwerber aufzugeben, für die übernommenen Arbeitnehmer zunächst das frühere Tarifrecht anzuwenden, um dann nach Neuabschluß der für ihn geltenden Tarifverträge nach diesen zu verfahren. Es steht auch zu erwarten, daß die betroffenen Arbeitnehmer nicht verstehen würden, weshalb ggf. mehrere Monate nach Vollzug der Privatisierung plötzlich andere Arbeitsbedingungen gelten, nämlich die aus dem neuen für den Erwerber abgeschlossenen Tarifvertrag.

dd) Vertragliche Inbezugnahme

Tarifverträge werden häufig auch dann angewandt, wenn die Arbeitsvertragsparteien nicht tarifgebunden sind. So sind längst nicht alle Arbeitnehmer des öffentlichen Dienstes gewerkschaftlich organisiert. Für sie gelten deshalb die Tarifverträge des öffentlichen Diensts nur kraft vertraglicher Inbezugnahme. Sie sind Arbeitsvertragsbestandteil und haben insoweit keine kollektiv-rechtlichen Wirkungen. Für die Anwendbarkeit des § 613 a Abs. 1 Satz 3 BGB genügt eine vertragliche Inbezugnahme nicht. Denn es wird kein Tarifrecht des Veräußerers durch Tarifrecht des Erwerbers abgelöst. Aber auch § 613 a Abs. 1 Satz 2 BGB ist nicht anwendbar. Denn dazu wäre Voraussetzung, daß zumindest bei dem Veräußerer die tariflichen Bestimmungen aufgrund beiderseitiger Tarifgebundenheit gelten; daran fehlt es, wenn der Arbeitnehmer nicht Gewerkschaftsmitglied ist. Anwendbar ist deshalb allein § 613 a Abs. 1 Satz 1 BGB, der bestimmt, daß die Rechte und Pflichten aus dem Arbeitsvertrag auf den Erwerber übergehen. Da es sich um die Überführung nur von Vertragsrecht handelt, gilt die einjährige Veränderungssperre des § 613 a Abs. 1 Satz 2 BGB nicht. Die auf den Erwerber übergeleiteten Arbeitnehmer können mit ihrem neuen Arbeitgeber prinzipiell neue Verträge abschließen, soweit dadurch nicht § 613 a Abs. 4 umgangen wird (vgl. oben Rz. 29 ff.).

202

Regelmäßig ist dem öffentlichen Arbeitgeber die Mitgliedschaft seiner Arbeitnehmer in der Gewerkschaft im einzelnen nicht bekannt. Mit Gewerkschaftsmitgliedern und nicht organisierten Arbeitnehmern werden im Normalfall keine unterschiedlichen Arbeitsverträge abgeschlossen. Auch für die Gewerkschaftsmitglieder ist deshalb meist eine Formulierung im Vertrag enthalten, daß die Tarifverträge für den öffentlichen Dienst uneingeschränkt Anwendung finden. Hieraus könnte man folgern, daß die gewerkschaftsangehörigen

203

Arbeitnehmer doppelt gesichert sind, nämlich einmal durch den Tarifvertrag als Kollektivnormensammlung und zum anderen durch den Arbeitsvertrag, wonach die tariflichen Bestimmungen auch als Vertragsrecht gelten. Das Bundesarbeitsgericht ist jedoch der Auffassung, daß derartigen Vertragsregelungen keine eigenständige Rechtsbedeutung zugemessen werden könne. Es werde nur wiederholt, was tariflich gelte. Entsprechende vertragliche Regelungen hätten deshalb nur deklaratorische, nicht aber rechtsbegründende Bedeutung (BAG, Urteil vom 9. 12. 1981 – 4 AZR 312/79 –, BAGE 37, 228; BAG, Urteil vom 16. 8. 1978 – 4 AZR 33/77 –, AP Nr. 101 zu § 22, 23 BAT).

b) Tarifliche Außenseiter

204   Meist ist die Belegschaft einer Dienststelle nicht vollständig gewerkschaftlich organisiert. Es wird daher tarifgebundene Arbeitnehmer und sog. Außenseiter geben.

aa) Jeweiligkeitsklauseln

205   Um diese Außenseiter den tarifgebundenen Arbeitnehmern gleichzustellen, finden sich in den Arbeitsverträgen der öffentlichen Hand oft Bezugnahmen, nach denen die einschlägigen tarifvertraglichen Regelungen in ihrer jeweils gültigen Fassung Inhalt des Arbeitsvertrages sein sollen (so z. B. Musterverträge der Vereinigung der kommunalen Arbeitgeberverbände). Da es sich nur um einfaches Vertragsrecht handelt, kann es zu einer Fortgeltung der tariflichen Bestimmungen nach § 613a Abs. 1 Satz 2 – 4 BGB nicht kommen (Hanau/Vossen, a.a.O., S. 271). Umgekehrt mißt die Rechtsprechung der Bezugnahme tariflicher Normen in Arbeitsverträgen bei tarifgebundenen Arbeitnehmern keine eigenständige Rechtsbedeutung zu. Es werde nur das bestätigt, was tariflich ohnehin schon gelte (BAG, Urteil vom 9. 12. 1981 – 4 AZR 312/79 –, BAGE 37, 228; BAG, Urteil vom 16. 8. 1978 – 4 AZR 33/77 –, AP Nr. 101 zu §§ 22, 23 BAT).

bb) Problem der Schlechterstellung von Tarifgebundenen

206   Für die tarifgebundenen Arbeitnehmer besteht das Risiko, daß sie gegenüber den nicht organisierten Kollegen benachteiligt werden. Denn die arbeitsvertragliche Regelung gilt nach § 613a Abs. 1 Satz 1 BGB fort, während die tarifvertragliche Bestimmung durch den neuen Tarifvertrag gem. § 613a Abs. 1 Satz 3 BGB auch zum Nachteil der Arbeitnehmer abgewandelt werden kann.

Beruht beispielsweise bei dem gewerkschaftlich ungebundenen Arbeitnehmer der Anspruch auf Zusatzversorgung auf dem Arbeitsvertrag, so muß auch der Betriebserwerber die Ansprüche nach vertragsrechtlichen Grundsätzen erfüllen. Ist Grundlage der Zusatzversorgung jedoch der kraft Tarifbindung geltende Versorgungstarifvertrag, so können sich die Ansprüche des Arbeitnehmers verändern, wenn bei dem Erwerber ein anderes Tarifrecht gilt. Wird beispielsweise ein öffentlicher Bauhof privatisiert, könnten die tariflichen Bestimmungen für die Zusatzversorgungskasse des Baugewerbes die bisherigen Zusatzversorgungstarife der öffentlichen Hand verdrängen. Die tarifgebundenen Arbeitnehmer liefen Gefahr, Ansprüche einzubüßen, während die Außenseiter sich auf einen Vertragsanspruch berufen könnten.

– Analogie zu § 613 a Abs. 1 Satz 3 BGB

Dieses Ergebnis steht im Widerspruch mit dem Zweck von tarifvertraglichen   **207**
Regelungen. Sie sollen Mindestarbeitsbedingungen sichern, aber nicht zur Einbuße von Ansprüchen führen. Deshalb wird mit unterschiedlichen Ansätzen eine Korrektur des rechtlichen Widerspruchs erwogen: Schaub (Münchener Kommentar – Schaub, BGB, § 613 a, Rz. 145) befürwortet eine Analogie zu § 613 a Abs. 1 Satz 3 BGB. Das Auseinanderfallen der Arbeitsbedingungen von Außenseitern und Tarifgebundenen entspreche nicht dem der Verweisung verfolgten Zweck, einheitliche Arbeitsbedingungen zwischen Tarifgebundenen und Außenseitern zu schaffen. Schaub behandelt deshalb die Außenseiter wie die Tarifgebundenen und läßt eine Ablösung der arbeitsvertraglich in Bezug genommenen tariflichen Vorschriften durch einen beim Erwerber geltenden Tarifvertrag zu. Dem wird der eindeutige Wortlaut des § 613 a Abs. 1 Satz 1 BGB entgegengehalten, der eine Analogie ausschließe (vgl. Wank, NZA 1987, 505, 509; Staudinger-Richardi, BGB, § 613 a, Rz. 181).

– Auslegung des Vertrages

Einen Ausweg aus dem Dilemma bietet dann nur noch eine Auslegung des   **208**
Arbeitsvertrages. Interpretiert man die arbeitsvertragliche Inbezugnahme der Tarifverträge des öffentlichen Diestes nicht wörtlich sondern so, daß damit die für den jeweiligen Arbeitgeber geltenden Tarifverträge gemeint sein sollen, bedarf es keiner Analogie. Denn dann gelten die neuen Tarifverträge schon kraft arbeitsvertraglicher Abrede. Mißt man dem Arbeitsvertrag insoweit die Bedeutung bei, der Arbeitnehmer unterwerfe sich dem jeweils geltenden Tarifvertrag, so auch einem möglicherweise völlig andersartigen Tarifwerk nach einer Privatisierung, kann eine Bevorzugung der nicht organisierten Arbeitnehmer vermieden werden (Wank, NZA 1987, 505, 509; Staudinger-Richardi, BGB, § 613 a, Rz. 181).

– Wegfall der Geschäftsgrundlage

209 In einer jüngeren Entscheidung argumentiert das BAG gern mit einem Wegfall der Geschäftsgrundlage (BAG, Urteil vom 1. 4. 1987 – 4 AZR 77/86 –, AP Nr. 64 zu § 613a BGB). Werde zwischen Parteien eines Arbeitsvertrages die Anwendung von Tarifverträgen einer Branche vereinbart, der der Arbeitgeber angehöre, so sei es im Zweifel Parteiwille, die Tarifvorschriften zur Anwendung zu bringen, die dem Arbeitsverhältnis besonders nahe stünden, weil sie Besonderheiten der Branche berücksichtigen. Mangels anderweitiger Anhaltspunkte im Arbeitsvertrag entfalle die Geschäftsgrundlage dieser Vereinbarung, wenn der Erwerber eines Betriebes dieser Branche nicht angehöre und anderen Tarifverträgen unterfalle.

210 Ob man mit diesen Lösungsansätzen dem Problem gerecht wird, ist allerdings zu bezweifeln. Denn daß ein Arbeitnehmer einen Arbeitsvertrag unterschreibt, welcher ausdrücklich die jeweils gültigen Bestimmungen des BAT zum Inhalt macht, von vornherein den Willen haben soll, sich ggf. einem ganz anderen Tarifwerk zu unterwerfen, muß lebensfremd erscheinen. Er mag mit Änderungen des BAT rechnen müssen, nicht aber mit einer nahezu vollständigen Auswechselung der für das Arbeitsverhältnis geltenden Arbeitsbedingungen. Dem Argument des Wegfalls der Geschäftsgrundlage steht entgegen, daß dies auch nach Auffassung des BAG nur dann Bedeutung hat, wenn dem Schuldner die Erfüllung des bisherigen Vertrages nicht mehr zugemutet werden kann (BAG, Urteil vom 17. 3. 1982 – 5 AZR 1047/79 –, AP Nr. 33 zu § 612 BGB). Zu Recht wendet dagegen das LAG Düsseldorf (LAG Düsseldorf, Urteil vom 4. 2. 1993 – 12 Sa 1533/92 –, LAGE, § 613a BGB, Nr. 29) ein, daß schwerlich vorstellbar ist, daß dem Betriebserwerber unzumutbar sein soll, für dieselbe Arbeitsleistung eine gleichartige Vergütung zu bezahlen wie der Veräußerer. Eine Gleichbehandlung tarifgebundener Arbeitnehmer und Außenseiter kann deshalb nur über den dogmatisch bedenklichen Weg der Analogie zu § 613a Abs. 1 Satz 3 BGB erfolgen. Eine solche Analogie erscheint aber auch geboten, weil nicht vorstellbar ist, daß Arbeitnehmer, die durch einen Tarifvertrag ja gerade geschützt werden sollen, allein aufgrund ihrer Tarifgebundenheit schlechter stehen als Außenseiter.

c) Betriebsvereinbarungen

211 Waren die Arbeitsbedingungen durch Betriebsvereinbarungen geregelt, so werden sie ebenfalls abgelöst, wenn bei dem Betriebserwerber anderweitige Betriebsvereinbarungen zu dem Regelungsgegenstand existieren. Auch hier können nachwirkende Betriebsvereinbarungen noch durch andere kollektivvertragliche Regelungen bei dem Erwerber abgelöst werden. Fraglich erscheint dies allerdings dann, wenn bei dem Erwerber die betreffende Betriebsvereinbarung nur noch nachwirkend gilt. Hier würden neu eintretende Arbeitnehmer nicht erfaßt. Unter diesem Blickwinkel könnte man rechtfertigen, die nach § 613 a BGB übergehenden Arbeitnehmer zu behandeln wie neu eintretende Mitarbeiter. Dagegen spricht jedoch, daß der Erwerber bei neu eintretenden Arbeitnehmern die volle Vertragsfreiheit besitzt, also mit ihnen vereinbaren kann, daß die nachwirkende Betriebsvereinbarung fortgilt, bis sie durch eine aktuelle Betriebsvereinbarung ersetzt wird. Bei den durch § 613 a BGB mit dem Erwerber begründeten Arbeitsverhältnissen besteht diese Möglichkeit aber nicht. Der Erwerber muß vielmehr die vertraglichen Grundlagen übernehmen. Er befindet sich diesen Arbeitnehmern gegenüber in einer ähnlichen Situation wie gegenüber seinen eigenen, bisher schon beschäftigten Mitarbeitern. Auch diese haben vertragliche Ansprüche, die ohne Zutun des Arbeitnehmers nicht verändert werden können. Aus diesem Grunde erscheint es gerechtfertigt, Betriebsvereinbarungen, die nur nachwirken, denjenigen des früheren Arbeitgebers vorrangig zu behandeln.

d) Dienstvereinbarungen

Soweit der Arbeitgeber in Formen des öffentlichen Rechts tätig ist, können keine Betriebsvereinbarungen abgeschlossen werden. An deren Stelle treten Dienstvereinbarungen. Sie gelten ebenfalls unmittelbar. Teilweise haben sie wie Betriebsvereinbarungen Nachwirkung, bis sie durch eine andere Dienstvereinbarung ersetzt werden (so z. B. § 70 Abs. 2 NW PersVG). Es ist deshalb auch nicht gerechtfertigt, zwischen Dienstvereinbarungen und Betriebsvereinbarungen zu differenzieren, auch wenn § 613 a Abs. 1 Satz 2–4 nur Betriebsvereinbarungen anspricht (vgl. oben Rz. 181 ff.). Wird eine Dienststelle privatisiert, so stellt sich dennoch die Frage, was aus den Dienstvereinbarungen wird. **212**

aa) *Keine Fortgeltung als Betriebsvereinbarung*

Das BAG hat entschieden, daß Dienstvereinbarungen ihre Wirkung verlieren, wenn eine Dienststelle privatisiert wird. Sie gelten nicht etwa als Betriebsvereinbarungen fort (BAG, Beschluß vom 9. 2. 1982 – 1 ABR 36/80 –, DB 1982, 1414, 1415). Auch eine Nachwirkung kommt nicht in Betracht. Selbst wenn die Identität der Dienststelle als Betrieb erhalten bleibt, endet folglich der Inhalt sämtlicher abgeschlossener Dienstvereinbarungen. Dies betrifft Gleitzeitregelungen ebenso wie Bestimmungen über Urlaubsgrundsätze etc. Der private Erwerber ist an all diese Regelungen nicht mehr gebunden. **213** *bb) Ablösung durch Betriebsvereinbarung*

214 § 613 a Abs. 1 Satz 3 BGB verhindert die Überführung kollektiv-rechtlicher Regelungen in den Arbeitsvertrag, wenn bei dem Betriebserwerber schon andere kollektiv-rechtliche Normen gelten. Auch hier fehlt in § 613 a Abs. 1 Satz 3 BGB der Hinweis auf Dienstvereinbarungen. Es erscheint jedoch sachgerecht, auch § 613 a Abs. 1 Satz 3 BGB analog anzuwenden. Bestehende Betriebsvereinbarungen bei dem privaten Rechtsträger lösen deshalb Dienstvereinbarungen ab (vgl. Erman-Hanau, BGB, § 613 a, Rz. 81). Ohne analoge Anwendung des § 613 a Abs. 1 Satz 3 BGB würden die Regelungen aus den Dienstvereinbarungen in den Arbeitsvertrag nach § 613 a Abs. 1 Satz 2 BGB transponiert. Sie wären nur mit Mitteln des Arbeitsvertragsrechts (Änderungsvereinbarung, Änderungskündigung) modifizierbar; wegen des herrschenden Günstigkeitsprinzips käme eine Ablösung durch Betriebsvereinbarung nicht in Betracht. Es gibt aber keinen vernünftigen Grund, Arbeitnehmer des öffentlichen Dienstes bei der Privatisierung zu begünstigen. Sie bedürfen keines zusätzlichen Schutzes dadurch, daß Dienstvereinbarungen in den Arbeitsvertrag überführt werden, obwohl bei dem privaten Erwerber Betriebsvereinbarungen zu demselben Regelungsgegenstand bestehen. Gliedert der privatrechtlich Tätige eine öffentliche Dienststelle in einen schon bestehenden Betrieb ein, so können sich die übernommenen Mitarbeiter eben nicht auf eine frühere Gleitzeitregelung berufen, wenn in dem aufnehmenden Betrieb bereits eine solche kraft Betriebsvereinbarung besteht.

e) Bei Erwerber nachträglich geschaffenes Kollektivrecht

215 Häufig wird es so sein, daß bei dem Erwerber weder tarifliche Bestimmungen gelten, noch Betriebsvereinbarungen abgeschlossen worden sind. Wurde beispielsweise eine GmbH zur Privatisierung öffentlicher Verkehrsbetriebe eigens gegründet, so kann ihr die Tarifbindung fehlen. Wegen noch nicht durchgeführter Betriebsratswahlen wird es möglicherweise noch keinen Betriebsrat geben, der Betriebsvereinbarungen abgeschlossen haben könnte.

aa) Gesetzeslage

216 Für den privaten Erwerber stellt sich die Frage, ob auch nachträglich geschaffenes Kollektivrecht die beim Veräußerer geltenden Kollektivnormen abzulösen vermag. Blickt man in das Gesetz, so erscheint die Antwort einfach: Gelten bei dem Erwerber – noch – keine Kollektivnormen eines Tarifvertrages oder einer Betriebsvereinbarung, so werden die bisherigen kollektivvertraglichen Arbeitsbedingungen in den Arbeitsvertrag mit dem Betriebserwerber transponiert. Sie sind dann Vertragsbestandteil und verlieren ihre kollektiv-rechtliche Wirkung. An und für sich wären sie aus dem Arbeitsvertrag auch nur durch Gestaltungsmittel des Individualarbeitsrechts wieder herauslösbar, etwa durch Änderungsvereinbarung oder Änderungskündigung. Es gilt dann die einjährige Veränderungssperre des § 613a Abs. 1 Satz 2 BGB; dem Erwerber wären zunächst also die Hände gebunden.

bb) Die BAG-Rechtsprechung

Nach Auffassung des BAG können die nach § 613a Abs. 1 Satz 2 BGB in den Arbeitsvertrag transponierten kollektiv-rechtlichen Bestimmungen wieder beseitigt werden, nämlich wenn zu einem späteren Zeitpunkt dann bei dem neuen Inhaber kollektiv-rechtliche Normen inkraftgesetzt werden (BAG, Urteil vom 19. 3. 1986 – 4 AZR 640/84 –, DB 1986, S. 1575). Das BAG argumentiert mit dem Sinn und Zweck des § 613a Abs. 1 Satz 2 – 4 BGB. Diese Vorschrift wolle bei einem Betriebsübergang für die Dauer von einem Jahr sicherstellen, daß ein Arbeitnehmer, auf dessen Arbeitsverhältnis bisher Rechtsnormen eines Tarifvertrages Anwendung fanden, weiter nach den tariflichen Vorschriften behandelt werde. Der Gesetzgeber habe aber die Weitergeltung der bisherigen tariflichen Vorschriften ausdrücklich ausgeschlossen, wenn bei dem neuen Inhaber die Arbeitsverhältnisse durch Rechtsnormen eines anderen Tarifvertrages geregelt würden. Damit räume der Gesetzgeber insoweit dem Prinzip der Tarifeinheit Vorrang ein, welches u. a. besage, daß für jeden Betrieb im allgemeinen nur ein Tarifvertrag in Betracht komme.

Mit dem Grundsatz der Tarifeinheit wird man allerdings schwerlich argumentieren können. Denn die durch § 613a Abs. 1 Satz 2 BGB in den Arbeitsvertrag transponierten kollektiv-rechtlichen Regelungen verlieren ja gerade ihre Geltung als Kollektivnorm. Das BAG übersieht insoweit, daß eine Tarifkonkurrenz, welche durch das Prinzip der Tarifeinheit gelöst werden müßte, gar nicht besteht. Denn die früheren tarifvertraglichen Regelungen gelten nur noch individualrechtlich fort (vgl. hierzu auch Stebut, Anm. zu BAG, Urteil vom 19. 3. 1986 – 4 AZR 640/84 – AP Nr. 49 zu § 613a BGB, der allerdings das Ergebnis des BAG im übrigen billigt). Im Verhältnis zwischen einzelvertraglichen Ansprüchen und einem Tarifvertrag gilt aber das Günstigkeitsprinzip. Der später abgeschlossene Kollektivvertrag könnte dann die nun Arbeitsvertragsinhalt gewordenen kollektiv-rechtlichen Regelungen aus der Zeit vor dem Betriebsinhaberwechsel nicht mehr ablösen. Das BAG begründet seine Auffassung weiterhin mit dem Schutzzweck des § 613a BGB. Danach bedürfe der Arbeitnehmer des Schutzes der früheren tariflichen Regelungen nicht mehr, wenn bei dem Betriebserwerber ein anderer Tarifvertrag gelte oder später in Kraft gesetzt werde. Dieser Ansatz ist sicherlich berechtigt, allerdings verweist das BAG wiederum auf das Prinzip der Tarifeinheit. Insbeson-

217

dere gibt das BAG aber keine schlüssige Begründung dafür, weshalb eine arbeitsvertragliche Regelung entgegen dem Günstigkeitsprinzip aus § 4 Abs. 3 TVG durch eine spätere tarifvertragliche Vorschrift beseitigt werden kann. Es begibt sich damit auch in einen Widerspruch zu der Entscheidung seines Großen Senats zur ablösenden Betriebsvereinbarung (BAG, Beschluß des Großen Senats vom 16. 9. 1986 – GS 1/82 –, BAGE 53, S. 42). Danach können vertraglich begründete Ansprüche der Arbeitnehmer, die auf eine vom Arbeitgeber gesetzte Einheitsregelung oder Gesamtzusage zurückgehen, durch nachfolgende Betriebsvereinbarung nur in den Grenzen von Recht und Billigkeit beschränkt werden, wenn die Neuregelung insgesamt bei kollektiver Betrachtung nicht ungünstiger ist. Wird aber in eine wenn auch erst durch § 613a Abs. 1 Satz 3 BGB geschaffene arbeitsvertragliche Rechtsposition durch nachfolgende Betriebsvereinbarungen oder Tarifverträge eingegriffen, so wird dieser Grundsatz verletzt.

Für das vom BAG formulierte Ergebnis spricht sicherlich einiges: Sinn und Zweck des § 613a Abs. 1 Satz 2 BGB ist es, die durch Kollektivverträge geschaffene Rechtsposition des Arbeitnehmers zu schützen, nicht aber sie zu verstärken. Es ist auch schwer verständlich, weshalb ein Arbeitnehmer, dessen Arbeitgeber vielleicht noch keine Gelegenheit hatte, Tarifverträge und Betriebsvereinbarungen abzuschließen, Vorteile gegenüber einem Kollegen haben soll, dessen Betrieb in ein bereits bestehendes Unternehmen integriert wird. Erwägenswert ist deshalb, in § 613a Abs. 1 Satz 3 eine gesetzliche Ermächtigung für abändernde Betriebsvereinbarungen oder Tarifverträge zu sehen, mit der durch § 613a Abs. 1 Satz 2 BGB in den Arbeitsvertrag transponierte Kollektivnormen nachträglich aus dem individualrechtlichen Regelkreis wieder herausgelöst werden können. Schwierigkeiten wird allerdings die Frage bereiten, wieviel Zeit zwischen dem Betriebsinhaberwechsel und dem Abschluß ablösender Betriebsvereinbarungen und Tarifverträge verstreichen darf. Im vom BAG entschiedenen Fall waren immerhin zwei Monate verstrichen; eine zeitliche Grenze nennt es nicht.

3. Rechtsfolgen

218 Gelten bei dem privaten Erwerber schon Tarifverträge und Betriebsvereinbarungen, so werden günstigere kollektiv-vertragliche Regelungen, die bei dem Veräußerer wirksam waren, weitgehend bedeutungslos. Es gilt das Ordnungsprinzip und nicht das Günstigkeitsprinzip. Das Arbeitsverhältnis richtet sich nur noch nach den bei dem Erwerber geltenden Tarifverträgen und Betriebsvereinbarungen. Waren beispielsweise die Arbeitsbedingungen von Verkehrsbetrieben bisher durch den BAT geregelt, so gelten nun die ebenfalls mit der ÖTV abgeschlossenen Tarifverträge für das private Omnibusgewerbe.

Für den betroffenen Arbeitnehmer können sich daraus nachhaltige Veränderungen ergeben.

a) Allgemeine Rechtsfolgen

Die Arbeitsbedingungen des öffentlichen Dienstes sind weitgehend durch kollektiv-rechtliche Regelungen geprägt. Sie finden sich nicht nur wieder in tarifvertraglichen Vorschriften, sondern auch in Dienst- und Betriebsvereinbarungen, etwa über die Auszahlung von Arbeitsentgelten, Gleitzeitregelungen, Vereinbarungen über arbeitsfreie Tage zwischen Feiertagen und Wochenenden etc. **219**

aa) Kündigungsschutz

Die Tarifverträge für den öffentlichen Dienst sehen nach längeren Beschäftigungszeiten und Erreichen eines bestimmten Lebensalters Unkündbarkeitsregelungen vor. So sind nach § 53 Abs. 3 BAT Arbeitnehmer, die mindestens 15 Jahre beschäftigt sind und das 40. Lebensjahr vollendet haben, unkündbar, soweit sie zumindest halbtags beschäftigt sind. Fehlen in den beim Erwerber geltenden Tarifverträgen derartige Unkündbarkeitsbestimmungen, so verliert der Arbeitnehmer diesen besonderen Kündigungsschutz. § 613a Abs. 1 Satz 3 BGB sieht insoweit keinen Besitzstandsschutz vor. Eine Besitzstandswahrung wäre nur möglich durch einen entsprechenden Überleitungsvertrag. Ob ein solcher Vertrag zustande kommt, hängt von der Stärke der jeweiligen Verhandlungspositionen ab.

Entsprechendes gilt auch für Kündigungsfristen und andere kündigungsrechtliche Bestimmungen, insbesondere auch für die Beendigung des Arbeitsverhältnisses wegen verminderter Erwerbsfähigkeit nach § 59 BAT. Nach § 59 Abs. 1 BAT endet das Arbeitsverhältnis unter bestimmten Voraussetzungen im Falle der Erwerbsminderung automatisch, ohne daß es einer Kündigung bedarf. Derartige Tarifvertragsregelungen finden sich in der Privatwirtschaft praktisch nicht; hieraus ergeben sich ausnahmsweise Vergünstigungen für den Arbeitnehmer durch den Arbeitgeberwechsel.

bb) Arbeitszeit

Arbeitszeitregelungen sind meist in Dienst- oder Betriebsvereinbarungen niedergelegt. Im öffentlichen Dienst finden sich verbreitet Modelle von gleitender Arbeitszeit. Sehen die bei dem Erwerber bestehenden Betriebsvereinbarungen keine Gleitzeitmodelle vor, sondern verlangen die Einhaltung einer starren Arbeitszeit, so ist der übernommene Arbeitnehmer daran gebunden. **220**

Nicht nur die Lage der Arbeitszeit sondern auch das Arbeitszeitvolumen kann sich durch die Privatisierung ändern. Nach den für den öffentlichen Dienst geltenden Tarifverträgen beträgt die regelmäßige Arbeitszeit ausschließlich der Pausen durchschnittlich 38,5 Stunden wöchentlich. In der Privatwirtschaft sind zum Teil geringere wöchentliche Arbeitszeiten tariflich festgelegt. Auch hier ändert sich mit dem Übertritt der Inhalt des Arbeitsverhältnisses. Die mit Zuschlägen zu versehende Mehrarbeit beginnt dann evtl. schon zu einem früheren Zeitpunkt, etwa nach Ableistung der 37. Wochenstunde

cc) Vergütungsregelungen

221   Die Vergütungsregelungen für den öffentlichen Dienst sind von besonderer Natur. Regelmäßig werden Grundvergütungen und Ortszuschläge gezahlt. Zusätzlich können Zulagen gewährt werden. Die Höhe der Vergütung ist lebensaltersabhängig. In der Privatwirtschaft hingegen gibt es regelmäßig keine Unterscheidung zwischen Grundvergütung und Ortszuschlag. Differenzierungen nach dem Lebens- oder Dienstalter kommen zwar vor, differenzieren aber weit weniger als im öffentlichen Dienst üblich. Mit Vollzug der Privatisierung gelten auch hier die Regelungen der Tarifverträge, denen der private Erwerber unterworfen ist. Die Arbeitnehmer müssen sich deshalb mit einem für sie völlig neuen Vergütungsrecht vertraut machen. Dies gilt auch für tarifliche Sonderleistungen, die aus unterschiedlichen Anlässen gewährt werden wie z. B. Urlaubsgelder, Weihnachtsgratifikationen etc.. Hier können sich sowohl Verschlechterungen als auch Begünstigungen für die Arbeitnehmer ergeben. Es gilt ausschließlich der bei dem Erwerber geltende tarifliche Leistungsumfang.

222   Einzigartig für den öffentlichen Dienst ist das Vergütungsgruppensystem, in dem es Besonderheiten wie einen Bewährungsaufstieg und Fallgruppenaufstieg gibt. Auch von diesem sehr komplexen System müssen sich die Arbeitnehmer verabschieden, gilt bei ihrem neuen Arbeitgeber ein anderes Tarifwerk. Sie sind dann nach § 99 Abs. 1 BetrVG neu einzugruppieren, sofern bei dem Erwerber ein Betriebsrat existiert. In Betrieben mit in der Regel mehr als 20 Arbeitnehmern muß der Arbeitgeber den Betriebsrat vor jeder Ein- und Umgruppierung um Zustimmung ersuchen. Der Arbeitnehmer hat einen Rechtsanspruch darauf, daß der Arbeitgeber ihn in eine bestehende Lohn- oder Gehaltsgruppenordnung eingruppiert. Dabei handelt es sich nicht um eine nach außen wirkende konstitutive Maßnahme, sondern um einen gedanklichen Vorgang, nämlich einen Akt der Rechtsanwendung. Der Arbeitnehmer ist eingruppiert, er wird nicht eingruppiert. Hierbei ist der Betriebsrat zu beteiligen. Da die Eingruppierung keinen Gestaltungs-, son-

dern einen Beurteilungsakt darstellt, ist auch das Mitbestimmungsrecht des Betriebsrats eigentlich kein Mitgestaltungs-, sondern lediglich ein Mitbeurteilungsrecht (BAG, Beschluß vom 3. 5. 1994 – 1 ABR 53/93 –, n. v.).

Der Betriebsrat muß sich zur beabsichtigten Ein- oder Umgruppierung inner- **223** halb einer Woche äußern, geschieht dies nicht, so gilt seine Zustimmung als erteilt. Verweigert der Betriebsrat seine Zustimmung, was er nur bei Vorliegen eines der Zustimmungsverweigerungsgründe des § 99 Abs. 2 BetrVG tun kann, so kann der Arbeitgeber nach § 99 Abs. 4 BetrVG beim Arbeitsgericht beantragen, die fehlende Zustimmung durch gerichtliche Entscheidung ersetzen zu lassen. Der Betriebsrat kann nicht die „Aufhebung" einer unzutreffenden Eingruppierung verlangen, weil diese keine nach außen wirksame Maßnahme des Arbeitgebers beinhaltet, sondern nur Rechtsanwendungsakt ist. Der Betriebsrat kann aber nach § 101 BetrVG beantragen, daß dem im Zustimmungsersetzungsverfahren erfolglos gebliebenen Arbeitgeber aufgegeben wird, ein neues Beteiligungsverfahren einzuleiten, das die Eingruppierung in eine andere Vergütungsgruppe vorsieht. Ggf. muß der Arbeitgeber solange neue Eingruppierungsverfahren einleiten, bis der Betriebsrat seine Zustimmung erteilt oder aber die Zustimmung durch das Arbeitsgericht ersetzt wird (BAG, Beschluß vom 3. 5. 1994 – 1 ABR 58/93 –, BB 1994, S. 2490). Soweit im Zustimmungsersetzungsverfahren nach § 99 Abs. 4 BetrVG eine bestimmte Entgeltgruppe als zutreffend ermittelt oder als unzutreffend ausgeschlossen wurde, kann der Arbeitnehmer seinen Entgeltanspruch unmittelbar auf die gerichtliche Entscheidung stützen. Insoweit soll sein Anspruch nicht von einer weiteren Prüfung der tariflichen Eingruppierungsvoraussetzungen abhängig sein (BAG, Beschluß vom 3. 5. 1994 – 1 ABR 58/ 93 –, BB 1994, S. 2490). In einem etwaigen Eingruppierungsrechtsstreit kann der Arbeitnehmer es sich also leicht machen und sich auf eine arbeitsgerichtliche Entscheidung, die zwischen dem Arbeitgeber und dem Betriebsrat über seine Eingruppierung ergangen ist, berufen (BAG, Beschluß vom 3. 5. 1994 – 1 ABR 58/93 –, BB 1994, S. 2490). Dies hindert ihn natürlich nicht daran, gegenüber dem Arbeitgeber eine noch günstigere als die im gerichtlichen Zustimmungsersetzungsverfahren vorgenommene Eingruppierung geltend zu machen. Allerdings dürfte es schwer sein, das Arbeitsgericht davon zu überzeugen, daß entgegen der gerichtlichen Entscheidung im Beschlußverfahren eine noch günstigere Vergütung erfolgen muß. Der Arbeitnehmer trägt dann im Individualverfahren die volle Darlegungs- und Beweislast dafür, daß er die tariflichen Merkmale einer noch höheren Entgeltgruppe erfüllt.

dd) Ausschlußfristen

Zu beachten sind schließlich noch tarifliche Ausschlußfristen. Im öffentlichen **224** Dienst betragen sie regelmäßig sechs Monate (so z. B. § 70 BAT). Ansprüche

aus dem Arbeitsverhältnis verfallen, wenn sie nicht innerhalb der Ausschluß-
frist von sechs Monaten nach Fälligkeit geltend gemacht werden. In der Privatwirtschaft gelten verschiedentlich kürzere Ausschlußfristen. Hier kann
insbesondere das Problem auftauchen, daß ein bei dem Betriebsübergang
nach dem BAT noch nicht verfallener Anspruch nach Übertritt unter den Geltungsbereich eines anderen Tarifvertrages verfallen ist. Beträgt die Verfallfrist
bei dem Erwerber beispielsweise nur drei Monate und ist der Anspruch bei
dem öffentlichen Arbeitgeber schon seit vier Monaten fällig gewesen, so wäre
er bei Vollzug des Betriebsinhaberwechsels sofort verfallen. Um zu verhindern, daß derartige Rechtsfolgen eintreten, ist eine unverzügliche Geltendmachung des Anspruchs nach Übergang des Arbeitsverhältnisses auf den privaten Erwerber zu empfehlen.

b) Altersversorgung

225 Die betriebliche Altersversorgung im öffentlichen Dienst ist weitgehend tariflich geregelt. Altersversorgungswerke auf Grundlage von Dienst- oder
Betriebsvereinbarungen kommen nur verhältnismäßig selten vor. Haben
sowohl der Veräußerer als auch der Erwerber Versorgungszusagen auf
Grundlage von Kollektivvereinbarungen begründet, gilt auch hier grundsätzlich § 613 a Abs. 1 Satz 3 BGB. Die Kollektivnormen des Erwerbers verdrängen die des Veräußerers. Tarifliche Bestimmungen, die bei der öffentlichen
Hand galten, werden durch entsprechende tarifliche Altersversorgungsregelungen der Privatwirtschaft abgelöst. Entsprechendes gilt, wenn die Versorgungsregelungen auf Dienst- oder Betriebsvereinbarungen beruhen und bei
dem Erwerber ebenfalls ein auf einer Betriebsvereinbarung basierendes Versorgungswerk besteht. Bei Privatisierung des städtischen Bauhofs würde beispielsweise die Zusage einer Zusatzversorgung im öffentlichen Dienst
abgelöst durch Ansprüche gegenüber der Zusatzversorgungskasse des Baugewerbes.

226 Häufig bleiben die in der Privatwirtschaft zugesagten Leistungen der betrieblichen Altersversorgung weit hinter der Zusatzversorgung im öffentlichen
Dienst zurück. Da der Gesetzgeber sich mit § 613 a Abs. 1 Satz 3 BGB zugunsten des Ordnungsprinzips und gegen das Günstigkeitsprinzip entschieden
hat (vgl. statt vieler Hanau/Vossen, S. 271, 278), muß der Arbeitnehmer eine
Verschlechterung seiner Altersversorgungsansprüche hinnehmen. Dies führt
allerdings zu teilweise höchst unbefriedigenden Ergebnissen (vgl. Höfer/Rei-
ners/Wüst, BetrAVG, ART, Rz. 909). § 613 a Abs. 1 Satz 3 BGB sieht keinen
Besitzstandsschutz vor. Dies ist nicht zuletzt deshalb problematisch, weil
nach Auffassung der Rechtsprechung jedenfalls der Teil der Versorgung, für
den der Arbeitnehmer schon Betriebstreue geleistet hat, Entgeltfunktion

besitzt (so schon BAG, Urteil vom 10. 3. 1972 – 3 AZR 278/71 –, BAGE 24, 177, 184). Ist das Versorgungsgefüge bei dem Erwerber sehr viel niedriger und würde sich der Versorgungsanspruch für die gesamte Betriebszugehörigkeit – beginnend also ab Eintritt in den öffentlichen Dienst – nach den bei dem privaten Erwerber geltenden schlechteren Bedingungen richten, so würde dem Arbeitnehmer etwas genommen, für das er die Gegenleistung bereits erbracht hat. Höchstrichterlich ist nicht entschieden, welcher Besitzstand den Arbeitnehmern verbleibt. Die Zusatzversorgung im öffentlichen Dienst ist dynamisch ausgestaltet, weil ihre Höhe von dem – im Zeitverlauf steigernden – letzten Gehalt abhängig ist (sog. gehaltsabhängige Dynamik). Zudem werden mit den einzelnen Dienstjahren Steigerungsbeträge verdient. Für sich ablösende Betriebsvereinbarungen hat das BAG einen abgestuften Besitzstandsschutz entwickelt: Praktisch unantastbar ist der zeitanteilig erdiente Teilwert, weil der Arbeitnehmer die dafür vereinbarte Gegenleistung schon erbracht hat. Aus sog. triftigen Gründen darf in die gehaltsabhängige Dynamik eingegriffen werden. Für die Kappung von Steigerungsbeträgen sollen sachliche Gründe reichen (BAG, Urteil vom 17. 3. 1987 – 3 AZR 64/84 – NZA 1987, S. 855). Dieses System paßt aber zur gesetzlichen Ausgangslage des § 613a Abs. 1 Satz 3 BGB nicht: Der Arbeitgeber ändert nämlich keine kollektivvertraglichen Versorgungsregelungen ab, bei denen er Rücksicht auf Besitzstände der Arbeitnehmer nehmen könnte. Er übernimmt vielmehr einen Betrieb in das bei ihm schon bestehende Tarifgefüge. Für eine Billigkeitskontrolle ist dort kein Raum.

Dennoch spricht der Entgeltcharakter der betrieblichen Altersversorgung **227** dafür, daß dem Arbeitnehmer nichts wieder genommen werden darf, für das er die Gegenleistung bereits endgültig erbracht hat. Zumindest der erdiente Teilwert seiner Versorgungsanwartschaft muß ihm verbleiben. Dieser ist nach § 2 BetrAVG zu berechnen. D. h. dem Arbeitnehmer verbleibt der Teil der zugesagten Versorgung, der dem Verhältnis der Dienstzeit vom Eintritt bis zur Privatisierung zu der Zeit vom Eintritt bis zur vorgesehenen festen Altersgrenze entspricht. Für die Dienstjahre bis zur Privatisierung würden folglich die Regelungen der Altersversorgung für den öffentlichen Dienst gelten. Ab dem Betriebsübergang wäre die Versorgungsregelung des privaten Erwerbers zeitanteilig anzuwenden (so auch Höfer/Reiners/Wüst, BetrAVG, ART, Rz. 909 f.; Hanau/Vossen, S. 271, 277 ff.).

Beispiel:

Ein Arbeitnehmer hat aufgrund tariflicher Bestimmungen im öffentlichen Dienst Anspruch auf eine Betriebsrente von 1 000,00 DM. Bei dem Betriebserwerber besteht ebenfalls ein tarifliches Versorgungswerk, welches allerdings nur eine Rente von 500,00 DM vorsieht. Bis zur Privatisierung war der Arbeitnehmer 10 Jahre tätig. Bis zum Erreichen der Altersgrenze sind 10 weitere Jahre notwendig. Der Arbeitnehmer würde insgesamt eine Rente von 750,00 DM erhalten, 500,00 DM nach der Versorgungszusage für den öffentlichen Dienst (1 000,00 DM x 10 Jahre : 20 Jahre) und 250,00 DM für die verbleibenden Jahre bei dem privaten Erwerber (500,00 DM x 10 Jahre : 20 Jahre).

228 Fraglich ist in diesem Zusammenhang noch, was aus der dynamischen Ausgestaltung des Versorgungsanspruchs wird. Bei einer entgehaltsabhängigen Versorgungszusage, wie sie im öffentlichen Dienst besteht, macht es einen großen Unterschied, ob man die Höhe der Bezüge im Zeitpunkt der Privatisierung zugrundelegt oder aber die Gehaltssteigerungen bis zum Erreichen der Altersgrenze mit einbezieht. Höfer/Reiners/Wüst (Höfer/Reiners/Wüst, BetrAVG, ART, Rz. 909) plädieren dafür, auch die auf den bereits erdienten Teil der Versorgung entfallende Dynamik mit einzubeziehen. Auf diese Weise werde sichergestellt, daß ein Betriebsübergang keine Auswirkungen auf bereits beim Veräußerer erworbene Rechte habe. Dogmatisch wollen sie dies damit begründen, daß § 613a Abs. 1 Satz 3 BGB keine Regelung für in der Vergangenheit liegende, noch nicht abgewickelte Sachverhalte beinhalte und insoweit lückenhaft sei (vgl. hierzu auch Hanau/Vossen, Festschrift für Hilger und Stumpf, S. 271, 277 ff.). Bei diesem Lösungsvorschlag wird allerdings übersehen, daß der private Erwerber nach der gesetzlichen Konzeption für die bei dem öffentlichen Arbeitgeber erdienten Versorgungsanwartschaftsteile ebenfalls haften muß. Sind diese Anwartschaftsteile auch noch dynamisch ausgestaltet, so vergrößert sich auch noch der Haftungsumfang, und das für Gehaltssteigerungen, die der Arbeitnehmer nicht mehr bei dem öffentlichen Arbeitgeber sondern erst bei dem privaten Arbeitgeber erfährt. Dies widerspricht dem Sinn und Zweck des § 613a Abs. 1 Satz 3 BGB, der dem neuen Betriebsinhaber die Anpassung und Vereinheitlichung der Arbeitsbedingungen erleichtern soll (BT-Drucksache 8/3317, S. 11). Denn die schon bei dem privaten Arbeitgeber beschäftigten Mitarbeiter nehmen an dieser Dynamik nicht teil, wenn die für den Erwerber geltenden tariflichen Bestimmungen derartiges nicht vorsehen. Deshalb ist es sachgerecht, den im Zeitpunkt der Privatisierung erdienten Besitzstand nach § 2 BetrAVG zu berechnen und dabei auch § 2 Abs. 5 BetrAVG anzuwenden. Nach § 2 Abs. 1 BetrAVG ist der Teilwert nach dem Verhältnis von erreichter zu erreichbarer Dienstzeit zu ermitteln. Der Arbeitnehmer würde also so behandelt, als sei er am maßgeblichen Stichtag, also mit Durchführung der Privatisierung, aus dem Arbeitsverhältnis ausgeschieden. Für diesen Fall sieht § 2 Abs. 5 BetrAVG vor, daß eine Fortentwicklung der Bemessungsgrundlagen für die Altersversorgung nach dem Ausscheiden nicht mehr berücksichtigt werden darf. Zur Berechnung des erdienten Teilwerts wird also das im Zeitpunkt der Privatisierung bezogene Gehalt zugrunde gelegt. Dies hat das BAG im übrigen auch für den vergleichbaren Fall entschieden, in dem – ohne Betriebsinhaberwechsel – kollektivvertragliche Versorgungsregelungen durch nachfolgende schlechtere Bestimmungen abgeändert werden (BAG, Urteil vom 21. 1. 1992 – 3 AZR 21/91 –, AP Nr. 17 zu § 1 BetrAVG Ablösung). Die auch nach § 613a Abs. 1 Satz 3 BGB aufrechtzuerhaltenden Versorgungsrechte des Arbeitnehmers werden also auf die im Zeitpunkt der Privatisierung geltenden Bemessungsgrundlagen eingefroren.

Beispiel:

Der Arbeitnehmer hatte eine Versorgungszusage, nach der er 10 % seines Gehaltes als Rente bekommen sollte. Bis zur Privatisierung arbeitet er 10 Jahre. Sein Gehalt liegt dann bei 5 000,00 DM. Bis zum Eintritt der Altersgrenze sind weitere 10 Jahre abzuleisten. Sein Gehalt liegt dann bei 7 000,00 DM. Nach 10 Jahren wird die Dienststelle privatisiert. Die neuen tariflichen Bestimmungen sehen nur noch Festrenten von 100,00 DM vor. Berechnet man den Besitzstand des Arbeitnehmers nach § 2 BetrAVG, so sind als Bezugsgröße für die Versorgung die Bezüge zum Stichtag der Privatisierung maßgeblich. Betrugen sie zu diesem Zeitpunkt 5 000,00 DM, so ergibt sich ein möglicher Versorgungsanspruch per Erreichen der Altersgrenze von 500,00 DM (10 % von 5 000,00 DM). Davon hat er aber nur die Hälfte erdient, nämlich in den 10 Jahren, die er von den insgesamt 20 bis zum Erreichen der Altersgrenze möglichen Jahren bis zur Privatisierung zurückgelegt hat. Der erworbene Besitzstand beträgt also 250,00 DM (500,00 DM : 20 Jahre x 10 Jahre).

229 Einigkeit besteht allenthalben darin, daß Tarifverträge nicht insgesamt abgelöst werden, sondern es auf die einzelnen Rechte und Pflichten ankommt, die tarifvertraglich begründet worden sind. So entfallen die Ansprüche auf ein betriebliches Ruhegeld nicht gänzlich, weil zwar für den Betriebserwerber ebenfalls Tarifverträge abgeschlossen worden sind, diese Tarifverträge aber keine Altersversorgungsregelungen enthalten (vgl. Münchener Kommentar – Schaub, BGB, § 613a, Rz. 142; Höfer/Reiners/Wüst, BetrAVG, ART, Rz. 911). Allerdings kann die Kollision von tariflichen Regelungen mit und ohne Altersversorgungszusage zu ausgesprochen unausgewogenen Ergebnissen führen. Besteht beispielsweise bei dem Erwerber ein geringer dotiertes Versorgungswerk, so verschlechtern sich die Ansprüche des Arbeitnehmers, weil jedenfalls für die Zukunft sich Ansprüche ausschließlich nach den ungünstigeren Versorgungsregelungen bestimmen. Sehen die Tarifverträge des Erwerbers hingegen keine betriebliche Altersversorgung vor, so werden die bisherigen Versorgungsregelungen des öffentlichen Dienstes in den Arbeitsvertrag nach Maßgabe des § 613a Abs. 2 BGB transponiert. Der private Erwerber muß die bisherige Versorgung folglich auf individualvertraglicher Basis uneingeschränkt fortführen (Höfer/Reiners/Wüst, BetrAVG, ART, Rz. 911; Münchener Kommentar – Schaub, BGB, § 613a,

Rz. 142). Dieser Widerspruch kann auf der Grundlage der geltenden gesetzlichen Bestimmungen nicht aufgelöst werden. Kemper (Kemper, BB 1990, S. 785, 789 f.) umgeht dieses Problem, indem er auch nach der Betriebsübertragung für die übernommenen Arbeitnehmer die kollektivvertraglichen Altersversorgungsbestimmungen des Veräußerers weiter anwenden will. Diese Lösung läßt sich zwar mit dem Wortlaut des Gesetzes nicht in Einklang bringen, hat jedoch für sich, daß der Gesetzgeber offenbar die im Zusammenhang mit der betrieblichen Altersversorgung bestehenden Probleme nicht erkannt hat.

Kapitel 2
Privatisierung nach Umwandlungsgesetz

Mit Beginn des Jahres 1995 ist das Gesetz zur Bereinigung des Umwand- **230**
lungsrechts (Umwandlungsbereinigungsgesetz, UmwBerG) vom 28. 10. 1994
in Kraft getreten (BGBl. I. S. 3210). In Art. 1 des UmwBerG wird das
Umwandlungsgesetz neu gefaßt. Bisher waren Umwandlungsvorgänge in
mehreren Gesetzen, so im Umwandlungsgesetz 1969, Aktiengesetz, Kapital-
erhöhungsgesetz für GmbH's, Genossenschaftsgesetz und Versicherungsauf-
sichtsgesetz geregelt. Durch das neue Umwandlungsgesetz wurden die
Umwandlungsmöglichkeiten erheblich erweitert, dies gilt insbesondere für
Personenhandelsgesellschaften und Genossenschaften. Schon im Gesetz zur
Spaltung der von der Treuhandanstalt verwalteten Unternehmen vom 4. 5.
1991 (BGBl. I. S. 854) und im Gesetz zur Regelung offener Vermögensfragen
vom 28. 3. 1991 (BGBl. I. S. 765) enthaltene Möglichkeiten der Aufspaltung
von Unternehmen wurden generell in das Gesellschaftsrecht eingeführt (vgl.
Wlotzke, DB 1995, 40). Das Umwandlungsrecht ist auch für die Privatisierung
öffentlicher Einrichtungen von großer Bedeutung. Denn nach Maßgabe des
Gesetzes können öffentlich-rechtliche Körperschaften an bestimmten
Umwandlungen beteiligt sein. Ist die öffentliche Hand schon in privatwirtschaftlicher Form tätig, so gilt das Umwandlungsrecht für die in privater
Rechtsträgerschaft geführten Einrichtungen ohnehin einschränkungslos.

I. Abgrenzung zu § 613 a BGB

§ 324 UmwG lautet: **231**

> „§ 613 a Abs. 1 und 4 des Bürgerlichen Gesetzbuchs bleibt durch die Wirkung der
> Eintragung einer Verschmelzung, Spaltung oder Vermögensübertragung unberührt.“

§ 324 UmwG geht damit offenbar davon aus, daß § 613 a BGB für einige der
im Umwandlungsgesetz geregelten Fälle ohnehin unmittelbar Anwendung
findet. § 324 UmwG ordnet jedoch nicht ausdrücklich an, daß § 613 a Abs. 1
und 4 BGB bei allen im Gesetz geregelten Umwandlungsarten gelten. Allerdings spricht viel dafür, daß § 613 a Abs. 1 und 4 BGB auch dann Anwendung
finden muß, wenn sich der Betriebsübergang – wie bei der übertragenden Umwandlung – im Wege einer Gesamtrechtsnachfolge vollzieht (vgl.
Wlotzke, DB 1995, 40, 42). So war schon im Regierungsentwurf die Anwend-

barkeit des § 613 a BGB vorgesehen (Begründung zum Regierungsentwurf, BR-Drucksache 75/94 vom 4. 2. 1994, S. 71). § 126 Abs. 1 Nr. 9 UmwG ordnet für den Spaltungs- und Übernahmevertrag die genaue Bezeichnung der übertragenden Betriebe und Betriebsteile unter Zuordnung zu den übernehmenden Rechtsträgern an. In der Begründung zu dieser Vorschrift wird darauf hingewiesen, daß die Freiheit der Beteiligten, grundsätzlich jeden Gegenstand jedem beliebigen übernehmenden Rechtsträger zuzuweisen, in § 613 a Abs. 1 Satz 1 BGB eine zwingende Einschränkung erfahre (vgl. Wlotzke, DB 1995, 40, 42). Das neue Umwandlungsgesetz bezweckt auch die Überführung der dritten und sechsten gesellschaftsrechtlichen EG-Richtlinie, die die Verschmelzung und Spaltung von Aktiengesellschaften betreffen, in deutsches Recht. Beide Richtlinien nehmen ihrerseits in Art. 12 bzw. Art. 11 Bezug auf die Richtlinie 77/187/EWG über den Betriebsübergang, in der zwischen Einzel- und Gesamtrechtsnachfolge nicht unterschieden wird. Hieraus folgt, daß für alle übertragenden Umwandlungen § 613 a Abs. 1 und 4 Richtlinien konform angewendet werden muß. Dies wird auch in der Begründung zum Regierungsentwurf (Begründung zum Regierungsentwurf, BR- Drucksache 75/94 vom 4. 2. 1994, S. 118) zu § 126 UmwG hervorgehoben. Wlotzke (DB 1995, 40, 42) weist schließlich auf den allgemeinen Zweck des § 613 a Abs. 1 Satz 1 BGB hin, der sicherstellen soll, daß die den einzelnen Betrieben und Betriebsteilen zugeordneten Arbeitsverhältnisse auf denjenigen übergehen, der die sächlichen und immateriellen Betriebsmittel übernimmt. Dieser allgemeine Zweck habe auch in den Fällen der übertragenden Umwandlung seine Berechtigung, jedenfalls in Fällen der Spaltung und Vermögensteilübertragung, in denen Arbeitsverhältnisse verschiedenen übernehmenden Unternehmen zuzuordnen sind. Die herrschende Meinung hatte bislang die Fälle der Gesamtrechtsnachfolge durch Umwandlung vom Anwendungsbereich des § 613 a BGB ausgenommen (vgl. statt vieler Münchener Handbuch Arbeitsrecht – Wank, § 120, Rdnr. 69). Diese Auffassung ist zwischenzeitlich aber nicht mehr unumstritten. Mit unterschiedlichen Begründungen wird in der Literatur eine Anwendbarkeit des § 613 a BGB auf Umwandlungen bejaht (vgl. statt vieler Wlotzke, DB 1995, 40, 42). Auch das BAG hat nunmehr bei einer Verschmelzung § 613 a Abs. 1 BGB angewandt (BAG, Urteil vom 5. 10. 1993 – 3 AZR 586/92 –, DB 1994, 1683). Es ist deshalb davon auszugehen, daß § 324 UmwG die Anwendbarkeit von § 613 a Abs. 1 und 4 BGB nicht nur unberührt lassen will, sondern ausdrücklich anordnet, allerdings für die im Umwandlungsgesetz geregelten Fälle einige Besonderheiten festlegt.

II. Arten von Umwandlungen

232   Das neue Umwandlungsgesetz hat die Umwandlungsmöglichkeiten von bisher 44 denkbaren Fällen auf 119 erhöht (vgl. Bartodziej, ZIP 1994, 580).

Vier verschiedene Umwandlungsarten sieht das Gesetz vor, nämlich die Verschmelzung, die Spaltung, die Vermögensübertragung sowie den Formwechsel.

1. Verschmelzung

Bei einer Verschmelzung oder auch Fusion übertragen ein oder mehrere   **233**
Rechtsträger (Unternehmen) ihr Vermögen als Ganzes entweder auf einen oder auf mehrere bestehende Rechtsträger oder auf einen oder mehrere im Zuge der Übertragung neu gegründete Rechtsträger. Der bzw. die bisherigen Rechtsträger werden dabei aufgelöst, ohne daß es einer Abwicklung bedarf. Für das übertragene Vermögen werden Anteile oder Mitgliedschaften der übernehmenden Rechtsträger an die Anteilsinhaber des übertragenden Rechtsträgers gewährt (§ 2 UmwG). Zu den verschmelzungsfähigen Rechtsträgern gehören gem. § 3 UmwG öffentliche Körperschaften nicht. Die öffentliche Hand kann folglich nur dann an einer Verschmelzung beteiligt sein, wenn die betreffenden Einrichtungen bereits privatrechtlich organisiert sind. Dies ist letztlich selbstverständlich, weil nach deutschem Rechtsverständnis öffentlich-rechtliche und privatrechtliche Organisationsstrukturen nicht vermischt werden können.

2. Spaltung

Die in den §§ 123–173 UmwG geregelte Spaltung ist in drei Varianten mög-   **234**
lich:

Bei der Aufspaltung erlischt der übertragende Rechtsträger. Er teilt unter   **235**
Auflösung ohne Abwicklung sein gesamtes Vermögen auf und überträgt die jeweiligen Vermögensteile als Ganzes auf mindestens zwei andere schon bestehende oder neu gegründete Rechtsträger. Wie bei der Verschmelzung werden dabei an die Anteilsinhaber des übertragenden Rechtsträgers Anteile oder Mitgliedschaftsrechte der übernehmenden Rechtsträger gewährt (§ 123 Abs. 1 UmwG).

Bei der Abspaltung bleibt der übertragende Rechtsträger bestehen und über-   **236**
trägt sein Vermögen nur teilweise auf einen oder mehrere andere bereits bestehende oder neu gegründete Rechtsträger. Der Vermögensteil wird als Ganzes übertragen. Als Gegenleistung werden Anteile oder Mitgliedschaften der übernehmenden Rechtsträger an die Anteilsinhaber des übertragenden Rechtsträgers geleistet (§ 123 Abs. 2 UmwG). Als Spaltung bezeichnet § 123 Abs. 3 UmwG auch die Ausgliederung. Bei ihr geht ein Teil oder mehrere Teile eines Vermögens als Ganzes auf andere bereits bestehende oder neu

gegründete Rechtsträger über. Der Unterschied zur Abspaltung besteht darin, daß die als Gegenwert gewährten Anteile oder Mitgliedschaften an dem übernehmenden Rechtsträger in das Vermögen des übertragenden Rechtsträgers selbst gelangen und nicht an seine Anteilsinhaber.

237 An einer Spaltung können öffentlich-rechtlich organisierte Arbeitgeber nur eingeschränkt beteiligt sein. Nach § 124 Abs. 1 UmwG können an einer Aufspaltung oder einer Abspaltung als Übertragende, Übernehmende oder neue Rechtsträger nur die in § 3 Abs. 1 UmwG genannten Rechtsträger sowie als übertragende Rechtsträger wirtschaftliche Vereine beteiligt sein. Hierzu gehören öffentlich-rechtliche Körperschaften nicht. An einer Ausgliederung können als übertragende (nicht allerdings als übernehmende oder neu gegründete) Rechtsträger auch Gebietskörperschaften und Zusammenschlüsse von Gebietskörperschaften, die nicht Gebietskörperschaften sind, beteiligt sein. Keine Ausgliederung im Sinne des Umwandlungsgesetzes liegt deshalb also dann vor, wenn sie eine Einrichtung an einen privaten Unternehmer gegen Entgelt überträgt. Denn bei der Ausgliederung im Sinne des § 123 Abs. 3 UmwG erhält die öffentlich-rechtliche Körperschaft Anteile an dem übernehmenden oder an dem neu gegründeten Unternehmen selbst. Gliedert eine Kommune beispielsweise ihre Abfallentsorgung aus und überführt dabei Teile ihres Vermögens auf eine eigens dafür gegründete Müllverwertungs-GmbH, so erhält sie für die Hingabe der Vermögenswerte kein Entgelt, sondern die Anteile an der GmbH. Sie wird somit (alleinige) Gesellschafterin. Bei der Ausgliederung finden § 613 a Abs. 1 und Abs. 4 BGB Anwendung; im übrigen gelten besondere Bestimmungen. Bei dem „echten Verkauf" gilt § 613 a BGB ohne Modifikationen.

3. Vermögensübertragung

238 Die Vermögensübertragung gibt es ebenfalls in zwei Varianten, nämlich einmal als Vollübertragung nach dem Vorbild der Verschmelzung und als Teilübertragung, die der Abspaltung und Ausgliederung ähnlich ist. Der wesentliche Unterschied zur Verschmelzung, Abspaltung und Ausgliederung besteht darin, daß dem übertragenden Rechtsträger keine Beteiligung an dem übernehmenden Rechtsträger gewährt wird, sondern eine Gegenleistung in anderer Form, d. h. ein Entgelt (§ 174 UmwG). An einer Vermögensübertragung können öffentlich-rechtliche Arbeitgeber nur auf der Übernehmerseite uneingeschränkt beteiligt sein. Eine Kapitalgesellschaft kann auf den Bund, ein Land, eine Gebietskörperschaft oder einen Zusammenschluß von Gebietskörperschaften Vermögensteile oder das gesamte Vermögen übertragen (§ 175 Nr. 1 UmwG). Auf der Übernehmerseite können nur öffentlich-rechtliche

Versicherungsunternehmen beteiligt sein, andere öffentlich-rechtliche Körperschaften kommen nicht in Betracht (§ 175 Nr. 2 a) und b) UmwG). Auch hier wird deutlich, daß die Übertragung von Einrichtungen eines öffentlich-rechtlich organisierten Arbeitgebers auf einen privaten Dritten gegen Entgelt kein Umwandlungsfall ist, § 613 a BGB also ohne Veränderungen gilt.

4. Formwechsel

In den §§ 190–304 UmwG ist schließlich der Formwechsel geregelt. Hier ändert sich jedoch nur die Rechtsform und damit die rechtliche Struktur des Unternehmens. Die rechtliche und wirtschaftliche Identität bleibt erhalten. Ein Formwechsel ist auch für Körperschaften und Anstalten des öffentlichen Rechts möglich. § 301 Abs. 1 UmwG bestimmt jedoch, daß – soweit gesetzlich nichts anderes bestimmt ist – eine Körperschaft oder Anstalt des öffentlichen Rechts durch Formwechsel nur die Rechtsform einer Kapitalgesellschaft erlangen kann. So wäre beispielsweise vorstellbar, daß eine öffentlich-rechtliche Rundfunkanstalt in eine Aktiengesellschaft durch Formwechsel umgewandelt wird. § 613 a BGB gilt hierfür unmittelbar nicht; dessen Absätze 1 und 4 sind jedoch nach § 324 UmwG zum Schutze der Arbeitnehmer anzuwenden.

239

III. Besondere Rechtsfolgen aus dem Umwandlungsrecht

1. Widerspruchsrecht der Arbeitnehmer

Nach ständiger Rechtsprechung des BAG kann der Arbeitnehmer dem Übergang seines Arbeitsverhältnisses gem. § 613 a BGB widersprechen mit der Folge, daß das Vertragsverhältnis zu dem bisherigen Arbeitgeber aufrechterhalten bleibt (vgl. hierzu oben unter Rz. 34). Wendet man § 613 a Abs. 1 BGB auf die im Umwandlungsgesetz geregelten Fälle an, so wird man den Arbeitnehmern auch ein Widerspruchsrecht zugestehen müssen. Widersprechen die Arbeitnehmer bei einer Privatisierung durch Umwandlung, so bleiben sie in den Diensten des öffentlichen Arbeitgebers. Sie riskieren allerdings den Ausspruch einer betriebsbedingten Kündigung (näheres oben unter Rz. 68 ff.). Dies kann aber nur für die Fälle der Abspaltung, Ausgliederung und Vermögensteilübertragung gelten. Denn nur in diesen Fällen bleibt der bisherige Inhaber des Betriebs oder Betriebsteils erhalten. Bei der Verschmelzung, der Aufspaltung und der Vermögensvollübertragung erlischt das übertragende Unternehmen. Hier bleibt für die Ausübung eines Widerspruchs praktisch kein Raum (Bauer/Lingemann, NZA 1994, 1057, 1061). Für den Formwechsel

240

gilt dies ohnehin, weil hier kein neuer Arbeitgeber an die Stelle des bisherigen tritt.

2. Haftung

241 § 613 a Abs. 2 BGB regelt die Haftung bei Fällen des Betriebsübergangs. Nach § 324 UmwG bleiben jedoch nur die Absätze 1 und 4 des § 613 a BGB „unberührt". Daraus folgt, daß die spezielle arbeitsrechtliche Haftung des § 613 a Abs. 2 BGB für das Umwandlungsgesetz modifiziert wird. Bestätigt wird dies auch durch § 133 UmwG, welcher den Gläubigerschutz bei Spaltungen regelt. Er läßt nur die §§ 25 und 26 HGB unberührt, ordnet dies aber nicht für § 613 a Abs. 2 BGB an. Auch in der Begründung zum Regierungsentwurf wird deutlich, daß für Umwandlungsfälle besondere Haftungsgrundsätze gelten sollen (Begründung zum Regierungsentwurf, BR-Drucksache 75/94 vom 4. 2. 1994, S. 92 und S. 122).

242 Bei Verschmelzungen und Vermögensvollübertragungen haftet der übernehmende Rechtsträger für alle gegenwärtigen und künftigen Ansprüche der Arbeitnehmer aus den Arbeitsverhältnissen, die auf ihn durch Gesamtrechtsnachfolge übergegangen sind (vgl. Wlotzke, DB 1995, 40, 43). Der Schutz wird ergänzt durch § 22 UmwG. Gläubiger noch nicht fälliger Ansprüche, deren Gefährdung glaubhaft gemacht wird, können unter bestimmten Voraussetzungen Sicherheitsleistungen verlangen. Dies gilt allerdings dann nicht, wenn die Gläubiger im Insolvenzfall ein Recht auf vorzugsweise Befriedigung aus einer Deckungsmasse, die zu ihrem Schutz gesetzlich errichtet und staatlich überwacht ist, haben. Gemeint sind damit insbesondere Ansprüche gegen den Pensions-Sicherungs-Verein nach § 7 BetrAVG. Der PSVaG tritt ein, wenn infolge der Insolvenz Ansprüche auf betriebliche Altersversorgungsleistungen durch den Arbeitgeber nicht erfüllt werden können.

243 Spaltungen und Vermögensteilübertragungen sind stets mit einer Änderung der Haftungsmasse verbunden. § 133 Abs. 1 UmwG ordnet deshalb zum Schutz der Gläubiger die gesamtschuldnerische Haftung der an der Spaltung oder Teilübertragung beteiligten Rechtsträger für solche Verbindlichkeiten an, die vor dem Wirksamwerden der Spaltung begründet worden sind. Hier geht die Haftung des alten Rechtsträgers weiter als nach § 613 a Abs. 2 BGB, der nur eine Mithaftung des bisherigen Arbeitgebers neben dem neuen Arbeitgeber für Verbindlichkeiten vorsieht, soweit sie vor dem Zeitpunkt des Betriebsübergangs entstanden sind und vor Ablauf von einem Jahr nach diesem Zeitpunkt fällig werden. Sind diese Verbindlichkeiten dem neuen Arbeitgeber nicht im Spaltungs- oder Übernahmevertrag bzw. im Spaltungsplan zugewiesen worden, haftet er für diese allerdings nur, wenn sie vor Ablauf von fünf Jahren nach der Spaltung fällig und auch gerichtlich geltend gemacht worden sind.

Eine besondere Haftung sieht § 134 UmwG für den Fall vor, daß eine Auf- **244** spaltung in eine Besitz- und eine Betriebsgesellschaft erfolgt, an der im wesentlichen dieselben Personen beteiligt sind. Hier haftet die Besitzgesellschaft für Forderungen der Arbeitnehmer aus einem Sozialplan gem. § 112 BetrAVG mit, wenn diese Forderungen innerhalb von fünf Jahren nach dem Wirksamwerden der Spaltung begründet werden. Gliedert die öffentliche Hand beispielsweise ein Schwimmbad aus, indem sie zwar das Anlagevermögen behält, aber die Einrichtung von einer – im wesentlichen besitzlosen – privatrechtlich organisierten Gesellschaft betreiben läßt, so haftet sie für Sozialplanansprüche mit, wenn bei der Betriebsgesellschaft später eine sozialplanpflichtige Betriebsänderung vorgenommen wird. § 134 UmwG trägt damit der mit einer solchen Betriebsaufspaltung verbundenen Schmälerung der Haftungsmasse Rechnung. Denn die Rechtsprechung hat bisher für den Fall der Aufteilung in eine Anlage- und Betriebsgesellschaft eine gesamtschuldnerische Mithaftung auch der Anlagegesellschaft für Forderungen der Arbeitnehmer aus ihrem Arbeitsverhältnis abgelehnt (BAG, Urteil vom 19. 1. 1988 – 3 AZR 263/86 –, DB 1988, 1166). In diesen besonderen Fällen der Gefährdung der Haftungsmasse sind die Arbeitnehmer durch das Umwandlungsgesetz weitaus besser geschützt als durch § 613 a BGB.

Die erweiterte Haftung gilt auch für vor dem Wirksamwerden der Spaltung **245** begründete Versorgungsverpflichtungen aufgrund des BetrAVG. Die Mithaftung der Anlagegesellschaft ist aber nicht endlos. Sie wird zehn Jahre nach der Spaltung von der Haftung endgültig frei (vgl. Bauer/Lingemann, NZA 1994, 1057, 1062).

3. Kündigungsschutz

Durch § 324 UmwG wird klargestellt, daß auch das Kündigungsverbot des **246** § 613a Abs. 4 BGB bei Verschmelzungen, Spaltungen oder Vermögensübertragungen gilt. Darüber hinaus bestimmt § 323 Abs. 1 UmwG, daß sich die kündigungsrechtliche Stellung der Arbeitnehmer aufgrund einer Spaltung oder Teilübertragung für die Dauer von zwei Jahren ab dem Zeitpunkt ihres Wirksamwerdens nicht verschlechtern darf. Der Gesetzgeber hatte hier insbesondere vor Augen, daß durch die Spaltung oder Teilübertragung die für die Anwendung kündigungsrechtlicher Vorschriften notwendige Beschäftigtenzahl gem. § 23 Abs. 1 KSchG (fünf Arbeitnehmer) unterschritten werden konnte (vgl. Begründung zum Regierungsentwurf, BR-Drucksache 75/94 vom 4. 2. 1994, S. 175). Selbst wenn die Arbeitnehmerzahl von sechs Arbeitnehmern im Sinne des § 23 Abs. 1 KSchG unterschritten wird, soll der Arbeitnehmer seinen kündigungsrechtlichen Schutz, wie er ihn bisher hatte, für die Dauer von zwei Jahren noch behalten.

4. Zuordnung von Beschäftigten im Interessenausgleich

247 § 323 Abs. 2 UmwG bestimmt, daß bei einer Verschmelzung, Spaltung oder Vermögensübertragung in einem Interessenausgleich nach den § 111–113 BetrVG bestimmt werden kann, welchem Betrieb oder Betriebsteil einzelne Beschäftigte nach einer Umwandlung zugeordnet werden. Besonderes Gewicht erhält die Bestimmung dadurch, daß die Zuordnung durch das Arbeitsgericht nur auf grobe Fehlerhaftigkeit überprüft werden kann. Die Vorschrift ist nicht unproblematisch. Der Referentenentwurf sah ursprünglich vor, daß die Zuordnung allein durch den Arbeitgeber bestimmt werden sollte (vgl. hierzu Willemsen, RdA 1993, 133, 135). Nach der Gesetz gewordenen Fassung bedarf es einer Bestimmung im Interessenausgleich. Offenbar ist der Gesetzgeber der Auffassung, daß die Beteiligung des Betriebsrats Mißbrauchsmöglichkeiten bei der Zuordnung weitgehend ausschließt. Von der Zuordnung der Arbeitnehmer zu einzelnen Betrieben oder Betriebsteilen kann wesentliches für das jeweilige Arbeitsverhältnis abhängen. So bestehen bestimmte Mitarbeiterrechte erst ab einer bestimmten Betriebsgröße (so z. B. der Kündigungsschutz nach dem Kündigungsschutzgesetz, bestimmte Mitbestimmungsrechte des Betriebsrats, etwa nach § 99 BetrVG etc.). Es spricht deshalb viel dafür, bei der Überprüfung einer grob fehlerhaften Zuordnung einen engen Maßstab anzulegen und das Zuordnungsrecht der Betriebspartner nur auf Zweifelsfälle zu beschränken. Dabei ist die EG-Richtlinie 77/187/EWG vom 14. 2. 1977 zu beachten, welche die Wahrung der Ansprüche von Arbeitnehmern beim Übergang von Unternehmen, Betrieben und Betriebsteilen regelt. Gerade im Hinblick auf die sehr extensive Rechtsprechung des EuGH zum Betriebsinhaberwechsel (EuGH, Urteil vom 14. 4. 1994 – C 392/92 – NZA 1994, 545) kann nicht angenommen werden, daß eine Zuordnung von Arbeitsverhältnissen nach § 323 Abs. 2 UmwG wirksam ist, die dem Inhalt der Richtlinie 77/187/EWG widerspricht.

Für die „grobe Fehlerhaftigkeit" sind die Arbeitnehmer beweispflichtig (Wlotzke, DB 1995, 40, 45). Angesichts einer noch fehlenden Rechtsprechung zu dem unsicheren Inhalt der Bestimmung des § 323 Abs. 2 UmwG ist den Betriebspartnern anzuraten, in einem Interessenausgleich sich möglichst an bestehenden Zugehörigkeiten zu Betrieben oder Betriebsteilen zu orientieren und eine selbständige Bestimmung nur bei wirklich unklaren Zweifelsfällen vorzunehmen.

5. Anzuwendendes Tarifrecht

Da § 324 UmwG generell für Verschmelzungen, Spaltungen und Vermö-   **248**
gensübertragungen die Anwendbarkeit des § 613 a Abs. 1 BGB vorsieht, ist
auch § 613 a Abs. 1 Satz 2 BGB anzuwenden. Die bisherigen tarifvertraglichen
Regelungen werden deshalb Inhalt des Arbeitsverhältnisses mit dem neuen
Arbeitgeber. Dies gilt nur dann nicht, wenn das Arbeitsverhältnis bei dem
neuen Arbeitgeber seinerseits von einem Tarifvertrag erfaßt wird. Entsprechendes gilt für Betriebsvereinbarungen (näheres oben Rz. 173 ff. und 188 ff.).

Kapitel 3
Privatisierung durch Übertragung von Gesellschaftsanteilen

Oftmals wird die öffentliche Hand Aufgaben schon in Formen des Privatrechts durchführen. So unterhalten zahlreiche Kommunen Stadtwerke-Aktiengesellschaften oder Verkehrsbetriebe GmbH's. Will sich die öffentliche Hand von diesen Aufgaben trennen, so bedarf es keines Betriebsinhaberwechsels. Es genügt vielmehr die Übertragung von Gesellschaftsanteilen. Erwirbt so etwa ein privater Dritter sämtliche Anteile oder die Mehrheit an einer Verkehrsbetriebe GmbH, so vollzieht sich die Privatisierung, ohne daß es zu einem Arbeitgeberwechsel kommt. Denn an der Rechtspersönlichkeit des Arbeitgebers selbst verändert sich zunächst nichts. Die Veräußerung von Gesellschaftsanteilen kann jedoch für die tarifliche Einbindung des Unternehmens Bedeutung haben: **249**

I. Mitgliedschaft im Arbeitgeberverband

Auch soweit die öffentliche Hand in Formen des Privatrechts tätig wird, kann sie Mitglied in den tarifvertragschließenden Arbeitgeberorganisationen der öffentlichen Hand sein. Die Mitgliedschaft in dem Arbeitgeberverband ist Voraussetzung dafür, daß eine Tarifbindung besteht und auch künftige Tarifverträge für die tarifgebundenen Arbeitnehmer wirksam werden. Ob ein Unternehmen, das nicht mehr oder jedenfalls nicht mehr mehrheitlich im Besitz der öffentlichen Hand ist, seine Mitgliedschaft beispielsweise im kommunalen Arbeitgeberverband behalten kann, ist fraglich (zu den Voraussetzungen für die Mitgliedschaft in Arbeitgeberverbänden der öffentlichen Hand siehe oben Rz. 124 ff.). Im Satzungsrecht der kommunalen Arbeitgeberverbände ist – soweit ersichtlich – nicht im einzelnen festgehalten, ab welchen Beteiligungsverhältnissen ein Unternehmen seine Mitgliedschaft im Verband verliert. Geht man davon aus, daß das Satzungsrecht eine kompetente Interessenvertretung der öffentlichen Arbeitgeber gegenüber ihren Arbeitnehmern und den Gewerkschaften gewährleisten soll, ist es schwer vorstellbar, daß privatisierte Unternehmen dauerhaft ihre Mitgliedschaftsrechte behalten können. Mit Verlust der Mitgliedschaft ergeben sich aber auch Konsequenzen für die Zusatzversorgung (vgl. hierzu Rz. 256). **250**

II. Geltung von Tarifverträgen

251   Scheidet das privatisierte Unternehmen aus dem Arbeitgeberverband aus, so hat dies Einfluß auf die Tarifgebundenheit. Tarifgebunden sind nach § 1 TVG die Mitglieder der Tarifvertragsparteien. Auf die Gültigkeit der bei der Privatisierung bestehenden Tarifverträge hat dies zunächst keinen Einfluß. Denn nach § 3 Abs. 3 TVG bleibt die Tarifgebundenheit auch bei Verlust der Mitgliedschaft im tarifvertragschließenden Verband bestehen, bis der Tarifvertrag endet. Ein Tarifvertrag endet entweder durch Fristablauf, wenn es sich um befristete tarifliche Regelungen handelt oder mit Ablauf der Kündigungsfrist, wenn nur eine Kündigungsmöglichkeit besteht. Aber auch nach Ablauf der Tarifverträge entfalten diese nach § 4 Abs. 5 TVG weiterhin Wirkung, und zwar so lange, bis sie durch eine andere Abmachung ersetzt werden. Innerhalb dieses sog. Nachwirkungszeitraums haben sie aber nicht mehr den zwingenden Charakter, den ihnen sonst § 4 Abs. 1 TVG zumißt. Die tariflichen Bestimmungen gelten inbesondere nur für die Mitarbeiter, die während der Geltungsdauer des Tarifvertrages schon beschäftigt waren. Im Nachwirkungszeitraum sind die tariflichen Bestimmungen durch Betriebsvereinbarungen und einzelvertragliche Abreden abänderbar. Es handelt sich dann nur noch um dispositives Recht.

252   Probleme ergeben sich, wenn das privatisierte Unternehmen die Mitgliedschaft in einem Arbeitgeberverband der Privatwirtschaft erwirbt. Die Fortgeltung des bisherigen Tarifrechts hängt dann davon ab, welche Gewerkschaft Tarifvertragspartner des privaten Arbeitgeberverbandes ist. Gelangt das Unternehmen gar in den Geltungsbereich eines allgemeinverbindlichen Tarifvertrages, so gelten dessen Bestimmungen ohnehin.

1. Allgemeinverbindlicher Tarifvertrag

253   Nach § 5 TVG können Tarifverträge für allgemeinverbindlich erklärt werden. Wird beispielsweise ein städtischer Bauhof, der schon in der Rechtsform einer GmbH geführt wurde, privatisiert, so kann es sein, daß er unter den Anwendungsbereich der Tarifverträge für die Bauwirtschaft fällt. Sind die Voraussetzungen für dessen Anwendbarkeit erfüllt, gilt ab sofort das Tarifrecht der Bauwirtschaft. Die Tarifverträge des öffentlichen Dienstes werden verdrängt.

2. Beidseitige Tarifbindung

254   Entsprechendes gilt, wenn sich das privatisierte Unternehmen entschließt, einem Arbeitgeberverband der Privatwirtschaft beizutreten, der mit der

Gewerkschaft Tarifverträge abgeschlossen hat, in der die Arbeitnehmer organisiert sind. Denkbare Bereiche, in denen dies geschehen kann, sind Verkehrsbetriebe der öffentlichen Hand. Werden hier die Anteile auf einen privaten Dritten übertragen, so können durch Erwerb der Mitgliedschaft im Verband des privaten Omnibusgewerbes die für diesen Wirtschaftsbereich gültigen Tarifverträge zur Anwendung gelangen. Denn Vertragspartner auf Gewerkschaftsseite ist hier ebenso wie bei den für den öffentlichen Dienst geltenden Tarifverträgen die Gewerkschaft Öffentliche Dienste, Transport und Verkehr. In einem solchen Fall gelten die Tarifverträge der Privatwirtschaft als spezielleres Tarifrecht unmittelbar. Die Tarifverträge des öffentlichen Dienstes treten demgegenüber zurück.

3. Einseitige Tarifbindung

Anders verhält es sich, wenn der Arbeitgeberverband der Privatwirtschaft, dem das Unternehmen beitritt, Tarifverträge mit einer anderen Gewerkschaft abgeschlossen hat, als der, in der die Arbeitnehmer ihrerseits Mitglied sind. Denn in diesem Fall fehlt es an einer beiderseitigen Tarifbindung. Tarifgebunden ist nur das Unternehmen, nicht aber auch die Arbeitnehmer, weil sie nicht in der tarifvertragschließenden Gewerkschaft organisiert sind. Wird beispielsweise eine Stadtgärtnerei privatisiert, so ist für den Abschluß der Tarifverträge auf Arbeitnehmerseite nicht die Gewerkschaft Öffentliche Dienste und Transport zuständig. Verbleiben die Arbeitnehmer aber in dieser Gewerkschaft, so können die Tarifverträge für den Garten- und Landschaftsbau nicht Anwendung finden. Dies würde bedeuten, daß die bisherigen Tarifverträge bis zu ihrem Ablauf weitergelten und danach noch nachwirken würden, bis sie durch andere Abmachungen ersetzt werden. Entschließt sich der Arbeitnehmer allerdings zum Wechsel der Gewerkschaft, so finden für ihn die neuen Tarifverträge Anwendung. Die Arbeitnehmer haben es damit in begrenztem Maße selbst in der Hand, darüber zu bestimmen, welches Tarifrecht auf sie Anwendung finden soll. Ein übereilter Gewerkschaftswechsel kann sich u. U. nachteilig auswirken.

255

III. Zusatzversorgungskasse

Die Mitgliedschaft bzw. das Beteiligungsverhältnis an den Zusatzversorgungskassen für den öffentlichen Dienst wird ebenfalls berührt, wenn die Anteilsmehrheit eines Unternehmens in die Hände privater Dritter wandert. Zwar lassen die Zusatzversorgungskassen auch private Unternehmen zu. Da die Leistungen der Zusatzversorgungskassen aber nicht rückgedeckt sind, die Kassen andererseits aber auch ein Insolvenzrisiko nicht tragen können,

256

verlangen sie regelmäßig Sicherheiten, etwa in Form von Bürgschaften durch die öffentliche Hand (vgl. nähere Einzelheiten oben Rz. 107 ff.). Kann dem Sicherungsbedürfnis der Versorgungskasse nicht Rechnung getragen werden, ist ein Ausscheiden unumgänglich. Unter welchen Voraussetzungen ein Mitglied bzw. Beteiligter einer Zusatzversorgungskasse ausgeschlossen werden kann, ist im Satzungsrecht der Einrichtungen – soweit ersichtlich – noch nicht im einzelnen geregelt. Das Ausscheiden aus der Zusatzversorgungseinrichtung hat für das Unternehmen nachhaltige Folgen. Denn mit dem Ausscheiden aus der Zusatzversorgungseinrichtung erlöschen nicht die Ansprüche der Arbeitnehmer. Für ihre Rechte muß das Unternehmen nun vielmehr selbst eintreten (vgl. Ausführungen oben Rz. 95 ff.). Dies bedeutet, daß das Unternehmen die Arbeitnehmer so stellen muß, als wären sie im öffentlichen Dienst verblieben. Nur soweit Teile der Versorgung bereits endgültig durch die Zusatzversorgungskasse abgesichert sind, trifft das Unternehmen keine unmittelbare Haftung. Die nun aus dem Gesellschaftsvermögen zu finanzierende Altersversorgung muß rückgedeckt werden. Das Unternehmen muß also Rückstellungen bilden (Einzelheiten hierzu oben Rz. 135). Schließlich muß das Unternehmen u. U. noch einen Ausgleichsbetrag an die Zusatzversorgungseinrichtung bezahlen. Derartiges sieht beispielsweise § 13 Mustersatzung-ZVK für den Fall vor, daß ein Mitglied ausscheidet. Mit dem Ausgleichsbetrag sollen die von der Zusatzversorgungskasse noch zu erbringenden Verpflichtungen abgedeckt werden, so die Leistungsansprüche der bereits ausgeschiedenen Mitarbeiter sowie die Anwartschaften auf Versicherungsrenten, die von den Zusatzversorgungskassen auch bei einem Verlust der Mitgliedschaft bzw. Ende des Beteiligungsverhältnisses zu bedienen sind (Einzelheiten hierzu oben Rz. 167 ff.). Diese zusätzlichen Aufwendungen sind sicherlich bei der Ermittlung des Kaufpreises für die Anteile der Gesellschaft zu berücksichtigen. Denn mit dem Erwerb der Anteile werden auch Verpflichtungen des Unternehmens übernommen, die bisher aufgrund des Systems der Zusatzversorgung im öffentlichen Dienst durch Umlage finanziert wurden, nun aber der Rückdeckung bedürfen.

257 Für die Arbeitnehmer ergeben sich praktisch keine wesentlichen Auswirkungen. Sie behalten ihren Anspruch auf Altersversorgungsleistungen in der zugesagten Höhe. Ein Teil dieses Anspruches ist von der Versorgungseinrichtung in Form einer statischen Versicherungsrente unmittelbar zu bezahlen. Im übrigen haben die Arbeitnehmer gegenüber dem Unternehmen einen Auffüllungsanspruch, so daß sie nach wie vor die zugesagte Gesamtversorgung verlangen können (Einzelheiten hierzu oben Rz. 171 ff.

Kapitel 4
Mitbestimmung bei der Privatisierung öffentlicher Dienstleistungen

Nicht minder komplexe Problemfelder wie bei den individualrechtlichen Themenkreisen ergeben sich aus dem Mitbestimmungsrecht. Dies hat sowohl den Betriebs- bzw. Personalrat auf der einen Seite als auch übertragendes Organ des öffentlichen Dienstes und Erwerber der öffentlichen Einrichtung auf der anderen Seite zu interessieren. **258**

I. Die Beteiligung von Personalräten vor und während einer Privatisierungsmaßnahme

Der Personalrat des öffentlichen Dienstes hat das Recht, bei der Privatisierung öffentlicher Dienstleistungen beteiligt zu werden. Dies ergibt sich aus dem Bundespersonalvertretungsgesetz sowie aus den korrespondierenden Vorschriften der jeweiligen Landespersonalvertretungsgesetze. Hier soll schwerpunktmäßig auf die bundesrechtlichen Regelungen eingegangen werden, wobei Besonderheiten der Landesgesetze angesprochen werden. **259**

Die Einbeziehung der Personalräte bei der Privatisierung besteht aus Informations- und Mitbestimmungsrechten.

1. Informationsrechte

Gemäß § 68 Abs. 1 und 2 BPersVG ist der Personalrat zu seiner Aufgabenerfüllung rechtzeitig und umfassend zu informieren. Aus dieser gesetzlichen Regelung können sich bereits erste Probleme bei der Privatisierung ergeben und deren Ablauf zumindest deutlich verzögern. Denn zurecht muß hier die Frage gestellt werden, ab welchem Zeitpunkt die Informationspflicht des öffentlichen Arbeitgebers beginnt. **260**

Wille des Gesetzgebers ist die Einbeziehung des Personalrates in das Privatisierungsgeschehen. Insofern macht die Informationspflicht des Arbeitgebers **261** nur dann einen Sinn, wenn sie so frühzeitig geschieht, daß der Ablauf der Maßnahme noch gestaltungsfähig ist.

Auf der anderen Seite will das Gesetz, daß die Maßnahme nicht durchgeführt werden darf, solange der Personalrat nicht ordnungsgemäß beteiligt ist. Das heißt also, auch der öffentliche Arbeitgeber muß ein gewichtiges Interesse an der ausreichenden Information des Mitbestimmungsorgans haben. Reichen die Informationen nicht aus oder erfolgen sie zu spät, ist möglicherweise erhebliche Zeit ins Land gegangen bis dies gerichtlich festgestellt ist.

a) Beginn der Informationspflichten

262 Beginnen muß demgemäß die Informationspflicht des Arbeitgebers dann, wenn eine Privatisierungsmaßnahme geplant wird. Dazu darf nicht abgewartet werden, bis bereits eine konkrete Entscheidung des Dienststellenleiters oder die Anweisung einer übergeordneten Behörde bzw. eine Beschlußfassung eines demokratischen Organs vorliegt. Der Dienststellenleiter darf also mit der Information an den Personalrat nicht solange zuwarten, bis seine im Wege der Ratsvorlage bereits durchgeplante Privatisierungsmaßnahme vom Rat der Stadt beschlossen ist. In diesem Falle könnte der Personalrat sich nicht mehr in der Weise mit der Information befassen, daß noch die Möglichkeit bestände, andere Alternativen als die Ausgliederung der betreffenden Dienstleistung aus dem öffentlichen Dienst vorzuschlagen. Im Zuge der Neuordnung im Bereich der Landesverwaltungen kommt eine Information über den Dienststellenleiter zu spät, wenn das zuständige Fachministerium bzw. der Landtag bereits entschieden hat. Ebenso verhält es sich auf der Bundesebene. Im Rahmen der Informationspflicht muß der Dienststellenleiter unaufgefordert auf das Mitbestimmungsorgan zugehen und von sich aus unterrichten, was natürlich nicht bedeutet, daß der Personalrat nicht auch selbst Auskünfte einholen kann. Informationspflicht und berechtigtes Auskunftsverlangen sind im Rahmen des § 68 Abs. 2 BPersVG nicht davon abhängig, daß bereits die Besorgnis einer Rechtsverletzung, über die der Personalrat gemäß Absatz 1 zu wachen hätte, vorliegt (BVerwGE, PersR 85, 124).

263 Häufig gehen Privatisierungsbestrebungen Organisations- und Wirtschaftlichkeitsuntersuchungen voran, die von Wirtschaftsberatungsunternehmen durchgeführt werden. Hier muß daran gedacht werden, daß sich die Beteiligung des Personalrates möglicherweise nicht ausschließlich auf die Durchführung der Organisationsuntersuchung, sondern auch schon auf die nachfolgende Privatisierungsmaßnahme erstreckt (siehe § 73 Nr. 8 LPVG NRW oder auch § 77 a Abs. 1 Nr. 4 LPVG Rh.-Pf.). Denn der Personalrat muß bereits dann informiert werden, wenn zum Beispiel ein Gutachtenauftrag in der Weise ergeht, daß geprüft werden soll, welche Umstrukturierungsmaßnah-

men zur Kostenersparnis sinnvoll sind und dabei die Privatisierung als eine Möglichkeit angesehen wird. Hier trifft also das Mitwirkungsrecht im Zuge der Organisationsuntersuchung mit dem Informationsrecht bezüglich einer Privatisierung zeitlich zusammen.

Die Pflichten des Arbeitgebers bei der konkreten Privatisierungsmaßnahme ergeben sich nicht allein aus den speziellen Vorschriften der jeweiligen Personalvertretungsgesetze, sondern schon allein aus der arbeitgeberseitigen Verpflichtung, Monatsgespräche mit dem Personalrat durchzuführen, deren Inhalt die Gestaltung der Dienststelle und insbesondere jeder Vorgang ist, der geeignet ist, die Interessen der Beschäftigten wesentlich zu berühren (§ 66 Abs. 1 Satz 2 BPersVG). **264**

Die Privatisierung betrifft ohne Zweifel die Gestaltung der Dienststelle oder des Betriebs und greift immer wesentlich in die Belange der Beschäftigten ein. Dies zeigt sich an den bereits aufgezeigten Konsequenzen, die sich in arbeitsrechtlicher und versorgungsrechtlicher Hinsicht für jeden einzelnen Arbeitnehmer ergeben können.

Der Arbeitgeber hat hinsichtlich der Verpflichtungen im Rahmen des Monatsgesprächs Offenheit in der Weise an den Tag zu legen, daß der Personalrat nicht mangels eigener Informationen dazu gezwungen wird, durch eigene Ermittlungen den erforderlichen Kenntnisstand zu erreichen (BVerwGE vom 12. 1. 1962, BVerwGE 13, 291 = ZBR 1962, 156.). Auch in diesem Zusammenhang muß die Information des Arbeitgebers so frühzeitig einsetzen, daß im Rahmen der Verpflichtung zur vertrauensvollen Zusammenarbeit ein wirkliches Gespräch zwischen Dienststelle und Personalrat möglich ist (§ 69 Abs. 1 Satz 2 BPersVG). Dem steht auch nicht die nach dem zitierten Beschluß aus Januar 1962 ergangene Rechtsprechung des BVerwG entgegen, nach der die Informationspflicht erst dann einsetzen soll, wenn der Dienststellenleiter eine Maßnahme beabsichtigt (BVerwG, Beschluß vom 6. 2. 1979 – 6 P 20.78, PersV 80, 421). Hieraus kann nicht entnommen werden, daß die Informationen erst mit der Vorlage zur Mitbestimmung an den Personalrat weitergegeben werden. Gerade bei der Planung komplexer Umstrukturierungsmaßnahmen muß diesem die Möglichkeit gegeben werden, sich mit der Materie vertraut zu machen (Altvater u. a., Kommentar zum BPersVG, § 68 Rz. 14).

b) Umfang der Informationspflichten

Die Unterrichtung der Personalvertretung muß nach den einschlägigen Mitbestimmungsregelungen auch umfassend sein (§ 68 Abs. 2 BPersVG). In diesem Rahmen müssen alle Informationen vorgelegt werden, die auch dem **265**

Dienststellenleiter vorliegen (BVerwGE vom 29. 8. 1975 – VII P 2.74, PersV 88, 18).

Nicht ausreichend ist zum Beispiel die Vorlage einer von der Verwaltung vorbereiteten Ratsvorlage, über die der Rat Beschluß fassen will. Der Anfertigung einer solchen Vorlage gehen in der Regel zahlreiche Überlegungen der Verwaltung voraus, die sich auf eigene Berechnungen der Wirtschaftlichkeit, alternative Lösungsmöglichkeiten und Gutachten von Dritten erstrecken (s. o.).

266   Der Personalrat muß auch fortlaufend informiert werden (BVerwGE vom 27. 2. 1985 – 6 P 9.84). Der Gesetzgeber geht mit seinen Regelungen über die Informationspflicht stets davon aus, daß der Personalrat noch Raum für eine Diskussion mit dem öffentlichen Arbeitgeber vorfindet. Die Informationspflicht nach den ersten Mitteilungen gegenüber dem Mitbestimmungsorgan enden zu lassen, würde zwei Gefahren in sich bergen, die vom Sinn und Zweck des Gesetzes her vermieden werden sollen. Zum einen soll der Personalrat nicht während des Privatisierungsverfahrens abgekoppelt werden. Dies würde einen Verstoß gegen das Gebot der vertrauensvollen Zusammenarbeit bedeuten. Zum anderen würde dies leicht dazu führen, daß ein Arbeitgeber, der einmalig, aber umfassend informieren muß, erst dann den Dialog mit dem Sozialpartner aufnimmt, wenn das Verfahren längst in Gang ist. Hierin wäre ein Verstoß gegen die Pflicht zur rechtzeitigen Information zu sehen.

c) Verletzung der Informationspflicht

267   Wird der Personalrat durch die Dienststellenleitung nur unzureichend informiert, so laufen dessen Erklärungsfristen erst dann, wenn die Information nach erfolgter Rüge vervollständigt ist (BverwGE vom 10. 8. 1987 – 6 P 22.84 –, PersR 88, 18).

d) Vergleichbare Vorschriften der Länder – Informationsrechte der Personalräte

268   Baden-Württemberg: § 68 Abs. 2;   Niedersachsen: § 60 Abs. 1;
Bayern: Art. 69 Abs. 2;   Nordrhein-Westfalen: § 65 Abs. 1;
Berlin: § 73 Abs. 1;   Rheinland-Pfalz: § 69 Abs. 2;
Brandenburg: § 60 Abs. 1;   Sachsen: § 73 Abs. 2;
Bremen: § 54 Abs. 1 Nr. 3;   Sachsen-Anhalt: § 57 Abs. 2;
Hamburg: § 78 Abs. 2;   Saarland: § 69 Abs. 3;
Hessen: § 62 Abs. 2;   Schleswig-Holstein: § 49 Abs. 1 u. 2;
Mecklenburg-Vorpommern: § 60   Thüringen: § 68 Abs. 2.
Abs. 1;

Die hier aufgeführten Regelungen sind zum großen Teil vergleichbar. Ange- 269
merkt sei hier nur, daß das Landespersonalvertretungsgesetz des Bundes-
landes Mecklenburg-Vorpommern die rechtzeitige, umfassende und fort-
laufende Information ausdrücklich nur bei mitbestimmungspflichtigen Maßnahmen vorsieht. Alle übrigen Gesetze sprechen allgemein von einer Informationspflicht, die zur Aufgabenerfüllung der Personalräte erforderlich ist.
Es muß allerdings auch hier bedacht werden, daß die Frage, ob eine vom
öffentlichen Arbeitgeber geplante Maßnahme der Mitbestimmung im engeren Sinne unterliegt, streitig sein kann, so daß es in diesem Zusammenhang
zwischen Dienststelle und Personalrat durchaus zu Auseinandersetzungen
kommen kann, die die Durchführung eines Privatisierungsvorhabens der
öffentlichen Hand verzögern können.

2. Mitwirkungsrechte bei Privatisierungsmaßnahmen

a) Auflösung und Einschränkung von Dienststellen nach dem BPersVG

aa) bundesrechtliche Regelung

Gemäß § 78 Abs. 1 Nr. 2 BPersVG wirkt der Personalrat bei der Auflösung, 270
der Einschränkung, der Verlegung oder der Zusammenlegung von Dienststellen oder wesentlichen Teilen von ihnen mit. Mit der Auflösung einer
Dienststelle ist hier gemeint, daß die in einer Organisationseinheit des öffentlichen Dienstes zu erfüllende Aufgabe vollständig endet. Die Dienststelle
muß, rechtlich betrachtet, aufhören zu bestehen (Orth, Welkoborsky, Kommentar zum LPVG NRW, § 73 Rz. 10). Zwischen der Übernahme der öffentlichen Aufgabe durch ein privatrechtlich organisiertes Unternehmen und dem
Ende des Bestehens einer Dienststelle steht ein hoheitsrechtlicher Akt. Dieser
legt in Form eines Gesetzes, einer Verordnung oder eines Beschlusses des
demokratisch legitimierten Organs das Ende der Dienststelle fest. Damit ist
die betreffende Organisationseinheit zu einem festgelegten Zeitpunkt aufgelöst.

Zander ist allerdings der Auffassung, es liege keine Auflösung einer Dienststelle vor, wenn deren Aufgaben im Wege des Rechtsgeschäftes auf einen
anderen privaten oder öffentlichen Rechtsträger übergehen (Zander, Hand-
lungsmöglichkeiten des Personalrates bei der Privatisierung öffentlicher
Dienstleistungen, PersR 1991, 322.). Begründet wird diese Ansicht mit der
Annahme, die Mitwirkungsrechte aus § 78 Abs. 1 Nr. 2 BPersVG würden
durch § 613 a BGB verdrängt. Diese Ansicht ist schon aufgrund der Rechts-
systematik verfehlt. § 613 a BGB regelt das Schicksal des einzelnen Arbeitsverhältnisses und die Fortwirkung von Normen, die sich auf das Arbeitsverhältnis auswirken. Es handelt sich augenscheinlich um eine deutlich

individualrechtlich geprägte Norm, während § 78 Abs. 1 BPersVG die kollektivrechtliche Gestaltung regelt. Außerdem läßt sich eine solche Deutung auch nicht aus dem Wortlaut des § 78 Abs. 1 BPersVG herleiten. Hier ist die Rede von der Auflösung einer Dienststelle oder eines wesentlichen Teiles von ihr. Gemäß § 6 BPersVG ist eine Dienststelle die räumlich organisatorische Einheit, für die eine Personalvertretung vorgesehen ist (Altvater, § 6 Rz. 3). Entscheidend sei dabei, daß die Einrichtung von einer öffentlichen Verwaltung in einer öffentlich rechtlichen Form geführt werde. Wird aber die formals öffentlich rechtlich organisierte Aufgabenerfüllung auf einen privaten Betreiber übertragen, so wird diese fortan in privatrechtlicher Gestaltung fortgeführt, die öffentlich rechtliche Aufgabenerfüllung hat damit ein Ende (so auch Lorenzen/Haas/Schmitt, BPersVG-Komm., § 78 Rz. 25).

271   Unabhängig davon, daß dies gleichzeitig auch den Tatbestand des § 613 a BGB erfüllen kann, ist bei der Privatisierung öffentlicher Dienstleitungen die staatsrechtliche Existenz von öffentlichen Einrichtungen betroffen, was sich erheblich auf die dort Beschäftigten auswirken kann. Insofern macht es Sinn und ist sogar dringend notwendig, daß im Wege der Mitwirkung der Personalvertretungen bereits im Vorfeld mit Beginn der Planung von Privatisierungen zumindest im Gesprächswege nach § 78 BPersVG hieran teilgenommen werden kann. Die gleichzeitige Anwendbarkeit des § 613 a BGB steht dem nicht entgegen, da dieser erst die Rechtsfolgen nach dem Betriebsübergang regelt.

272   Die Privatisierung kann auch in Gestalt einer Einschränkung einer Dienststelle erscheinen, denn nicht immer werden ganze Behörden ausgegliedert. Häufig werden nur Teilaufgaben, die aufgrund wirtschaftlicher Erwägungen für ineffizient betrachtet werden, auf Dritte übertragen. Bei der Einschränkung ist zu beachten, daß nur diejenige vom Gesetzeswortlaut des § 78 Abs. 1 Nr. 2 BPersVG erfaßt ist, die von wesentlicher Natur ist. Wesentlich in diesem Sinne ist eine Einschränkung, von der ein erheblicher Teil der Beschäftigten und Bediensteten betroffen ist. Hier sind die Zahlen über die Anzeigepflicht bei Massenentlassungen im Sinne des § 17 Abs. 1 KSchG zugrundezulegen. Wie bei der Beurteilung der Mitbestimmungspflicht von Betriebsänderungen im Sinne des § 111 BetrVG werden diese Zahlen von der Rechtsprechung auch hier zur Bewertung der Erheblichkeit herangezogen (BAG, Urteil vom 15. 10. 1979 – 1 ABR 79/77 – AP Nr. 5 zu § 111 BetrVG 1972.).

273   Eine Einschränkung im Sinne des Gesetzes kann unabhängig von dem Anteil der betroffenen Mitarbeiter auch dann wesentlich sein, wenn diese vom Aufgabeninhalt betrachtet von wesentlicher Bedeutung ist (BVerwGE, Beschluß vom 30. 9. 1987 – 6 P 19.85 –, PersR 88, 70).

274   Zusammenlegung und Verlegung von Dienststellen im Sinne des § 78 Abs. 1 Nr. 2 BPersVG sind im Rahmen der Privatisierung nicht relevant und wer-

den hier nicht behandelt, da es sich hier immer um eine Aufgabenfortsetzung in öffentlich-rechtlich organisierter Trägerschaft handelt.

bb) *Vergleichbare Landesvorschriften* 275

Baden-Württemberg: § 80 Abs. 1 Nr. 2

Auflösung und Einschränkung unterliegen der Mitwirkung des Personalrates.

Bayern: Art. 76 Abs. 2 Nr. 4

Bei Auflösung von Dienststellen wird mitgewirkt.

Berlin: § 90 Nr. 4

Die Auflösung einer Dienststelle unterliegt der Mitwirkung.

Brandenburg : § 68 Abs. 2 Nr. 1

Auflösung und Einschränkung unterliegen in Brandenburg der Mitwirkung. Hier existiert aber daneben das konkrete Mitwirkungsrecht der Übertragung von Arbeiten einer Dienststelle, die üblicherweise von ihren Beschäftigten vorgenommen werden, auf Dauer auf Privatpersonen oder wirtschaftliche Unternehmen, (§ 68 Abs. 2 Nr. 2).

Bremen: § 66 Nr. 1 a)

Die Auflösung der Dienststelle unterliegt der Mitbestimmung. Das Letztentscheidungsrecht der obersten Dienstbehörde bleibt nach Beschluß der Einigungsstelle in organisatorischen Angelegenheiten erhalten (§ 61 Nr. 4).

Hamburg: § 89 Abs. 1 Nr. 2

In Hamburg unterliegt die Auflösung einer Dienststelle der Mitbestimmung, es sei denn, die Auflösung geschieht auf Anordnung der obersten Dienstbehörde oder aufgrund einer Rechtsvorschrift. Die Mitbestimmung endet nach § 81 Abs. 6 nach Empfehlung der Einigungsstelle durch Letztentscheid der obersten Behörde.

Hessen: § 81 Abs. 2 .

Hier muß darauf hingewiesen werden, daß das hessische Personalvertretungsgesetz neben dem hier besprochenen Mitwirkungstatbestand den echten Mitbestimmungstatbestand der Privatisierung kennt, der in § 81 Abs. 1 geregelt ist. Dort heißt es ... „Vergabe oder Privatisierung von Arbeiten oder Aufgaben, die bisher durch die Beschäftigten der Dienststelle wahrgenommen werden ... ". Die Frage, ob die Privatisierung der echten Mitbestimmung unterliegen kann, wurde in Hessen unter anderem deshalb gerichtlich geklärt, weil die Gefahr gesehen wurde, daß Beschlüsse der demokratisch verfaßten Gremien durch die Mitbestimmung ausgehebelt und damit erheblich in Frage gestellt werden könnten. Der Hessische Verwaltungsgerichtshof hat dazu in seinem Beschluß vom 1. 6. 1994 (– TL 864/94 – PersR 94, 431, 432) Stellung bezogen und das Mitbestimmungsrecht der Personalräte bestätigt. Dies wird damit begründet, daß § 81 Abs. 1 S. 1 HPersVG nicht festlegt, daß die Mitbestimmung auf solche Maßnahmen beschränkt ist, die der Leiter der Dienststelle verfügt. Möglich sei es ebenso, daß andere Dienststellen oder Gremien die Privatisierungsentscheidung träfen. Der Dienststellenleiter bleibe dennoch der alleinige Partner des Personalrates. Der Hessische VGH befaßt sich zwar in diesem Beschluß nicht mit der Frage, ob durch die Mitbestimmung etwa die Rechte der demokratisch verfaßten Beschlußgremien, in diesem Falle die Stadtverordnetenversammlung, die einen Privatisierungsbeschluß gefaßt hatte, verletzt werden. Dies scheint nicht für notwendig erachtet zu werden, da der Dienststellenleiter für die Umsetzung einer solchen Maßnahme allein zuständig ist. Weiterhin muß hier bedacht werden, daß auch durch die Mitbestimmung der Privatisierungsbeschluß des Gremiums nicht verhindert, sondern nur verzögert werden kann (siehe dazu Rz. 317).

Mecklenburg-Vorpommern: § 70 Abs. 1 Nr. 11

Hier verursacht die Auflösung oder Einschränkung einer Dienststelle ebenfalls ein Mitbestimmungsrecht.

Niedersachsen: Keine spezielle Regelung

Im Personalvertretungsrecht des Landes Niedersachsen ist der Tatbestand der Auflösung oder Einschränkung einer Dienststelle nicht gesondert aufgeführt, jedoch ist hier die Mitbestimmung durch eine weitgehende Generalklausel ausdrücklich auch auf solche Maßnahmen erweitert, die sich in personeller, organisatorischer, sozialer und sonstiger innerdienstlicher Weise auf die Beschäftigten auswirken (§ 64 Abs. 1). Allerdings fragt es sich, ob die Mitbestimmung bei Privatisierungsmaßnahmen nicht möglicherweise dadurch weitestgehend ausgeschlossen ist, daß § 64 Abs. 2 nur solche Maßnahmen einbezieht, die in die eigene Zuständigkeit der Dienststelle fallen. (siehe oben Hess. VGH, Beschluß vom 1. 6. 1994).

Auch hier könnte der Eindruck entstehen, daß sobald der Privatisierungsmaßnahme demokratisch gefaßte Beschlüsse zugrundeliegen, keine Maßnahme mehr vorhanden ist, die in die Zuständigkeit der Dienststelle fällt (siehe oben: Hessen). Die Tatsache allerdings, daß § 64 Abs. 4 ausschließlich die Mitbestimmung bei Organisationsentscheidungen der Landesregierung entfallen läßt, spricht deutlich dafür, daß in allen anderen Bereichen der demokratischen Entscheidungsfindung durch Gremienbeschluß die Mitbestimmung durchzuführen ist. Die eigene Zuständigkeit der Dienststelle dürfte wohl auch hier, wie in Hessen, gleichfalls darin zu sehen sein, daß der Dienststellenleiter die Privatisierungsbeschlüsse umsetzt und durchführt.

Nordrhein-Westfalen: § 73 Nr. 7

Auch Nordrhein-Westfalen sieht den Mitwirkungstatbestand der Auflösung oder Einschränkung einer Dienststelle vor. Daneben ist aber hier der Mitbestimmungstatbestand der Privatisierung als spezielle Norm in § 72 Abs. 3 Nr. 7 vorgesehen. In Nordrhein-Westfalen begegnete (vgl. Hessen) die Einführung der Mitbestimmung bei Privatisierungen zunächst ebenfalls den verfassungsrechtlichen Bedenken, daß demokratisch gefaßte Beschlüsse durch die Mitbestimmung ausgehebelt werden könnten. Das OVG Münster hat diese Bedenken jedoch letztendlich verworfen. Es kommt, wie der Hessische VGH, zu dem Ergebnis, daß Privatisierungsbeschlüsse durch die Mitbestimmung letztendlich höchstens verzögert, nicht aber verhindert werden (OVG Münster, Beschluß vom 9. 11. 1987 – CL 87/85, PersR 1988, 245). Es muß hier gleichermaßen daran erinnert werden, daß gemäß § 66 Abs. 7 S. 3 LPVG NW wie im Bereich des BPersVG auf Vorschlag der Einigungsstelle (siehe unten unter Rz. 317) die jeweilige oberste Dienstbehörde das Letztentscheidungsrecht hat.

Rheinland-Pfalz: § 80 Abs. 2 Nr. 2

Auflösung und Einschränkung von Dienststellen sind der Mitbestimmung unterworfen. Das Letztentscheidungsrecht liegt bei der obersten Dienststelle (§ 75 Abs. 5).

Dieser Tatbestand dürfte nicht davon betroffen sein, daß durch den Rheinland-Pfälzischen Verfassungsgerichtshof mit Urteil vom 18. 4. 1994 (VGH N 1/93 und 2/93 = PersR 1994, 269) das Landespersonalvertretungsgesetz in Teilen außer Kraft gesetzt wurde. Zwar trifft dies auch auf den § 75 Abs. 5 zu, der unter anderem das Letztentscheidungsrecht bei organisatorischen Angelegenheiten im Sinne des § 80 Abs. 2 betrifft, jedoch ist hier, wie auch im abgelösten Landespersonalvertretungsgesetz von 1977 die oberste Dienstbehörde letzte Entscheidungsinstanz. Diese Lösung wird im o. g. Urteil des VGH Rheinland-Pfalz aber für verfassungskonform erachtet (PersR 1994, 269, 280.).

Sachsen: § 77 Abs. 2

Der Personalrat hat bei Auflösung und Einschränkung von Dienststellen ein Mitwirkungsrecht.

Sachsen-Anhalt: § 69 Nr. 8

Auflösung und Einschränkung von Dienststellen unterliegen der Mitbestimmung. Dies findet aber wohl seine Einschränkung in § 61 Abs. 2, der die Mitbestimmung in solchen Fällen ausschließt, in denen u. a. Organisationsentscheidungen des Ministerpräsidenten oder der Landesregierung zugrundeliegen. Dies führt zu dem nicht ganz nachvollziehbaren Ergebnis, daß bei diesen Maßnahmen nicht mitbestimmt wird, während dadurch die Mitbestimmung bei Organisationsentscheidungen der Kommunalparlamente nicht ausgeschaltet wird.

Saarland: § 83 Abs. 1 Nr. 9

Der Personalrat wirkt bei Auflösung und Einschränkung einer Dienststelle mit.

Schleswig-Holstein:

Das Personalvertretungsgesetz des Landes Schleswig-Holstein kennt keinen konkreten Tatbestand der Auflösung einer Dienststelle. § 51 sieht allerdings allgemein ein Mitbestimmungsrecht des Personalrates bei personellen, organisatorischen, sozialen und sonstigen innerdienstlichen Maßnahmen vor, die die Beschäftigten der Dienststelle betreffen. Sie entfällt jedoch bei Organisationsentscheidungen des Ministerpräsidenten, der Landesregierung und der Minister, die auf deren verfassungsmäßigen Rechten beruhen. § 55 sieht ein recht weitgehendes Recht der obersten Dienstbehörde zur Aufhebung der Einigungsstellenentscheidung vor. Dies betrifft unter anderem auch organisatorische Maßnahmen, wozu auch eine Privatisierungsmaßnahme gehört.

Thüringen: § 76 Abs. 2 Nr. 11

In Thüringen wird das Verfahren bei der Auflösung einer Dienststelle Mitbestimmungsverfahren genannt, jedoch steht dieses nach § 69 Abs. 4 unter dem Letztentscheidungsrecht der obersten Dienstbehörde ohne die Einschaltung einer Einigungsstelle.

b) Mitwirkung bei Kündigungen anläßlich von Privatisierungen

aa) bundesrechtliche Regelung

276   Die mitbestimmungsrechtliche Seite von Kündigungen im Zuge von Privatisierungen dürfte in der Praxis kaum Gewicht haben. Zum einen dürfte der Schutz des § 613 a BGB dieses Problem nahezu ausschließen; geht es doch in diesem Zusammenhang nicht um die völlige Beendigung einer staatlichen Aufgabe als solcher, sondern um die Fortführung in anderer, nämlich zivilrechtlich organisierter Form. Zum anderen ist der öffentliche Arbeitgeber in besonderem Maße an Recht und Gesetz gebunden und somit zum Normenvollzug in strengster Weise gezwungen. Insofern erscheint es nicht als blauäugig, wenn das Thema Kündigungen an dieser Stelle vernachlässigt wird. Es sei nur erwähnt, daß die Kündigung von Beschäftigten gemäß § 79 BPersVG der Mitwirkung des Personalrates unterliegen. Bei der außerordentlichen Kündigung muß er gemäß Abs. 3 angehört werden.

In Bezug auf das Mitwirkungsverfahren wird auf Rz. 278 ff. verwiesen.

bb) *Vergleichbare Landesvorschriften* 277

Die vergleichbaren Regelungen bezüglich der Beteiligung der Personalräte bei Kündigungen haben unterschiedlichen Rechtscharakter. Zum Teil handelt es sich, wie im Bereich des BPersVG um Tatbestände der Mitwirkung. Zum Teil liegen aber auch echte Mitbestimmungsrechte vor, die hier im einzelnen kurz aufgeführt sind.

Die jeweils zuerst genannten neben den einzelnen Bundesländern aufgeführten gesetzlichen Regelungen beziehen sich jeweils auf die Art der Beteiligung bei ordentlichen Kündigungen von Arbeitnehmern. Dahinter sind ggf. vergleichbare Bestimmungen für den Beamtenbereich genannt.

Baden-Württemberg: § 77

Das Mitwirkungsverfahren bestimmt sich nach § 72.

Bayern: Art. 77

Das Mitwirkungsverfahren richtet sich nach Art. 72.

Berlin: § 87 Nr. 9; § 88 Nr. 10

Mitbestimmung mit Einigungsstellenbeschluß (§ 83 Abs. 3) als Letztentscheidung. Ausnahmen sind in § 83 Abs. 2 sowie § 81 Abs. 2 geregelt.

Brandenburg: § 63 Abs. 1 Nr. 17

Es handelt sich um Mitbestimmung. Einschränkungen erfolgen durch § 62 Abs. 4–6. Das Mitbestimmungsverfahren endet durch Beschluß der Einigungsstelle. § 73 räumt aber weitgefaßte Möglichkeiten der Aufhebung der Einigungsstellenbeschlüsse ein.

Bremen: § 65 Nr. 1 c)

Mitbestimmung mit bindender Wirkung des Schlichtungsspruches bei personellen Angelegenheiten von Angestellten und Arbeitern und bindender Wirkung des Beschlusses der Einigungsstelle (§§ 59, 60).

Hamburg: § 87 Abs. 1 Nrn. 12 und 13

Mitbestimmungsverfahren mit Schlichtung und Einigungsstellenverfahren. Der Beschluß der Einigungsstelle hat bei Maßnahmen im Beamtenbereich empfehlenden Charakter und ist bei Kündigungen von Angestellten und Arbeitern bindend (§§ 79–81).

Hessen: § 77 Abs. 1 Nr. 2 i); § 77 Abs. 1 Nr. 1 h) und i)

Mitbestimmungsverfahren mit bindendem Einigungsstellenbeschluß (§ 71). Einschränkungen ergeben sich aus § 71 Abs. 4.

Mecklenburg-Vorpommern: § 68 Abs. 1 Nr. 2

Mitbestimmungsverfahren mit Einigungsstellenbeschluß der bis auf Ausnahmen (§ 64 Abs. 3) bindend ist (§§ 62–64).

Niedersachsen: § 65 Abs. 2 Nr. 9; Abs. 1 Nr. 13

Mitbestimmungsverfahren mit Einigungsstellenbeschluß, der bis auf die in § 72 Abs. 3 genannten Ausnahmen bindend ist. Nach § 74 besteht zusätzlich für die oberste Dienstbehörde die Möglichkeit der Aufhebung des Beschlusses. Die Mitbestimmung bei Kündigungen kann weiterhin nach § 64 Abs. 4 eingeschränkt sein.

Nordrhein-Westfalen: § 72 a Abs. 2

Mitbestimmungsverfahren mit Letztentscheidung der obersten Dienstbehörde ohne Einigungsstellenverfahren (§ 66 Abs. 2 und Abs. 3).

Rheinland-Pfalz: § 82

Mitwirkungsverfahren mit festgelegtem Katalog von Einwendungen des Personalrates. Andere Einwendungen sind unbeachtlich. Das Verfahren soll hier aber nach Felser, Meerkamp, Vohs (Basiskommentar zum Landespersonalvertretungsgesetz Rheinland-Pfalz, § 82 Rz. 1) nach § 74 wie bei der Mitbestimmung erfolgen, da nach § 73 die Allzuständigkeit des Personalrates bei personellen Maßnahmen als stärkeres Mitbestimmungsrecht von § 82 nicht verdrängt werden könne. Bis auf die in § 75 Abs. 5 genannten Fälle entscheidet danach die Einigungsstelle durch Beschluß (§ 75 Abs. 4).

Sachsen: § 78 Abs. 1

Mitwirkungsverfahren mit abschließendem Einwendungskatalog. Das Verfahren endet nach § 76 mit der Entscheidung der übergeordneten Dienststelle.

Sachsen-Anhalt: § 67 Abs. 1 Nr. 8; § 66 Abs. 1 Nr. 8, 9 und 10

Mitbestimmungsverfahren mit Letztentscheidung durch Beschluß der Einigungsstelle (§ 62 Abs. 4). Der Beschluß kann aber unter den Voraussetzungen des § 62 Abs. 5 und 6 aufgehoben werden.

Saarland: § 80 Abs. 1 b) Nr. 8; § 80 Abs. 1 a) Nrn. 7–9

Mitbestimmungsverfahren mit Beschluß der Einigungsstelle als Letztentscheidung bei Kündigungen von Angestellten und Beamten. Im Beamtenbereich gilt der Beschluß als Empfehlung an die oberste Dienstbehörde (§§ 73–75).

Schleswig-Holstein: § 51 Abs. 1

Mitbestimmungsverfahren mit Einigungsstellenbeschluß (§ 52 Abs. 5 und 6), der aber unter den Voraussetzungen des § 55 Abs. 1 von der zuständigen Dienststelle aufgehoben werden kann.

Thüringen: § 78 Abs. 1

Mitbestimmungsverfahren mit Zustimmungsverweigerungskatalog. Einschränkungen ergeben sich aus § 76. Das Letztentscheidungsrecht liegt ohne Einigungsstellenverfahren bei der obersten Dienstbehörde (§ 69 Abs. 4 S. 4).

c) Das Mitwirkungsverfahren

Das Bundespersonalvertretungsrecht sieht anders als verschiedene Landespersonalvertretungsgesetze für den Tatbestand der Privatisierung lediglich das gegenüber der Mitbestimmung schwächere Recht auf Mitwirkung vor. **278**

aa) Einleitung des Verfahrens

Zur Vorbereitung des Mitwirkungsverfahrens gemäß § 72 BPersVG hat der Arbeitgeber den Personalrat rechtzeitig und umfassend zu informieren. Ziel der Informationspflicht im Vorfeld ist es, die eingehende Erörterung zwischen Dienststelle und Personalrat vorzubereiten und damit zu ermöglichen. Wenn also in § 72 Abs. 1 BPersVG geregelt ist, daß die Maßnahme eingehend und rechtzeitig zu erörtern ist, so wird damit implizit auf die bereits besprochene Vorschrift des § 68 Abs. 2 BPersVG verwiesen, der praktisch die Anforderungen an die Qualität der Erörterung zwischen den Gesprächsparteien gewährleistet. Denn wenn der Personalrat nicht vor Beginn des Erörterungsverfahrens in ausreichendem Maße Informationen sammeln und für sich bearbeiten und intern diskutieren konnte, sind später die Erfordernisse an die Ordnungsmäßigkeit des förmlichen Erörterungsverfahrens gefährdet. Eine die Anforderungen des § 72 Abs. 1 BPersVG erfüllende rechtzeitige und eingehende Erörterung kann nur dann angenommen werden, wenn im Vorfeld die Informationspflichten des Arbeitgebers aus § 68 Abs. 2 erfüllt waren (BAG, Urteil vom 3. 11. 1977 – 2 AZR 277/76 – AP Nr. 1 zu § 75 BPersVG). **279**

Auch in Rahmen der Erörterung nach § 72 Abs. 1 BPersVG gilt der Grundsatz, daß der Dienststellenleiter dem Personalrat alle Unterlagen zur Verfügung zu stellen hat, die auch ihm vorliegen (siehe oben Rz. 265). **280**

Aufgrund der Komplexität von Privatisierungsvorhaben ist im Rahmen der Unterrichtungspflicht als Vorbereitung der Erörterung zu erwägen, ob es für den Personalrat im Sinne des § 46 Abs. 6 BPersVG erforderlich ist, an einer Schulungsveranstaltung teilzunehmen.

281 Nachdem der Personalrat alle erforderlichen Unterlagen erhalten hat, die vorhanden sind, beginnt die Äußerungsfrist zu laufen. Gemäß § 72 Abs. 2 BPersVG hat der Personalrat einen Zeitraum von 10 Tagen zur Verfügung, um sich gegenüber dem Dienststellenleiter zur erwogenen Privatisierung zu äußern. Im Rahmen der Äußerungsfrist kann der Personalrat verschiedene Entscheidungen treffen bzw. Erklärungen abgeben. Äußert er sich in der Frist gar nicht, so gilt die Maßnahme als gebilligt. In diesem Falle fällt die Verpflichtung zur Erörterung gem. Abs. 1 dementsprechend weg. Es kann aber auch das Verlangen nach Erörterung erklärt werden, das innerhalb der Frist gegenüber dem Arbeitgeber begründet werden muß. Als Begründung kann hier angegeben werden, daß die bisher erhaltenen Informationen nach Einschätzung des Personalrates nicht ausreichen, daß schon nach dem bisherigen Erkenntnisstand Einwendungen zu erheben sind oder daß Änderungsvorschläge gemacht werden können.

Die rechtlichen Probleme, die sich aus der Mitwirkungsregelung des § 72 BPersVG ergeben können, sind vielfältig:

282 Fristbeginn ist der Zeitpunkt, in dem das Mitbestimmungsorgan alle erforderlichen Informationen und Unterlagen zur Erörterung der Privatisierungsmaßnahme zur Verfügung hat.

283 Die Maßnahme gilt als gebilligt, wenn sich der Personalrat nicht innerhalb der Frist erklärt hat. Hier stellt sich die Frage, wie die Sachlage einzuschätzen ist, wenn der Personalrat die Informationen nicht für ausreichend erachtet hatte, jedoch der Arbeitgeber von der Vollständigkeit seiner Unterrichtung ausgeht und nach Ablauf der 10-Tages-Frist die Billigung des Personalrates unterstellt und die geplante Maßnahme einleitet. Der Personalrat wird sich in seinen Mitbestimmungsrechten übergangen fühlen und gegen die Durchführung der Maßnahme Rechtsmittel einlegen. Stellt sich bei der gerichtlichen Prüfung heraus, daß dem Arbeitgeber noch weitere Informationen vorlagen, die er dem Personalrat nicht zur Verfügung gestellt hat, besteht die Gefahr, daß die Maßnahme ausgesetzt wird und das Erörterungsverfahren mit den fehlenden Informationen nachgeholt wird. Potentielle Interessenten könnten allein durch die Verzögerung, die durch ein solches Verwaltungsgerichtsverfahren mit sich bringt, abspringen. Im Einzelfall kann es dadurch zum Scheitern der gesamten Maßnahme kommen.

284 Welche Rechtsfolgen sich aus der nicht ausreichenden Information in bezug auf die Wirksamkeit der bereits begonnenen Privatisierungsmaßnahme ergeben, ist umstritten. Fischer/Goeres (Gesamtkommentar Öffentliches Dienstrecht des Bundes und der Länder, Stand 1995) verteten den Standpunkt, daß das der Privatisierung zugrundeliegende Rechtsgeschäft gleichwohl Bestandskraft behält. Dies wird mit der nicht zu übersehenden Tatsache begründet, daß an die Verletzung der in § 78 Abs. 1 BPersVG genannten mitwirkungsbedürftigen Tatbestände keine Rechtsfolgen geknüpft werden. Eine solche Sichtweise würde aber zweifelsohne gegen den Willen des Gesetzgebers verstoßen, da die Mitwirkungstatbestände damit vollkommen ins Leere liefen. Der Gesetzgeber will das Gespräch zwischen Dienststellenleitung und Mitbestimmungsorgan; nicht mehr und aber auch nicht weniger. Aus der Tatsache, daß das Beteiligungsrecht im Bundespersonalvertretungsrecht schon gegenüber der echten Mitbestimmung das wesentlich schwächere Recht darstellt und der Personalrat im Grunde die Ausgliederung seiner Dienststelle aus dem öffentlichen Dienst sehenden Auges begleiten muß, kann nur gefolgert werden, daß zumindest dieses Recht ein gewisses Maß an Schutz bedarf. So ist mit Altvater (BPersVG, § 72 Rz. 2 c) zumindest von einer Anfechtbarkeit der mitbestimmungswidrig getroffenen Maßnahme auszugehen.

Aber auch dem Personalrat wird Vorsicht angeraten. Denn sollte sich im Verfahren nicht belegen lassen, daß weitere Informationen vorgelegen hatten, die vom Arbeitgeber nicht weitergegeben wurden, so ist die Möglichkeit verspielt, im Erörterungsverfahren eigene Einwendungen und Vorschläge zu diskutieren (LAG Düsseldorf, Beschluß vom 18. 1. 94 – 3 TaBV 105/93 und LAG Hamm, Urteil vom 9. 1. 95 – 17 Sa 593/94). In den erwähnten Rechtsstreiten befaßten sich die Gerichte mit der Frage, ob es bei betriebsbedingten Kündigungen im Rahmen der Mitwirkung ausreicht, wenn der Arbeitgeber der Betriebsvertretung mitteilt, daß andere geeignete Arbeitsplätze in anderen Dienststellen nicht zur Verfügung stehen. Die Betriebsvertretung hatte die Information des Arbeitgebers für pauschal und nicht ausreichend gehalten und ließ die Äußerungsfrist verstreichen. Beide Landesarbeitsgerichte erkannten auf ein rechtsfehlerfreies Mitbestimmungsverfahren, der Weg zur Erörterung war abgeschnitten. Dementsprechend ist dem Personalrat dringend zu raten, die Erörterung mit dem Arbeitgeber zu suchen. Der Arbeitgeber sollte pflichtgemäß alle zur Verfügung stehenden Informationen an den Personalrat weitergeben.

285

Die Frist zur Abgabe einer Erklärung, ob erörtert werden soll, beträgt 10 Arbeitstage. Dabei ist der Tag, an dem der Personalrat vom Arbeitgeber die Vorlage zur Mitwirkung erhält, nicht mitzurechnen (§ 187 Abs. 1 BGB). Mit dem Begriff Arbeitstage meint der Gesetzgeber Werktage im Sinne des § 193 BGB. Dies sind die Wochentage von Montag bis Freitag mit Ausnahme der gesetzlichen Feiertage. Samstage, Sonntage und gesetzliche Feiertage

286

sind dementsprechend bei der Berechnung der 10-Tages-Frist nicht mitzurechnen.

Die Frist verdoppelt sich auf 20 Tage, wenn es sich um die Beteiligung einer Stufenvertretung oder eines Gesamtpersonalrates handelt und dabei die Stellungnahme des Personalrates einer nachgeordneten Dienststelle nach § 82 Abs. 2 BPersVG einzuholen ist.

287 Liegt dabei das Ende der Frist auf einem Samstag, Sonntag oder Feiertag, so läuft die Frist erst an dem darauffolgenden Werktag ab und dies nach dem BGB um 24.00 Uhr. Hier ist allerdings zu beachten, daß für das Einhalten der Frist seitens des Personalrates der Zugang beim Dienststellenleiter maßgeblich ist.

288 Hat der Dienststellenleiter zuvor von seinem Recht aus § 7 BPersVG Gebrauch gemacht und läßt sich von einer befugten Person vertreten, so hat der Zugang bei diesem Vertreter zu erfolgen. Voraussetzung für die Vertretungsmöglichkeit des Dienststellenleiters ist dessen Verhinderung oder das Einverständnis des Personalrates. Hiermit soll vermieden werden, daß der Personalrat bei der Mitwirkung ohne Notwendigkeit Informationen aus zweiter Hand erhält.

bb) Das Erörterungsgespräch nach § 72 BPersVG

289 Zur Vorbereitung des Erörterungsgespräches hat der Personalrat dem Dienststellenleiter seine Bedenken, weitere Informationswünsche oder Veränderungsvorschläge mitzuteilen. Regelmäßig kommt als Zeitpunkt für das Erörterungsgespräch die nächste Sitzung des Personalrates in Betracht. Der Leiter der Dienststelle wird mit dem Versuch der Einigung Einwände und Vorschläge mit dem Personalrat diskutieren. Anschließend kann er, überzeugt von den Argumenten der Personalvertretung die Durchführung der Maßnahme fallenlassen oder gemäß den Änderungsvorschlägen durchführen.

290 Für den Personalrat schließt sich an das Erörterungsgespräch eine weitere Frist von 10 Arbeitstagen an, in der er sich erklären muß, ob er nunmehr, nach Erörterung, mit der geplanten Privatisierungsmaßnahme einverstanden ist oder nicht (§ 72 Abs. 2 BPersVG).

291 Die Frist beginnt mit dem ersten Arbeitstag nach dem Tag der Erörterung (§ 187 Abs. 1 BGB). Die Erklärung muß mit Begründung und durch Beschluß des Personalrates manifestiert abgegeben werden. In der Praxis wird zur Beweissicherung dringend empfohlen, die Schriftform zu wählen, wenn dies auch nicht vom Gesetz ausdrücklich vorgesehen ist.

Das Einverständnis des Personalrates bedarf keiner weiteren Begründung. **292**
Ebenso kann auf eine Äußerung bis zum Ablauf der 10-Tages-Frist verzichtet
werden, was, ebenso wie bei der Einleitung der Erörterung, als Zustimmung
gewertet wird.

Entspricht der öffentliche Arbeitgeber nach Erörterung den Vorbehalten oder **293**
Einwendungen des Mitbestimmungsorganes nicht, so muß er dies unter
Angabe der Gründe mitteilen. Für diese Mitteilungspflicht sieht das Gesetz
keine Frist vor.

cc) Das Stufenverfahren

Sobald dem Personalrat die Entscheidung der Behördenspitze vorliegt, **294**
beginnt für diesen eine neue Frist zu laufen. Er kann den Vorgang innerhalb
von 3 Arbeitstagen der übergeordneten Dienststelle vorlegen und eine Entscheidung beantragen. Auch hier ist der diesbezügliche Beschluß des Personalrates zwingend erforderlich. Wird diese Verpflichtung nicht eingehalten,
so gilt dies, wie beim Schweigen bis zum Fristablauf, als Einverständnis mit
der Maßnahme (§ 72 Abs. 4 BPersVG).

Bezüglich der Fristen gilt das bereits oben Gesagte. Auch hier ist § 187 BGB **295**
anzuwenden (siehe oben Rz. 290). Es sei aber darauf hingewiesen, daß Altvater davon ausgeht, daß es zur Fristwahrung ausreicht, wenn die Vorlage am
letzten Tag der Frist abgesandt wird (Altvater, § 72 Rz. 14).

Diese Auffassung ist zwar in Anbetracht der Kürze der Frist bestechend, **296**
jedoch juristisch inkonsequent. Wenn hier bezüglich aller vom Gesetz
genannten Fristen vom Zugang gesprochen wird, so muß davon ausgegangen werden, daß es sich um den Zugang einer Willenserklärung entsprechend den Regelungen im BGB handelt. Insofern kann auch hier die
Erklärung des Personalrates, er wünsche die Entscheidung der übergeordneten Behörde, nur als Willenserklärung im Sinne des § 130 Abs. 1 Satz 1 und
Abs. 3 BGB gewertet werden.

Die Frist ist damit erst mit dem Zugang der Erklärung gegenüber dem Leiter **297**
der übergeordneten Dienststelle eingehalten. Damit ist auch geklärt, daß es
nicht ausreicht, wenn der Personalrat die Vorlage an die bei der übergeordneten Dienststelle bestehende Stufenvertretung weiterleitet. Gemäß § 72
Abs. 4 BPersVG muß er dem Leiter der übergeordneten Dienststelle vorlegen
und dabei den Dienstweg einhalten. Mit der Einhaltung des Dienstweges ist
in diesem Zusammenhang gemeint, daß die Vorlage an den Leiter der übergeordneten Dienststelle über die örtliche Dienststellenleitung gesandt werden muß. Aus der Formulierung des § 72 Abs. 4 Satz 4 BPersVG ergibt sich,
daß die örtliche Dienststellenleitung nun nicht mehr in das Verfahren ein-

greifen kann, sondern lediglich über den Fortgang des Verfahrens informiert sein soll (OVG Münster, Beschluß vom 13. 5. 1981 – CB 15/80 –). Die Vorlage ist an die übergeordnete Dienststelle zu richten, bei der eine Personalvertretung besteht.

298   Je nach dem, ob der Behördenaufbau zwei- oder dreistufig ist, setzt sich das Erörterungsverfahren nach den selben Verfahrensregeln fort. Ist der Aufbau zweistufig, so entscheidet nach der Erörterung mit der Stufenvertretung der Leiter der übergeordneten Dienststelle. Kommt bei dreistufigen Behörden auch nach dem Stufenverfahren auf der mittleren Ebene eine Einigung nicht zustande, so entscheidet nach weiterer Erörterung mit dem Hauptpersonalrat die oberste Dienstbehörde.

299   Geht es zum Beispiel um die Privatisierung einer im Landesbereich nachgeordneten Unterbehörde, so ist, bezieht sich die Maßnahme ausschließlich auf die Unterbehörde, zunächst mitwirkungsberechtigtes Gremium der örtliche Personalrat. Das Stufenverfahren wird bei der Mittelbehörde anhängig, dies ist etwa in Bundesländern, die Bezirksregierungen haben, deren Behördenleitung. Beteiligt wird hier der Bezirkspersonalrat. Kommt auch auf der Ebene der Mittelinstanz keine Einigung zustande, so ist der Privatisierungsplan dem zuständigen Fachministerium vorzulegen, das die beabsichtigte Maßnahme seinerseits mit dem dort gebildeten Hauptpersonalrat erörtert.

300   In Körperschaften, Anstalten und Stiftungen des öffentlichen Rechts ist als oberste Dienstbehörde das in ihrer Verfassung für die Geschäftsführung vorgesehene oberste Organ anzurufen, in Zweifelsfällen bestimmt die oberste Bundesbehörde die anzurufende Stelle (§ 69 Abs. 3 Satz 2 und Satz 3 BPersVG).

301   Beginnt das Mitwirkungsverfahren erst auf der Ebene der obersten Dienstbehörde selbst, weil diese eine Privatisierung in ihrem eigenen Dienststellenbereich plant, so soll hier eine Wahlmöglichkeit hinsichtlich des zu beteiligenden Personalrates bestehen (Altvater, § 72 Rz. 18).

302   Hier könne zum einen der für die Dienststelle gebildete örtliche Personalrat oder aber auch der Hauptpersonalrat beteiligt werden. Da in diesem Falle das dreizügige Stufenverfahren nicht zum Tragen kommt, der Personalrat verhandelt ja bereits mit der obersten Behörde, erscheint es sinnvoll, Privatisierungsmaßnahmen in den Zuständigkeitsbereich des Hauptpersonalrates einzuordnen, wenn die Art der Maßnahme geeignet ist, auch die Interessen der Beschäftigten in den nachgeordneten Behörden zu berühren. Dies wird nicht immer der Fall sein, so daß hier der Einzelfall zu betrachten ist.

303   Ist ein Antrag gemäß § 72 Abs. 4 BPersVG auf Einleitung des Stufenverfahrens gestellt worden, so ist gemäß Abs. 5 die Maßnahme bis zur Entschei-

dung der angerufenen Dienststelle auszusetzen. Das bedeutet, daß sich die geplante Privatisierung im Bereich der relativ schwachen Beteiligung der Personalräte durch einfache Mitwirkung zumindest für die Dauer des gesamten Stufenverfahrens verzögern kann. Gleichzeitig wird aber aus der Tatsache, daß die Letztentscheidung immer bei der Behörde liegt, deutlich, daß die Beteiligung der Personalräte nicht dazu führen kann, daß Entscheidungen auf demokratischer Grundlage ausgehebelt werden können. Die Entscheidung etwa eines Gemeinderates, zukünftig die Ver- und Entsorgung auf private Betreiber zu übertragen, kann in ihrem demokratisch legitimierten Bestand durch das Mitbestimmungsverfahren nicht angetastet, sondern lediglich verzögert werden. Zwar verlängert sich dieser Zeitraum je mehrstufiger die Behörde ist, verhindert werden kann sie hingegen nicht.

3. Die Mitbestimmung bei Maßnahmen, die im Zusammenhang mit Privatisierungen stehen

Die Autoren, die davon ausgehen, daß eine Mitwirkung der Personalräte bei Privatisierungsvorhaben nach § 78 Abs. 1 Nr. 2 BPersVG nicht besteht, weil es sich nicht um eine Auflösung einer Dienststelle handelt, wenn die öffentliche Aufgabe durch Rechtsgeschäft auf einen Dritten übertragen und fortgesetzt wird (Zander a. a. O.), müssen sich aber dennoch mit Beteiligungsfragen befassen. Denn die Privatisierung besteht in keinem Falle aus dem schlichten Akt der Aufgabenübertragung an Dritte, sondern ist immer mit anderen beteiligungspflichtigen Personalmaßnahmen verbunden. **304**

Wenn auch diese Maßnahmen erst auf den eigentlichen Privatisierungsentschluß folgen, so muß gerade deshalb hierauf besonderes Augenmerk gelenkt werden, da die Ausgliederung einer Dienstleistung aus dem öffentlichen Dienst letztlich nur dann auch wirklich praktisch umgesetzt werden kann, wenn die damit verbundenen Personalmaßnahmen mitbestimmungsrechtlich wirksam durchgeführt worden sind. Denn was ist eine Privatisierungsentscheidung wert, wenn die dazu erforderlichen Personalmaßnahmen nicht in die Tat umgesetzt werden können? **305**

Die Mitbestimmung in bezug auf personelle Einzelmaßnahmen kann in der Praxis mehr Probleme hervorrufen, als der zugrundeliegende Privatisierungsentschluß, denn die Beteiligungsrechte sind hier sehr viel stärker ausgestaltet. **306**

a) Mitbestimmung in personellen Angelegenheiten nach § 75 Abs. 1 und § 76 Abs. 1 BPersVG

307   Hier ist zunächst erst einmal an die mitbestimmungspflichtige Versetzung zu denken.

308   Eine Gemeinde betreibt im Bereich ihres Versorgungsgebietes mehrere Krankenhäuser. Im Bereich der Krankengymnastik und Physiotherapie ist geplant, mit Ausnahme eines Krankenhauses alle entsprechenden Abteilungen an private Anbieter zu vergeben. Der Dienststellenleiter erwägt, eine noch freie Stelle in der verbleibenden Abteilung mit einem Angestellten im Wege der Versetzung zu besetzen, der bislang in einer der zu privatisierenden Einrichtungen beschäftigt ist. Vorausgesetzt, der Arbeitnehmer ist mit der Maßnahme einverstanden, so daß sich eine etwaig notwendige Änderungskündigung erübrigt, greift dennoch die Notwendigkeit des Mitbestimmungsverfahrens nach § 75 Abs. 1 Nr. 3 BPersVG.

309   Ferner kommen bei der Privatisierung Umsetzungen in Betracht, die nicht nur von vorübergehender Dauer sind. Es wird z. B. in einem öffentlichen Krankenhaus nur eine einzelne Abteilung privatisiert. Aus diesem Grunde ist geplant, einzelne Beschäftigte in andere Abteilungen umzusetzen. Im Gegensatz zur Versetzung wird nicht die Dienststelle gewechselt, sondern lediglich der Arbeitsplatz innerhalb der Dienststelle. Beide Maßnahmen können überdies mit Höhergruppierungen oder Abgruppierungen verbunden sein, die ihrerseits nach § 75 Abs. 1 Nr. 2 BPersVG mitbestimmungspflichtig sind. (In ähnlicher Form sieht § 76 Abs. 1 in den Ziffern 3., 4., 5. und 6. BPersVG Mitbestimmungsregelungen im Beamtenbereich vor.)

310   Der Personalrat hat hier das echte Mitbestimmungsrecht, auf dessen Ausübung weder der Personalrat noch der betroffene Beschäftigte verzichten kann (LAG München, Beschluß vom 9. 4. 1979, – 8 Sa 608/78 –). Eine Ausnahme von diesem Grundsatz besteht nur dann, wenn das Mitbestimmungsrecht gemäß § 75 Abs. 2 Satz 2 , § 76 Abs. 2 Satz 2 oder § 77 Abs. 1 Satz 1 BPersVG jeweils nur auf Antrag des Beschäftigten oder des Beamten ausgeübt wird. In diesem Zusammenhang sei nur näher auf die letztgenannte Norm hingewiesen. Nach § 77 Abs. 1 Satz 1 BPersVG sind Personen, die zu selbständigen Personalentscheidungen befugt sind, Dienststellenleiter und deren Vertreter, Beamte auf Zeit, Beschäftigte mit überwiegend wissenschaftlicher oder künstlerischer Tätigkeit sowie in bestimmten Angelegenheiten Beamte ab der Besoldungsgruppe A 16 nur dann in die Mitbestimmungsrechte der Personalräte einbezogen, wenn sie einen diesbezüglichen Antrag gestellt haben. Ansonsten kann das Mitbestimmungsrecht nur durch Tarifvertrag oder Gesetz eingeschränkt oder ausgeschlossen werden.

Das BPersVG kennt innerhalb der echten Mitbestimmung wiederum zwei   311
verschiedene Formen der Beteiligung der Personalräte:

Mitbestimmungsangelegenheiten, die unter § 75 BPersVG fallen, werden bei   312
Ablehnung seitens des Personalrats abschließend von der bei der obersten
Dienstbehörde zu bildenden Einigungsstelle entschieden.

Angelegenheiten, die unter § 76 BPersVG fallen, werden auf Empfehlung der   313
Einigungsstelle von der obersten Dienstbehörde endgültig entschieden. Diese
Form der Mitbestimmung nennt sich eingeschränkte Mitbestimmung. Zwar
wird die Einigungsstelle bemüht, jedoch liegt das Letztentscheidungsrecht
bei der obersten Dienstbehörde, wodurch diese Form der Beteiligung eher in
das Feld der Mitwirkungsrechte einzuordnen ist.

b) Mitbestimmung bei der Gestaltung von Arbeitsplätzen gemäß § 75 Abs. 3 Nr. 16 BPersVG

Als weiterer Beteiligungstatbestand im Zuge von Privatisierungsmaßnahmen   314
kommt noch in Betracht die Beteiligung des Personalrates bei der Gestaltung
der Arbeitsplätze. Dies ist in § 75 Abs. 3 Nr. 16 BPersVG festgelegt. Es handelt
sich um echte Mitbestimmung.

Zweifelsfrei sind damit solche Maßnahmen gemeint, die den Arbeitsplatz in   315
technischer Art bzw. in seiner Ausstattung mit Arbeitshilfsmitteln betrifft.
Die Gestaltung eines Arbeitsplatzes ist das Herstellen der Bedingungen,
unter denen die konkrete Arbeitsaufgabe erledigt werden muß (BVerwG,
Beschluß vom 25. 8. 1986 – 6 P 16.84 –, PersR 86, 235). Im Zusammenhang mit
Privatisierungsmaßnahmen ist es durchaus denkbar, daß die Arbeitsplätze
schon vor dem eigentlichen Übergang der öffentlichen Aufgabe in die private
Rechtsform in ihrer Ausstattung verändert werden; möglicherweise werden
schon zu diesem Zeitpunkt Modernisierungen technischer Art vorgenommen, um bereits vor dem Übergang die Dienststelle an den Standard der Privatwirtschaft anzupassen. Häufig sind auch heute noch Arbeitsplätze im
öffentlichen Dienst technisch oder organisatorisch veraltet, so daß sich private Betreiber für eine Übernahme kaum interessieren.

Zander (PersR 1991, 322 mit Hinweis auf Altvater) nimmt an, daß über die   316
technische Ausstattung hinaus vom Mitbestimmungstatbestand des § 75
Abs. 3 Nr. 16 BPersVG auch die Gestaltung von Arbeitsplätzen erfaßt ist, die
die Organisation von Arbeitsabläufen betrifft. Dies ist umstritten. Orth ist der
Auffassung, dieser Mitbestimmungstatbestand beziehe sich ausschließlich
auf den Arbeitsplatz als räumlichen Faktor und begründet dies in nachvoll-
ziehbarer Weise mit dem Sinn und Zweck des betreffenden Mitbestimmungs-

tatbestandes (Orth, Krieg, Welkoborsky, Kommentar zum LPVG NRW, § 72 Rz. 150). Der Zweck dieses Mitbestimmungsrechtes bestehe darin, durch eine menschengerechte Gestaltung des Arbeitsplatzes die schutzwürdigen Belange der Beschäftigten zu wahren. Zu diesen schutzwürdigen Interessen gehörten funktionsgerechte Einrichtungen, körpergerechte Sitzmöbel usw., nicht aber das Interesse an einer Gestaltung der Arbeitsaufgabe in inhaltlicher Hinsicht. Diese Sichtweise ist mit dem Wortlaut der Ziffer 16 weit eher zu vereinbaren, als die weitergehende o. g. Auffassung von Zander und Altvater. So ist hier der Begriff Arbeitsplatz gewählt. Wenn der Gesetzgeber damit über den örtlich zu verstehenden Arbeitsplatz hinaus auch die inhaltliche Gestaltung der Arbeitsaufgabe gemeint hätte, so wäre dazu etwa eine Begriffswendung wie Gestaltung von Arbeitsplätzen und Arbeitsinhalten erforderlich gewesen. Der von Altvater angeführte Beschluß des BVerwG vom 25. 8. 1986 deckt indes nur die Annahme, der Begriff Arbeitsplatz sei als räumlicher Faktor zu verstehen und betreffe die technische und ergonomische Ausstattung.

c) Das Verfahren bei der Mitbestimmung

Das Verfahren richtet sich nach § 69 BPersVG.

317   Ebenso wie beim Mitwirkungsverfahren legt der Dienststellenleiter dem Personalrat die personelle Maßnahme in Form einer Vorlage zur Zustimmung vor. Der Personalrat berät und muß innerhalb einer Frist von 10 Arbeitstagen dem Dienststellenleiter seine Entscheidung übermitteln. Bei Stufenvertretungen und Gesamtpersonalräten verlängert sich die Frist auf 20 Arbeitstage, wenn sich der Personalrat einer nachgeordneten Dienststelle gemäß § 82 Abs. 2 und 3 BPersVG zu äußern berechtigt ist. Ist er mit der Maßnahme einverstanden, kann diese nach Ablauf der Frist durchgeführt werden. Vorher kann sie nur dann umgesetzt werden, wenn der Personalrat durch Beschluß ausdrücklich sein Einverständnis erklärt hat. In diesem Zusammenhang kommt es in der Praxis immer wieder zu Problemen, da Arbeitgeber dazu neigen, Maßnahmen durchzuführen, wenn beispielsweise die Vorsitzende des Personalrates im Vorfeld bereits angekündigt hat, daß die Zustimmung erfolgen wird. Da es auf den Beschluß des Personalrates ankommt, ist eine vorher getroffene Maßnahme fehlerhaft. Zur Rechtssicherheit und Rechtsklarheit ist daher die Einhaltung der Frist anzuraten.

318   Lehnt der Personalrat die vorgelegte Personalmaßnahme ab, so beginnt auch hier das Stufenverfahren (§ 69 Abs. 3 BPersVG). Im Unterschied zum Stufenverfahren bei der Mitwirkung nach § 78 BPersVG können hier sowohl der Personalrat als auch der Dienststellenleiter die Angelegenheit der übergeordneten Dienststelle vorlegen. Dies ist darauf zurückzuführen, daß die Maß-

nahme nur dann Wirksamkeit entfaltet, wenn sie mit Zustimmung oder mit Zustimmungsersetzung erfolgt ist. Lehnt also der örtliche Personalrat eine geplante Versetzung ab, die im Zuge einer Privatisierungsmaßnahme erfolgen soll, so ist der Dienststellenleiter gezwungen, seinerseits das Stufenverfahren einzuleiten. Bei der Mitwirkung würde es ausreichen, wenn der Personalrat das Stufenverfahren nicht innerhalb der gesetzten Fristen einleitet, damit die Maßnahme wirksam durchgeführt werden kann. Das Stufenverfahren muß von beiden Seiten innerhalb einer Frist von 6 Arbeitstagen in Gang gesetzt werden (§ 66 Abs. 3 Satz 1 BPersVG).

Ergibt sich im Zuge des gesamten Stufenverfahrens keine Einigung, so entscheidet bei der uneingeschränkten Mitbestimmung die Einigungsstelle (§ 69 Abs. 4 Satz 1 BPersVG). Dies sind die Angelegenheiten, die durch § 75 BPersVG bestimmt sind. Es handelt sich um Angelegenheiten, die die Arbeiter und Angestellten in der Dienststelle betreffen. **319**

Die eingeschränkte Mitbestimmung gilt für Angelegenheiten, von denen Beamte betroffen sind (§ 76 BPersVG). Hier wird zwar gleichfalls die Einigungsstelle angerufen, jedoch entscheidet in diesem Falle die oberste Dienstbehörde endgültig, wobei die Einigungsstelle lediglich eine Empfehlung zur Entscheidung abgibt. **320**

Die Einigungsstelle setzt sich zusammen aus je drei Vertretern, die von der obersten Dienststelle bestellt sind sowie drei Vertretern, die von der dort gebildeten Personalvertretung eingesetzt werden. Dabei muß auf der Arbeitnehmerseite mindestens ein Beamter und ein Arbeiter oder Angestellter benannt werden, der dem öffentlichen Dienst angehört. Daraus ergibt sich, daß auf Seiten der Personalräte ein Sitz der Einigungsstelle auch mit fachkundigen Personen von außen besetzt werden kann, die Arbeitgeberseite ist in der Bestellung der Mitglieder frei (§ 71 BPersVG). **321**

Der Vorsitzende der Einigungsstelle wird im Einvernehmen der Parteien bestellt; das Gesetz spricht hier ausdrücklich davon, daß dieser unparteiisch sein soll. Kommt eine Einigung über den Vorsitzenden nicht zustande, so entscheidet der Präsident des Bundesverwaltungsgerichtes.

aa) Die Zustimmungsverweigerung

Aus § 69 Abs. 1 BPersVG ergibt sich, daß eine Maßnahme, die der Mitbestimmung unterliegt, nur mit der Zustimmung des Personalrates getroffen werden kann. Hat der Personalrat beschlossen, seine Zustimmung zu einer Maßnahme zu verweigern, so muß er dies gegenüber dem Dienststellenleiter begründen. Hier stellt sich in der Praxis immer wieder die Frage, ob sich der **322**

Personalrat dabei ausschließlich auf die Begründung berufen darf, die einem Mitbestimmungstatbestand bzw. einem gesetzlichen Verweigerungsgrund entspricht. Nach der Rechtsprechung des Bundesverwaltungsgerichts kann der Dienststellenleiter die vom Personalrat abgegebene Begründung hinsichtlich dieser Frage überprüfen. Kommt er dabei zu dem Ergebnis, daß ein konkreter Mitbestimmungstatbestand offensichtlich nicht eingreift, so kann er sich über die Zustimmungsverweigerung hinwegsetzen und die Maßnahme durchführen (BVerwG, Beschluß vom 20. 6. 1986 – 6 P 4.83 –, PersR 1986, 197; BVerwG, Beschluß vom 23. 9. 1992 – 6 P 24.91 = AP Nr. 5 zu § 77 BPersVG.).

323 Diese Auffassung ist rechtlich bedenklich. Das BPersVG sieht bei der echten Mitbestimmung für den Fall, daß eine Einigung nicht zustandekommt, das Stufenverfahren vor. In § 69 BPersVG ist ausdrücklich geregelt, daß die Angelegenheit der übergeordneten Dienststelle vorzulegen ist. Beide Seiten sind nach § 69 Abs. 3 BPersVG gehalten, die jeweils andere Seite darüber zu informieren. Daraus ergibt sich, daß der Gesetzgeber bei Uneinigkeit der Parteien die Angelegenheit aus der Entscheidungsmacht dieser Ebene herausgenommen wissen will. Läßt sich keine Einigung erzielen, so sollen beide Seiten mit der Abgabe der Angelegenheit in das Stufenverfahren über den weiteren Verlauf nur noch informiert werden. Die Annahme des Bundesverwaltungsgerichtes, der Dienststellenleiter könne zunächst prüfen, ob die Einwände beachtlich seien, widerspricht demgemäß nicht nur dem Wortlaut des Gesetzes. Ihr kann auch deswegen nicht gefolgt werden, weil dies der Systematik und dem Sinn des § 69 BPersVG zuwiderlaufen würde. Der Dienststellenleiter wäre mit Altvater Richter in eigener Sache, was gerade mit dem System des Stufenverfahrens verhindert werden soll (Altvater, § 69 Rz. 42). Zurecht nimmt daher auch das Bundesarbeitsgericht an, daß sich die Unbeachtlichkeit einer Zustimmungsverweigerung nur im weiteren Mitbestimmungsverfahren ergeben, nicht aber vom Dienststellenleiter vorweg angenommen werden kann (BAG, Urteil vom 26. 1. 1988 – 1 AZR 531/86 = AP Nr. 50 zu §§ 99 BetrVG 1972; BAG, Urteil vom 29. 9. 1983 – 2 AZR 179/82 = AP Nr. 1 zu § 79 BPersVG)

324 Obwohl das Bundesverwaltungsgericht bis in die Mitte der 90er Jahre an den Grundsätzen zur Unbeachtlichkeit der Zustimmungsverweigerung festhält, werden die Voraussetzungen in der Sache, die es dem Dienststellenleiter ermöglichen sollen, die Verweigerung unbeachtet zu lassen, immer enger gesetzt. Es wird immer deutlicher darauf hingewiesen, daß der Personalrat im Wege des Beschlußverfahrens die Entscheidung ihres Dienststellenleiters, das Mitbestimmungsverfahren abzubrechen, gerichtlich überprüfen lassen kann und spricht am Rande auch von der Möglichkeit der Dienstaufsichtsbeschwerde (BVerwG, Beschluß vom 9. 12. 1992 – 6 P 16.91 = AP Nr. 41 zu § 75 BPersVG; BVerwG, Beschluß vom 4. 6. 1993 – 6 P 31.91 = PersR 93, 28).

Es scheint, auch das Bundesverwaltungsgericht sieht die Gefahr des willkür- 325
lichen Abbruchs des Mitbestimmungsverfahrens, zieht es aber vor, selbst die
Verantwortung für eine angemessene Kontrolle zu übernehmen: Es hält an
der Möglichkeit der Unbeachtlichkeitsfeststellung fest, holt diese aber dann
auf dem Wege der richterlichen Kontrolle wieder ein. Sicherlich ist damit
letztendlich der erforderliche Schutz der Mitbestimmungsrechte gewahrt,
jedoch hat der Gesetzgeber dafür eigentlich ein anderes Verfahren vorgesehen.

Freilich ist die Personalvertretung im Anwendungsbereich des BPersVG des- 326
halb in ihrer Entscheidung, ob sie die Zustimmung erteilt oder nicht, nicht in
jedem Falle völlig frei. Sie muß sich in Personalangelegenheiten, und darum
geht es im Zuge der Privatisierung in der Regel, mit dem Versagungskatalog
des § 77 Abs. 2 BPersVG befassen. Dieser bietet im Rahmen der Privatisierung Möglichkeiten, um in bezug auf eine geplante Personalmaßnahme die
Zustimmung zu verweigern.

bb) *Der Versagungskatalog des § 77 Abs. 2 Nrn. 1–3 BPersVG*

Hier sei insbesondere auf die Möglichkeit eines Verstoßes gegen Rationalisie- 327
rungsschutztarifverträge des öffentlichen Dienstes hingewiesen. Das Bundesarbeitsgericht hat in diesem Zusammenhang entschieden, daß die Übertragung von Reinigungsarbeiten in einer öffentlichen Dienststelle auf ein
Privatunternehmen eine Rationalisierungsmaßnahme im Sinne des Tarifvertrages zum Rationalisierungsschutz für Arbeiter und Angestellte im öffentlichen Dienst darstellt (BAG, Urteil vom 3. 5. 1978 – 4 AZR 698/76 – AP Nr. 5
zu § 1 KSchG 1969 betriebsbedingte Kündigung = BAGE 30, 272 = RdA 1978,
398).

Ansonsten kommt hier der unter der Ziffer 2 genannten Besorgnis, daß der 328
durch die Maßnahme betroffene Beschäftigte oder andere Beschäftigte
benachteiligt werden, Bedeutung zu.

Gehen mit einer Privatisierungsmaßnahme Versetzungen einher, wodurch 329
einige Beschäftigte eben mittels Versetzung in andere, nicht von der Privatisierung betroffene Dienststellen oder Dienststellenteile von den Rechtsfolgen
der Privatisierung unberührt bleiben, so besteht die Möglichkeit der Benachteiligung derjenigen, die durch die Ausgliederung aus dem öffentlichen
Dienst in ihren Rechten betroffen sind. Hier muß möglicherweise eine soziale
Auswahl getroffen werden, deren ordnungsgemäße Durchführung vom Personalrat überprüfbar sein muß.

In diesem Zusammenhang spielen besondere Schutzrechte von Schwangeren 330
und Schwerbehinderten sowie die tarifliche Unkündbarkeit von Langzeitbe-
schäftigten eine wesentliche Rolle.

4. Zusammenfassung

331 Dem Personalrat stehen vor und während des Privatisierungsvorhabens umfassende Informationsrechte zu, die ihn in die Lage versetzen, mit dem öffentlichen Arbeitgeber in eine Diskussion einzutreten.

332 Nach dem BPersVG wirkt der Personalrat bei der Privatisierung mit, weil damit regelmäßig die Auflösung oder Einschränkung einer Dienststelle verbunden ist. In einigen Bundesländern stellt die Privatisierung ein selbständiges Mitwirkungsrecht dar.

333 Anläßlich der Privatisierungsmaßnahme kommen weitere Tatbestände der Beteiligung in Betracht, die teilweise der Mitwirkung, teilweise der Mitbestimmung unterliegen. In den Personalvertretungsgesetzen der Länder sind die Beteiligungsrechte oftmals weitergehend formuliert. Es bleibt bei der Betrachtung der Einflußmöglichkeiten der Personalräte in Privatisierungsangelegenheiten festzuhalten, daß letztendlich geplante und beschlossene Maßnahmen im Wege der Mitbestimmung keinesfalls verhindert werden können. Bei Einhaltung der mitbestimmungsrechtlichen Vorschriften kommt höchstenfalls eine Verzögerung bei der Umsetzung des Privatisierungsentschlusses in Betracht, die im Interesse der schutzwerten Belange der Beschäftigten und Beamten durchaus berechtigt erscheint.

II. Die Beteiligung von Betriebsräten bei und im Zuge einer Privatisierungsmaßnahme

1. Einleitung

334 Die Mitbestimmung bei Privatisierungsmaßnahmen findet ihre Rechtsgrundlagen nicht ausschließlich in den Personalvertretungsgesetzen des Bundes und der Länder. Häufig werden öffentliche Aufgaben bereits in privatrechtlich organisierten Unternehmen betrieben, jedoch hält die öffentliche Hand oft noch sämtliche Anteile oder zumindest die Anteilsmehrheit. So kommt es mittlerweiler eher selten vor, daß Kommunen ihre Stadtwerke in Form eines Eigenbetriebes führen. Es findet sich in diesem Bereich zunehmend die Rechtsform der Aktiengesellschaft oder der Gesellschaft mit beschränkter Haftung.

335 Der Überführungsakt von der Erfüllung öffentlicher Aufgaben in rein öffentlich-rechtlichen Strukturen hin zur staatlichen Daseinsvorsorge in privatwirtschaftlichen Organisationsformen ist bereits in vielen Bereichen des staatlichen Handelns vollzogen. Aber die Reaktionen auf leere Kassen im staatlichen Bereich gehen mittlerweile sehr viel weiter. Über derartige formelle Privatisierungsakte hinaus sind üblicherweise auch bereits privatwirtschaftlich organisierte Bereiche des öffentlichen Dienstes von Privatisierungsmaßnahmen betroffen, bei denen im Wege des Trägerwechsels staatliche Aufgaben vollständig auf Privatbetreiber übertragen werden. In diesen also schon durch formelle Privatisierungsakte umstrukturierten Bereichen sind weitere, materielle, Privatisierungsakte denkbar, bei denen sich im Rahmen der Mitbestimmung nicht Personalräte, sondern Betriebsräte und Geschäftsleitungen gegenüberstehen.

2. Die Beteiligung von Betriebsräten nach dem Betriebsverfassungsgesetz bei Privatisierungen

Der Begriff der Privatisierung selbst kann naturgemäß im BetrVG nicht aufgeführt sein, weil es sich dabei im engeren Sinne, was die Mitbestimmung angeht, um den Übergang vom BPersVG zum BetrVG handelt. Das BetrVG schließt aber selbst die Anwendbarkeit seiner Vorschriften im öffentlich-rechtlichen Bereich nach § 130 BetrVG aus. | 336

Der Privatisierungsbegriff im weiteren Sinne schließt aber, wie oben ausgeführt, auch Fälle ein, in denen öffentliche Aufgaben bereits privatwirtschaftlich wahrgenommen werden, jedoch Träger der Aufgabe nach wie vor der Staat ist. Hier muß untersucht werden, ob solche, materiellen, Privatisierungsmaßnahmen mit Beteiligungsrechten der Betriebsräte verbunden sind. | 337

a) Die Art der Beteiligung von Betriebsräten nach § 111 BetrVG

Als grundlegende Vorschrift im BetrVG könnte § 111 herangezogen werden, der die Beteiligung der Betriebsräte bei Betriebsänderungen normiert. § 111 BetrVG sieht im Falle einer Betriebsänderung vor, daß der Arbeitgeber den Betriebsrat informiert und das Vorhaben mit diesem berät. Ziel dieser Form der Betriebsratsbeteiligung ist der Interessenausgleich. Die Formulierung zeigt, daß innerhalb des § 111 BetrVG für die echte Mitbestimmung von Betriebsräten kein Raum ist. Grundlage aller Maßnahmen im Sinne des § 111 BetrVG ist nämlich die vom Gesetzgeber eingeräumte und geschützte unternehmerische Entscheidungsfreiheit, die nur in begrenztem Umfang den Einfluß der Mitbestimmungsgremien zuläßt. | 338

339 Information und Beratung von Betriebsänderungen sind aber dennoch in das BetrVG aufgenommen worden, da auch die Arbeitgeberseite ein zunehmendes Interesse an der betrieblichen Akzeptanz von unternehmerischen Entscheidungen entwickelt hat. Däubler weist in diesem Zusammenhang berechtigter Weise darauf hin, daß ein gutes Funktionieren der Wirtschaft nicht zuletzt auf der Akzeptanz der arbeitgeberseitigen Entscheidungen fußt (Däubler/Kittner/Klebe/Schneider, BetrVG-Komm., Einl. Rz. 42 f.; § 111 Rz. 1).

b) Die Tatbestandsvoraussetzungen des § 111 BetrVG – Betriebsänderungen

340 Voraussetzung der Anwendbarkeit ist zunächst bei allen Fällen der Betriebsänderung, daß in dem Betrieb mehr als zwanzig wahlberechtigte Arbeitnehmer beschäftigt sind (§ 111 Abs. 1 Satz 1 BetrVG). Mithin ist die Mitwirkung der Betriebsräte an die gleiche Bezugsgröße geknüpft, die auch § 99 BetrVG für die Mitbestimmung in personellen Einzelmaßnahmen vorgesehen ist. Die Bezugsgröße von zwanzig Arbeitnehmern stellt gleichzeitig nach § 9 BetrVG den Grenzwert dar, der zwischen dem einköpfigen Betriebsrat, dem Betriebsobmann/der Betriebsobfrau, und dem dreiköpfigen Betriebsrat liegt.

341 In § 111 Abs. 1 Satz 2 BetrVG sind die Fälle aufgezählt, die im Sinne des Satzes 1 als Betriebsänderungen anzusehen sind. Hierbei ist nach wie vor streitig, ob die Aufzählung des Satzes 2 abschließenden oder beispielhaften Charakter hat.

Das BAG hat diese Frage bislang offen gelassen (BAG vom 12. 2. 1981, 17. 8. 1982 und 6. 12. 1988, AP Nrn. 9, 11 und 26 zu § 111 BetrVG 1972). Die Literaturmeinung geht mittlerweile wohl überwiegend davon aus, daß es sich bei der Aufzählung des § 111 Abs. 1 Satz 2 BetrVG um einen Beispielskatalog handelt, der aber die Möglichkeit, auch andere als hier genannte Fälle einzubeziehen, durchaus offenläßt (siehe umfassende Nachweise bei Däubler/Kittner/Klebe/Schneider, § 111 Rz. 33).

342 Die weitere Frage, nämlich ob die in Satz 1 formulierte Möglichkeit der nachteiligen Folgen der Betriebsänderung für die Belegschaft bei allen Arten der in Satz 2 genannten Betriebsänderungen gegeben sein muß, hat das BAG mehrfach verneint (zuletzt BAG vom 27. 12. 1985, AP Nr. 15 zu § 111 BetrVG 1972). Nach der hier zitierten Rechtsprechung ist durch die Formulierung „als Betriebsänderungen des Satzes 1 gelten" klargestellt, daß der Gesetzgeber bei den in Satz 2 genannten Fällen der Betriebsänderungen im Wege der gesetzlichen Fiktion unterstellt hat, daß die Möglichkeit der Benachteiligung der Belegschaft im Sinne des Satzes 1 vorliegt.

c) Die Beteiligung von Betriebsräten nach § 111 BetrVG in Fällen des Betriebsüberganges nach § 613 a BGB

Problematisch bei der Privatisierung öffentlicher Dienstleistungen ist aber in **343** erster Linie, ob die Vorschrift auch auf die Fälle des Betriebsüberganges anwendbar ist. Denn in einer Vielzahl der Fälle geschieht die Privatisierung aufgrund einer rechtsgeschäftlichen Übertragung der öffentlichen Einrichtung auf einen privaten Betreiber. Dies ist nach der Rechtsprechung des BAG zumindest dann nicht der Fall, wenn der gesamte Betrieb als Einheit auf einen anderen Betreiber übergeht, ohne daß es anläßlich des Betriebsüberganges zu weiteren organisatorischen Maßnahmen wesentlicher Natur kommt (BAG vom 24. 7. 1979, DB 1980, 164; vom 4. 12. 1979, AP Nr. 6; vom 17. 2. 1981, AP Nr. 9; vom 17. 3. 1987, AP Nr. 18 jeweils zu § 111 BetrVG 1972). Diese auch in der Literatur überwiegend vertretene Auffassung wird damit begründet, daß durch § 613 a BGB als Sonderregelung ein umfassendes Arbeitnehmerschutzrecht im Falle des Betriebsüberganges bei Erhalt der Betriebsidentität geschaffen sei. Außerdem wirke sich die rechtliche Zuordnung der Betriebsmittel nicht auf den Betrieb als arbeitstechnische Einheit aus (andere Auffassung: Däubler in Däubler/Kittner/Klebe/Schneider, BetrVG-Komm., § 111, Rz. 89 m. w. N.). Die vom LAG Baden-Würtemberg vertretene gegenteilige Auffassung, nach der auch ein Betriebsübergang eines ganzen Betriebes eine Betriebsänderung im Sinne des § 111 BetrVG darstellt (LAG B.-W. vom 11. 10. 1978, DB 1979, 114), wurde vom BAG verworfen.

Dies kann aber, wie oben bereits erwähnt, nur auf solche Betriebsübergänge **344** zutreffen, in denen die Identität des Betriebs erhalten bleibt und keinerlei weitere organisatorische Veränderung neben dem Betriebsübergang vorgenommen wird. Diese Fälle dürften in der Praxis äußerst selten vorkommen. Und selbst, wenn dies im Einzelfall zutreffen sollte, so kann in derart gelagerten Fällen aber durchaus der alte Arbeitgeber vor und der neue Arbeitgeber nach dem Betriebsübergang Betriebsänderungen im Sinne des § 111 BetrVG vornehmen, die ihrerseits die Beteiligung der Betriebsräte auslösen (BAG Beschluß vom 26. 5. 1983 und 27. 9. 1984, AP Nrn. 34, 39 zu § 613 a BGB).

Geht aber nicht der gesamte Betrieb auf einen neuen Betreiber im Wege des **345** § 613 a BGB über und handelt es sich dementsprechend um einen Fall des Teilbetriebsüberganges, so geht das BAG davon aus, daß die Rechte des Beriebsrates aus § 111 BetrVG nicht durch § 613 a BGB verdrängt werden (BAG, Beschluß vom 16. 6. 1987, AP Nr. 19 zu § 111 BetrVG 1972). Im Leitsatz wird hier deutlich gemacht, daß der Übergang eines Betriebsteils auf einen neuen Inhaber (§ 613 Abs. 1 Satz 1 BGB) mit weiteren Maßnahmen des Arbeitgebers verbunden sein kann, die Organisation und Zweck des ursprünglichen Betriebs grundlegend ändern und deshalb eine Betriebsänderung im Sinne des § 111 Abs. 1 Satz 2 Nr. 4 BetrVG darstellen. Die Anwendbarkeit des § 111 BetrVG wird insoweit nicht durch § 613 a BGB ausgeschlossen. In der vorliegenden Entscheidung ging es um einen Betrieb, der in zwei voneinander unabhängige und selbständige Betriebe aufgespalten wurde. In dieser Aufspaltung (der Begriff Aufspaltung wird hier nicht im Sinne des UmwG benutzt) hat das BAG eine Betriebsänderung gesehen, weil sich dadurch die Betriebsorganisation wesentlich verändert hatte.

346   In einer schon früher ergangenen Entscheidung hatte das BAG bereits festgestellt, daß eine Betriebsänderung wegen grundlegender Veränderung der Betriebsorganisation auch dann vorliegt, wenn einem Betrieb mit einem bestimmten arbeitstechnischen Betriebszweck ein weiterer Betriebsteil mit einem anderen Betriebszweck angegliedert wird (BAG, Beschluß vom 17. 12. 1985 – 1 ABR 78/83 – AP Nr. 15 zu § 111 BetrVG 1972). In beiden Urteilen wird allerdings deutlich darauf hingewiesen, daß dies nur dann zutrifft, wenn ein wesentlicher Teil abgespalten oder angegliedert wird. Das BAG weist mit diesem Einwand darauf hin, daß es sich mit den o. g. Entscheidungen nicht in Widerspruch zur vorangegangenen Rechtsprechung setzt. Im Falle der Abspaltung eines Restaurantbetriebes von einem Supermarkt hatte nämlich im Jahre 1980 das BAG das Vorliegen einer Betriebsänderung im Sinne des § 111 BetrVG verneint, dies aber damit begründet, daß der abgespaltene Teil im Vergleich zu dem verbleibenden Teil unwesentlich war (BAG, Urteil vom 21. 10. 1980 – 1 AZR 145/79 – AP Nr. 8 zu § 111 BetrVG 1972). Die Anwendbarkeit des § 111 BetrVG kommt dementsprechend bei all den Spaltungen oder Verschmelzungen in Betracht, bei denen eine wesentliche Änderung der Betriebsorganisation unmittelbare Begleiterscheinung ist.

d) Die Beteiligung des Betriebsrates und Rechtsfolgen der Verletzung von Beteiligungsrechten

347   Greift die Vorschrift des § 111 BetrVG ein, so hat der Arbeitgeber den Betriebsrat rechtzeitig und umfassend zu unterrichten und die geplanten Änderungen mit ihm zu beraten.

Die Unterrichtungspflicht trifft den Unternehmer, das ist in diesem Zusammenhang die Geschäftsführung des staatlichen Unternehmens. Das BAG geht davon aus, daß hier im weiteren Sinne stets der Arbeitgeber gemeint ist (BAG vom 15. 1. 1991, DB 1991, 1472).

348   Was den Zeitpunkt und den Umfang der Unterrichtung angeht, muß auch hier, wie bei der Unterrichtung der Personalräte über die Auflösung der Dienststelle, davon ausgegangen werden, daß sie so zeitig zu erfolgen hat, daß noch Raum für eine Diskussion zwischen Arbeitgeber und Betriebsrat bleibt (siehe dazu oben Rz. 262 und Rz. 265).

Der Arbeitgeber muß die geplante Betriebsänderung mit dem Betriebsrat   349
beraten. Ziel der Beratung sind Interessenausgleich und Sozialplan (§§ 112,
112 a BetrVG). Inhalt des Interessenausgleichs ist es eine Einigung zwischen
Betriebsrat und Arbeitgeber über die unternehmerisch wirtschaftliche Entscheidung als solche zu erzielen. Hier wird z. B. Einvernehmen erzielt über
die Fragen ob, zu welchem Zeitpunkt und in welcher Weise der Betrieb verändert werden soll und wie in diesem Zusammenhang die Personalplanung
erfolgt. Es soll eine Interessenabwägung vorgenommen werden zwischen
denen des Arbeitgebers, der eine möglichst weitgehende Kostenreduzierung
anstrebt, und denen der Arbeitnehmer, die an dem möglichst vollständigen
Erhalt ihrer Arbeitsplätze und ihres Verdienstes interessiert sind (Schaub,
Arbeitsrechtshandbuch § 244 IV 1). Der Sozialplan enthält Regelungen über
den Ausgleich oder die Milderung wirtschaftlicher Nachteile, die den Arbeitnehmern durch Betriebsänderungen entstehen. Betriebsrat und Arbeitgeber
sind in den Grenzen von Recht und Billigkeit grundsätzlich darin frei, welche
Nachteile und in welcher Höhe ausgeglichen werden soll (BAG, Urteil vom
15. 1. 1991, DB 1991, 1526). Der Sozialplan ist vom Betriebsrat nur dann
erzwingbar, wenn die Betriebsänderung allein aus Entlassungen besteht und
die in § 112 a Abs. 1 BetrVG genannte Anzahl von betriebsbedingten Kündigungen erfolgen soll. Ein sogenanntes Neugründungsprivileg erhalten nach
§ 112 a Abs. 2 die Unternehmer, die eine Betriebsänderung in den ersten vier
Jahren nach der Neugründung durchführen. Diese bleiben nach dem Willen
des Gesetzgebers von der Erzwingbarkeit des Sozialplans im Sinne des § 112
Abs. 4 und 5 BetrVG ausgenommen.

Besteht Uneinigkeit darüber, ob bei einer vom Arbeitgeber geplanten Maß-   350
nahme eine Betriebsänderung im Sinne des § 111 BetrVG vorliegt, so kann
eine Klärung im Wege des arbeitsgerichtlichen Beschlußverfahrens herbeigeführt werden. Der Gegenstand des Verfahrens ist nach der Rechtsprechung
des BAG die Verpflichtung des Arbeitgebers, den Betriebsrat zu unterrichten
und mit ihm über Sozialplan und Interessenausgleich zu verhandeln (BAG
Beschluß vom 10. 11. 1987, AP Nr. 15 zu § 113 BetrVG 1972).

Kommt der Arbeitgeber seiner Unterrichtungsverpflichtung nicht nach, so   351
können die von Nachteilen betroffenen Arbeitnehmer Ansprüche aus Nach-
teilsausgleich gemäß § 113 BetrVG geltend machen.

Informiert der Arbeitgeber hingegen den Betriebsrat nicht in ausreichendem   352
Maße, so kann dieser im Wege der einstweiligen Verfügung die Umsetzung
der Betriebsänderung so lange aufhalten, bis die Informationen ausreichend
sind. Dasselbe gilt auch dann, wenn der Arbeitgeber im Sinne des § 111
BetrVG nicht ausreichend verhandelt hat. Zwar sind diese nicht erzwingbar,
jedoch ist das Verhandeln erst dann als ausreichend anzusehen, nach dem

der Präsident des zuständigen Landesarbeitsamtes ergebnislos vermittelt und die anschließende Einigungsstelle keine Deckungsgleichheit der entgegenstehenden Interessen erzielt hat (§ 112 Abs. 2 BetrVG). Auf diesem Wege können Betriebsräte die Umsetzung einer geplanten Betriebsänderung nicht verhindern, jedoch wesentlich verzögern.

353 Bei Verstößen gegen die Unterrichtungspflicht des Arbeitgebers sind hier auch die Feststellung einer Ordnungswidrigkeit nach § 121 BetrVG sowie bei schweren Verstößen das Verfahren nach § 23 Abs. 3 BetrVG denkbar.

3. Die Beteilung der Betriebsräte im Zuge von Privatisierungen

354 Neben dem, wie bereits dargelegt, sehr engen Anwendungsraum der Unterrichtungs- und Beratungsrechte aus den §§ 111 ff. BetrVG finden sich weitere Beteiligungstatbestände der Betriebsräte, die im Zusammenhang mit einer Privatisierungsmaßnahme auftreten können. Die §§ 111 ff. BetrVG stellen keine Spezialnorm dar, andere Mitbestimmungsnormen können daneben eingreifen. Dies gilt zum Beispiel für die Anhörung vor Kündigungen nach § 102 BetrVG, das Anhörungsverfahren im Rahmen des § 90 BetrVG, wenn im Zusammenhang mit der Privatisierung Arbeitsplätze, Arbeitsumgebung und technischer Standard der Arbeitsplätze verändert werden oder wenn personelle Einzelmaßnahmen im Sinne des § 99 BetrVG im Zuge einer Privatisierungsmaßnahme als Begleiterscheinung auftreten.

4. Zusammenfassung

355 Die Beteiligung der Betriebsräte bei der materiellen Privatisierung von staatlichen Betrieben, die in privatwirtschaftlichen Rechtsformen betrieben werden, ergibt sich in der Hauptsache aus § 111 BetrVG. Nur beim rechtsgeschäftlichen Übergang, der mit keiner weiteren wesentlichen organisatorischen Maßnahme verbunden ist und bei dem die Betriebsidentität erhalten bleibt, ist ein Nebeneinander von § 613a BGB und § 111 BetrVG ausgeschlossen. Teilbetriebsübergänge können hingegen Betriebänderungen im Sinne des § 111 BetrVG beinhalten. Auch wesentliche Spaltungen oder Verschmelzungen, die nicht Betriebsübergänge sind, können danach der Beteiligung nach § 111 BetrVG unterliegen. Im Zuge der Privatisierung kommen weitere Mitbestimmungstatbestände in Betracht, die aus dem Bereich der personellen Einzelmaßnahmen und der Gestaltung von Arbeitsplätzen und Arbeitsabläufen stammen.

III. Der Fortbestand gewählter Betriebsräte und deren Rechte bei der Ausgliederung der öffentlichen Dienstleistung aus dem staatlichen Bereich

1. Einführung

Privatisierungsmaßnahmen können auf unterschiedlichste Art und Weise durchgeführt werden. Doch immer dann, wenn sich durch die Privatisierungsmaßnahme die vollständige oder auch nur teilweise Auflösung oder Beendigung des vorangegangenen Rechtsträgers der öffentlichen Aufgabe ergibt, stellt sich gleichzeitig stets die Frage nach dem Schicksal des dazugehörigen Betriebsrates. Dies kann je nach der rechtlichen Konstruktion des Trägerwechsels unterschiedlich gestaltet sein. **356**

2. Privatisierungsmaßnahmen im Wege der Einzelrechtsnachfolge, die die rechtliche Existenz des Betriebsrates betreffen

Inzwischen werden häufig bereits privatrechtlich organisierte Unternehmen vollständig aus der Eignerschaft der öffentlichen Hand herausgezogen und auf Private übertragen. In mitbestimmungrechtlicher Hinsicht bedeutet dies, daß auch staatliche Unternehmen, die bereits dem Betriebsverfassungsrecht unterstellt sind, in denen also auf der Arbeitnehmerseite Betriebsräte handeln, von Privatisierungsproblematiken betroffen sind. **357**

a) Die Veräußerung aller Gesellschaftsanteile an private Dritte durch den Staat

Denkbar ist in diesem Zusammenhang, daß sich der Staat durch Verkauf seiner Anteile an der Gesellschaft an einen Dritten durch Rechtsgeschäft der öffentlichen Aufgabe entledigt. Hier findet also auf der Gesellschafterseite als solcher keinerlei Änderung statt. Die Anteile an der Stadtwerke AG X einer Kommune gehen durch Verkauf auf einen privaten Betreiber über. Das Unternehmen aber existiert wie zuvor weiter. Es handelt sich nach wie vor um die X-AG, es hat lediglich ein Gesellschafterwechsel stattgefunden. In diesem Falle greift § 613a BGB nicht ein, weil sich an der Identität des rechtlichen Trägers nichts geändert hat (BAG, Urteil vom 3. 5. 1983, AP Nr. 4 zu § 128 HGB). Wird aber die Existenz des Unternehmens als solche nicht angetastet, so wird von diesem Vorgang auch die Existenz des Betriebsrates nicht berührt. Zwar handelt es sich nicht mehr um ein staatliches Unternehmen, **358** weil die Anteile nicht mehr dem Staat gehören, doch der Betriebsrat hat es mit dem selben Betrieb und der selben Belegschaft und vor allem mit dem selben Arbeitgeber zu tun.

b) Veräußerung des gesamten staatlichen Betriebes an einen privaten Erwerber ohne eigenes Unternehmen

359   Es ist aber auch möglich, daß das gesamte öffentliche Unternehmen mit all seinen Betriebsmitteln, seinen Immobilien und seinem Know-how Dritten überlassen oder veräußert wird. Bei einem solchen Verkauf wird der gesamte Betrieb durch Rechtsgeschäft auf einen anderen Rechtsträger übertragen. Die Gegenleistung besteht in Geld. Geht also in diesem Sinne der gesamte Betrieb auf einen Erwerber über und wird dieser nicht etwa durch Verschmelzung mit einem bereits vom Erwerber gehaltenen Betrieb die Betriebsidentität zerstört, so geht dieser als ganzes im Wege des Betriebsüberganges im Sinne des § 613a BGB über. Aufgrund der Betriebsidentität bleibt der zuvor im veräußerten Betrieb gewählte Betriebsrat im Amt. In bezug auf die Mitbestimmung tritt lediglich an die Stelle des veräußernden Staates der Erwerber als neuer Arbeitgeber und mitbestimmungsrechtlicher Betriebspartner (BAG, Beschluß vom 28. 9. 1988, AP Nr. 55 zu § 99 BetrVG 1972.)

c) Veräußerung von Betriebsteilen an einen privaten Erwerber bei Erhalt der Betriebsidentität

360   Ebenso ist es denkbar, daß lediglich Teile von öffentlichen Unternehmen an private Betreiber veräußert werden. Nicht selten betreiben beispielsweise Kommunen in Form einer Stadtwerke AG den öffentlichen Nahverkehr, die Gas-, Wasserversorgung sowie die Müllentsorgung. Hier bleiben nicht selten Teile in Form der Stadtwerke AG erhalten, während etwa der Nahverkehr ausgegliedert wird.

361   Bleibt dabei die Identität des Nahverkehrsbetriebs als Betriebsteil erhalten, weil der Erwerber ohne jede organisatorische Veränderung schlicht diesen Betrieb weiterführt, endet dennoch die Zuständigkeit des Betriebsrates der Stadtwerke AG für den ausgegliederten Nahverkehr, weil ein neuer Betrieb entstanden ist (BAG, Beschluß vom 23. 11. 1988, AP Nr. 77 zu § 613a BGB).

362   Hier entsteht zu Beginn eine betriebsratslose Zeit. Zum Teil wird hier die Auffassung vertreten, daß auf solch gelagerte Fälle das Umwandlungsgesetz analog anzuwenden ist. Nach § 321 UmwG entstünde dann ein Übergangsmandat für den Betriebsrat der Stadtwerke AG X, bis in dem neuen Betrieb

Betriebsratswahlen durchgeführt sind (Gaides, Die Auswirkungen der Neu-ordnung des Umwandlungsrechts auf das Arbeitsrecht, Der Betriebsrat, 2/1995). Das Umwandlungsgesetz ist nach seinem Wortlaut auf den Fall der rechtsgeschäftlichen Veräußerung von Betrieben oder Betriebsteilen nicht anwendbar. § 321 UmwG ist ausschließlich auf die Fälle der Gesamtrechts-nachfolge in Form von Spaltung und in beschränktem Umfang auf die Teil-übertragung gerichtet. Dort heißt es im Wortlaut:

„Hat die Spaltung oder die Teilübertragung eines Rechtsträgers nach dem dritten oder vierten Buch die Spaltung des Betriebes zur Folge, so bleibt dessen Betriebsrat im Amt und führt die Geschäfte für die ihm bislang zuge-ordneten Betriebsteile weiter, soweit sie über die in § 1 BetrVG genannte Arbeitnehmerzahl verfügen und nicht in einen Betrieb eingegliedert werden, in dem ein Betriebsrat besteht."

Spaltungen sieht das dritte Buch des UmwG (§§ 123–173 UmwG) in drei **363** Variationen vor. Aufspaltungen, Abspaltungen und Ausgliederungen wer-den als Spaltungen (siehe dazu oben Rz. 230) im Sinne dieser Regelungen angesehen. Bei der Aufspaltung wird ein Unternehmen aufgelöst und das Vermögen auf mindestens zwei neue Unternehmen aufgeteilt, wobei die Gesellschafter Anteile aller neu gegründeten Unternehmen als Gegenleistung erhalten (§ 123 Abs. 1 UmwG). Bei der Abspaltung wird das Unternehmen, von dem „etwas weggenommen" wird, nicht aufgelöst. Es werden lediglich Teile davon an andere Rechtsträger übertragen. Die Gegenleistung besteht in der Übertragung von Anteilen der übernehmenden an die Anteilsinhaber der übertragenden Rechtsträger (§ 123 Abs. 2 UmwG). Bei der Ausgliederung gelangen Teile des Vermögens des Rechtsträgers in den Bereich anderer Rechtsträger. Die Gegenleistung besteht hier nicht in einer Übertragung von Anteilen an die Anteilinhaber, sondern in der Übertragung von Anteilen der übernehmenden Rechtsträger in das Vermögen des übertragenden Rechtsträ-gers (§ 123 Abs. 3 UmwG). Alle drei Arten der Aufspaltung betreffen im Wege der Gesamtrechtsnachfolge die Übertragung von Vermögen, nicht jedoch die rechtsgeschäftliche Veräußerung. Auch die Regelungen der Ver-mögensteilübertragung nach dem UmwG sind nach dem Wortlaut der ein-schlägigen Bestimmungen nicht auf den Fall anzuwenden, wenn ein staatli-ches Unternehmen ganz oder in Teilen an einen privaten Erwerber veräußert wird.

Nach § 174 Abs. 1 und 2 UmwG nämlich sind derartige Vermögensübertra- **364** gungen zwar gegen Geldleistung wie beim rechtsgeschäftlichen Kaufvertrag möglich, jedoch handelt es sich auch hier um einen Fall der gesetzlich gere-gelten Gesamtrechtsnachfolge, die zudem nach § 175 UmwG nur in begrenz-tem Rahmen möglich ist. Danach ist die Teilübertragung möglich

1. von einer Kapitalgesellschaft auf den Bund, ein Land, eine Gebietskörperschaft oder einen Zusammenschluß von Gebietskörperschaften;

2. a) von einer Versicherungsaktiengesellschaft auf Versicherungsvereine auf Gegenseitigkeit oder auf öffentlich-rechtliche Versicherungsunternehmen;

   b) von einem Versicherungsverein auf Gegenseitigkeit auf Versicherungsaktiengesellschaften oder auf öffentlich-rechtliche Versicherungsunternehmen;

   c) von einem öffentlich-rechtlichen Versicherungsunternehmen auf Versicherungsvereine auf Gegenseitigkeit oder auf eine Versicherungsaktiengesellschaft.

365 Sinn und Zweck der Übergangsregelungen für die Zuständigkeit von Betriebsräten nach § 321 UmwG ist nach Gaides (a. a. O.) der Grundsatz der Mitbestimmungskontinuität, der auch in den Fällen zu berücksichtigen sei, in denen die tatbestandlichen Voraussetzungen des § 321 UmwG nicht vorliegen. Insofern sei auch bei dem Verkauf eines staatlichen Betriebsteils an einen privaten Erwerber im Wege der Einzelrechtsnachfolge ein Übergangsmandat des Betriebsrates anzunehmen. Bauer/Lingemann (NZA 1994, 1057) vertreten mit der wohl herrschenden Meinung die Auffassung, daß eine Analogie zu § 321 UmwG nicht angenommen werden kann. Dies wird vor allem mit dem Wortlaut des § 321 UmwG begründet. Dadurch, daß das Übergangsmandat des Betriebsrates ausschließlich auf die Fälle der Spaltung und der Teilübertragung nach dem dritten und vierten Buch des UmwG begrenzt worden sei, sei erkennbar, daß der Gesetzgeber offenbar eine darüber hinausgehende Übergangsregelung für Betriebsräte nicht gewollt habe. Weiterhin äußern Bauer und Lingemann verfassungsrechtliche Bedenken, da bei einem Analogieschluß auf alle anderen Fälle des Überganges, neben den in § 321 UmwG genannten, ein Eingriff in grundrechtlich geschützte Positionen des Arbeitgebers gegeben wäre (Art. 12 Abs. 1 GG), der einer gesetzlichen Grundlage entbehrt. Zusätzlich wird hier noch damit argumentiert, die für eine Analogie erforderliche Regelungslücke sei nicht vorhanden. Denn vor der Einführung des § 321 UmwG sahen schon die §§ 13 SpTrUG und 6b VermG ein Übergangsmandat vor. Es bestand weitgehend Einigkeit darüber, daß in den zahlreichen Fallkonstellationen außerhalb dieser Gesetze keinerlei Übergangsmandat vorgesehen war und damit betriebsratslose Zeiten zu akzeptieren waren. Von daher seien die Neuregelungen über ein Übergangsmandat lediglich zur früheren Rechtslage hinzugetreten, wobei das, was vorher geregelt war, lückenlos Bestand behielte. Bauer/Lingemann muß in der Auffassung zugestimmt werden, daß der Wortlaut des § 321 UmwG bzw. die Beschränkung des Übergangsmandates auf die dort genannten Fälle darauf hinweist, daß der Gesetzgeber einen weiteren Schutz nicht wollte (zur Dis-

kussion um die Sicherung der Mitbestimmung während des Gesetzgebungs-
verfahrens Wlotzke, DB 1995, 40, 47). Entgegenhalten muß man der wohl
herrschenden Meinung, daß durchaus annähernd ähnliche Sachverhalte vorliegen, die aber nur zum Teil durch das Gesetz berücksichtigt werden. Zwar
ging man, wie zurecht betont wird, vor Inkrafttreten von UmwG, SpTrUG
und VermG fast einhellig von der Möglichkeit einer betriebsratlosen Zeit aus.
Nach Inkrafttreten werden aber die in diesen Regelungen genannten Sachverhalte im Sinne der Sicherung der Mitbestimmung ohne ersichtlichen
Grund besser behandelt als die nicht erwähnten. Insofern liegt in der Einführung von Übergangsmandaten für bestimmte Formen von Rechtsträger-
wechseln gleichzeitig eine Benachteiligung der „Nichtbedachten" (so auch
Gaides a. a. O.).

Es ist kein Grund ersichtlich, aus dem eine Ungleichbehandlung von Einzel-   **366**
rechtsnachfolge und Gesamtrechtsnachfolge geboten erschiene. Insofern ist
die Verfassungsmäßigkeit einer solchen Regelung in Frage zu stellen. Entgegen Bauer/Lingemann muß auch eine erhebliche Benachteiligung derjenigen
Beschäftigten angenommen werden, die nicht mit dem betriebsverfassungsrechtlichen Schutz des Übergangsmandates bedacht werden. Zum einen ist
die betriebsratlose Zeit nicht gerade kurz. Sie dauert nach den gesetzlichen
Vorgaben mindestens acht Wochen und kann, da die Einberufung der
Betriebsversammlung, die Wahl des Wahlvorstandes sowie das Suchen und
Aufstellen von Kandidaten organisatorischen Aufwandes bedarf, in der Praxis erheblich länger dauern (Gaides a. a. O.). In dieser Zeit lassen sich eine
Unzahl von ansonsten mitbestimmungspflichtigen Einzelmaßnahmen und
auch weitreichende Veränderungen in der Organisation und dem Sozialfeld
eines Betriebes zwanglos durchsetzen.

Auch Bauer/Lingemann erscheinen schließlich unsicher und raten dem
Arbeitgeber aufgrund der unsicheren Rechtslage, den Betriebsrat vorsorglich
zumindest in solchen Angelegenheiten zu beteiligen, die bei einer in Betracht
zu ziehenden Analogie der Vorschriften zum Übergangsmandat zur Unwirksamkeit der durchgeführten Maßnahme führen (Bauer/Lingemann, NZA
1994, 1059, 1060).

Insgesamt wird hier deutlich, daß gesetzgeberische Aktivitäten dringend not-   **367**
wendig sind (Wlotzke, S. 41). Gesetzessystematisch sollten aber diese Regelungen im Betriebsverfassungsgesetz angesiedelt werden.

Um in der Zwischenzeit für beide Betriebsparteien eine einigermaßen von   **368**
Rechtsunsicherheiten freie Zone für die Fortentwicklung des Betriebes zu
schaffen, sollte daran gedacht werden, den Fortgang der Mitbestimmung in
Form von Betriebsvereinbarungen oder Tarifverträgen zu verankern. In der
Praxis wurden solche Absprachen bereits häufig getroffen.

d) Veräußerung des staatlichen Unternehmens an einen privaten Betreiber, der diesen mit einem eigenen zu einem einheitlichen Betrieb zusammenführt

369   Die Variante der Zusammenführung eines öffentlichen Unternehmens mit beim Erwerber bereits vorhandenen anderen Unternehmen ist eine nicht seltene Problematik im Bereich des öffentlichen Personennahverkehrs. Nur sehr selten werden kommunale Verkehrsbetriebe an solche Erwerber veräußert, die nicht bereits vorher in der Branche aktiv sind. Gerade im ländlichen Bereich werden kommunale Busbetriebe an Reisebusunternehmen verkauft, die vorher schon den Überlandverkehr in eigener Regie betrieben haben.

370   Stellt der kommunale Verkehrsbetrieb eine abgeschlossene Einheit dar, die ausschließlich den Nahverkehr betreibt, so gehen mit dem Verkauf des Unternehmens alle Beschäftigten, sofern sie nicht widersprochen haben, auf den Betrieb des Erwerbers über. Führt dieser den erworbenen Betrieb mit einem bereits von ihm betriebenen Unternehmen mit einheitlicher Leitung weiter und bestand in seinem Betrieb schon vor der Zusammenlegung ein Betriebsrat, so entsteht das Problem der betriebsratsfreien Zeit nicht. Die übergegangenen Beschäftigten werden von dem bereits bestehenden Betriebsrat mitvertreten, es sei denn, die Anzahl der übergegangenen Beschäftigten beträgt mindestens 50 Beschäftigte und stellt die Hälfte der Gesamtbeschäftigtenzahl dar (§ 13 Abs. 1 Nr. 1 BetrVG). Tritt diese Situation mit Ablauf von 24 Monaten vom Tage der Wahl ein, so sind nach dieser Vorschrift Neuwahlen durchzuführen.

371   Da die Vorschrift des § 13 Abs. 2 BetrVG eine abschließende Aufzählung beinhaltet (Däubler u. a., Kommentar zum BetrVG, § 13 Rz. 6), ist davon auszugehen, daß in allen anderen Fällen der Betriebsrat des aufnehmenden Betriebes bis zum Ende der Wahlperiode im Amt bleibt. Der Betriebsrat des erworbenen Nahverkehrsbetriebes behält aber im Hinblick auf die mitbestimmungsrechtlichen Aufgaben bei der Beendigung des Betriebes ein Restmandat (Däubler, § 21 Rz. 37.) .

372   Wird ein staatlicher Betrieb von einem privaten Erwerber in ein bereits bestehendes Unternehmen aufgenommen und als einheitlicher Betrieb weitergeführt, in dem zuvor kein Betriebsrat bestand, so wird von der herrschenden Meinung angenommen, eine betriebsratslose Zeit müsse hingenommen werden. Diese Konstellation ist nicht anders zu bewerten als die unter Rz. 360 ff. dargestellte Situation, in der ein Betriebsteil durch Verkauf auf einen privaten Betreiber übergeht, der seinerseits nicht bereits vorher einen betriebsverfaßten Betrieb geführt hat. Ein Übergangsmandat ist auch hier mangels der Anwendbarkeit der Vorschriften des UmwG nicht anzunehmen.

3. Privatisierungsmaßnahmen im Wege der Gesamtrechtsnachfolge, die die rechtliche Existenz des Betriebsrates betreffen

Ist hier unter Rz. 357 ff. bislang ausschließlich von der Übertragung öffentlicher Aufgaben auf private Betreiber im Wege der Einzelrechtsnachfolge die Rede gewesen, so muß nachfolgend behandelt werden, welche Auswirkungen Übertragungen im Wege der Gesamtrechtsnachfolge auf die Existenz von Betriebsräten haben. Bei der Gesamtrechtsnachfolge rückt der nachfolgende Rechtsträger unmittelbar, ohne daß es eines einzelnen Rechtsübertragungsaktes bedarf, in die Rechtsposition des Vergängers. Die Fälle der Gesamtrechtsnachfolge sind ausschließlich und abschließend gesetzlich geregelt (Kralle, PersR 1991, 249 m. w. N.). **373**

Wie bereits unter Rz. 357 ff. angesprochen, hat das neue Umwandlungsgesetz von 1995 (BGBl. I S. 3210) weitreichende Bedeutung für Betriebsänderungen im weitesten Sinne. Das Umwandlungsgesetz hat die vormals verstreuten Normen, in denen verschiedene Formen der Umwandlung geregelt waren, zusammengeführt und wesentlich erweitert. (Vorher u. a.: § 13 SpTrUG, §§ 329 ff. AktG, § 359 AktG, § 1 UmwG a. F.) **374**

a) Die Anwendbarkeit des Umwandlungsgesetzes auf öffentlich-rechtliche Unternehmen

Zunächst muß darauf hingewiesen werden, daß das UmwG durchaus auf alle öffentlichen Unternehmen, die eine vom UmwG erfaßte Gesellschaftsform haben, grundsätzlich Anwendung findet. Nach §§ 3, 124, 175, 191 UmwG ist für die vier verschiedenen Möglichkeiten der Umwandlung abschließend geregelt, auf welche Gesellschaftsformen das Umwandlungsrecht anwendbar ist. **375**

Dies sind im folgenden bei der Verschmelzung nach § 3 UmwG:

Offene Handelsgesellschaften;

Kommanditgesellschaften;

Gesellschaften mit beschränkter Haftung;

Aktiengesellschaften;

Kommanditgesellschaften auf Aktien;

Eingetragene Genossenschaften;

Eingetragene Vereine im Sinne des § 21 BGB;

Genossenschaftliche Prüfungsverbände;

Versicherungsvereine auf Gegenseitigkeit;

Wirtschaftliche Vereine im Sinne des § 22 BGB, soweit sie übertragende Rechtsträger sind;

Natürliche Personen, die als Alleingesellschafter einer Kapitalgesellschaft deren Vermögen übernehmen.

376   Bei der Spaltung sind dies nach § 124 UmwG zusätzlich in der Eigenschaft als übertragende Rechtsträger:

(im übrigen wird hier auf § 3 verwiesen)

Einzelkaufleute;

Stiftungen;

Gebietskörperschaften;

Zusammenschlüsse von Gebietskörperschaften.

377   Nach § 175 UmwG werden weiterhin zusätzlich u. a. erfaßt als

übernehmende:

Bund, Land, Gebietskörperschaften oder Zusammenschlüsse von Gebietskörperschaften von einer Kapitalgesellschaft;

Öffentlich-rechtliche Versicherungsunternehmen von Versicherungsvereinen auf Gegenseitigkeit oder Versicherungs-AG'en

übertragende:

öffentlich-rechtliche Versicherungsunternehmen auf Versicherungsaktiengesellschaften oder auf Versicherungsvereine auf Gegenseitigkeit.

378   § 191 UmwG erweitert gegenüber den vorgenannten Regelungen den Anwendungsbereich des UmwG hinsichtlich der formwechselnden Rechtsträger auf Körperschaften und Anstalten des öffentlichen Rechts.

Diese Aufstellung kann nur zusammenfassend die Hauptanwendungsbereiche des UmwG darstellen. Bezüglich der vollständigen Regelungen wird auf den Gesetzeswortlaut verwiesen. Deutlich wird hier jedoch, daß das neue Umwandlungsrecht gegenüber dem früheren Recht erheblich erweitert und nahezu alle Gesellschaftsformen zumindest teilweise in das Gesetz einbezieht. Die Tatsache, daß öffentlich-rechtliche Unternehmen dem Bereich der staatlichen Handlungsmacht zuzuordnen sind, führt nicht daran vorbei, daß diese in gesellschaftsrechtlicher Sicht gleichermaßen Aktiengesellschaften oder Gesellschaften mit beschränkter Haftung sind wie Unternehmen, die ausschließlich in privater Hand sind. Das Gesetz trifft hier keinerlei Unterscheidung. Nicht zuletzt aufgrund dieser Tatsache werden staatliche Aufgaben unter dem Aspekt der größeren Flexibilität seit den 80er Jahren zunehmend in privatrechtlichen Gesellschaftsformen betrieben.

b) Die Arten der Umwandlungen nach dem UmwG 1995

Was das Schicksal der Existenz von Betriebsräten angeht, sieht das Gesetz zu einem sehr eingeschränkten Teil Schutzmechanismen vor. Dieser Schutz besteht in der gesetzlichen Festlegung von Übergangmandaten für den Betriebsrat. Um die Regelungen zum Übergangsmandat nachvollziehbar zu machen, sei hier kurz dargestellt, welche Formen von Umwandlung das neue UmwG kennt und welches Schicksal der Betriebsräte jeweils daran geknüpft ist. 379

Das neue Umwandlungsrecht kennt vier verschiedene Arten von Umwandlungen (siehe auch oben unter Rz. 230 ff.). 380

aa) Verschmelzung

Bei der Verschmelzung (§ 2 UmwG) wird das gesamte Vermögen eines Rechtsträgers auf einen anderen Rechtsträger übertragen, der entweder schon besteht oder dazu gegründet wird. Die Verschmelzung von mehreren Rechtsträgern ist dabei auch möglich. Der alte Rechtsträger wird gleichzeitig aufgelöst. Den Anteilsinhabern des übertragenden Rechtsträgers werden Anteile an dem Übernehmenden gewährt. Diese Form der Umwandlung dürfte für den Bereich der Privatisierung öffentlicher Dienstleistungen weitestgehend unbedeutend sein. Beachtung muß diese Möglichkeit nur dann finden, wenn durch die Verschmelzung ein Übergewicht von „staatsfremden" Anteilseignern entsteht. Nur in diesem Falle kann im bisher ausgeführten Sinne die materielle Privatisierung öffentlicher Dienstleistungen entstehen. Ein solcher Fall ist beispielsweise dann anzunehmen, wenn etwa die Krankenhaus-K-AG, deren mehrheitliche Anteile von der Kommune K gehalten werden, mit einer ausschließlich privaten Krankenhaus-P-AG zu einer Krankenhaus-V-AG verschmolzen wird und dadurch die P-AG im Verhältnis zur Kommune K, die als Gegenleistung Anteile an der V-AG erhält, die Mehrheit der Anteile hält. Bei dieser Fallkonstellation verliert also die öffentliche Hand durch Verschmelzung mit einem privaten Unternehmen die zuvor gehaltene Anteilsmehrheit. Es entsteht die Situation einer materiellen Privatisierung. 381

bb) Spaltung

Die Spaltung gemäß § 123 Abs. 1 UmwG war bisher nur im Gesetz zur Spaltung der von der Treuhand verwalteten Unternehmen (SpTrUG) vorgesehen und umfaßt mit dem neuen UmwG nunmehr alle Bundesländer. Von Spaltung in diesem Sinne wird dann gesprochen, wenn ein Unternehmen in mindestens zwei Teile zerlegt wird. Dabei kennt das Gesetz noch die Unterformen der Aufspaltung, der Abspaltung und der Ausgliederung (§ 123 UmwG). 382

Bei der Aufspaltung entstehen aus einem Unternehmen mindestens zwei neue Unternehmen, wobei die rechtliche Existenz des gespaltenen Unternehmens endet. Die aufgespaltenen Unternehmensteile können dabei ihrerseits als selbständige Unternehmen weitergeführt werden oder aber gemeinsam als einheitliches Unternehmen mit bereits bestehenden Rechtsträgern weitergeführt werden. Im ersten Falle kann bei denjenigen öffentlichen Gesellschaften, die in 100%iger Anteilseignerschaft der öffentlichen Hand liegen, keine materielle Privatisierung eintreten, da hier auch nach der Aufspaltung die neuen Unternehmen mehrheitlich dem Staat gehören. Nur in den Fällen, in denen ein abgespaltener Betriebsteil mit bereits bestehenden aber privaten Unternehmen weitergeführt wird, kommt entsprechend der Ausführungen unter Rz. 381 eine Privatisierung in Betracht, weil hier die einst im Bereich des öffentlichen Dienstes erledigte Aufgabe durch einen privaten Betreiber erfüllt wird.

Bei der Abspaltung bleibt der übertragende Rechtsträger als solcher bestehen, es werden lediglich Teile des Unternehmens auf einen bereits bestehenden oder auf einen neuen Rechtsträger übertragen. Die Anteilseigner der übertragenden Rechtsträger erhalten auch hier Anteile an dem übernehmenden oder dem neuen Rechtsträger. Die Stadtwerke-S-AG überträgt die Gas- und Wasserversorgung auf eine private Energie- und Wasserversorgungsgesellschaft-P, während sie den öffentlichen Personennahverkehr weiterhin in Form der Stadtwerke AG betreibt. Sie erhält dafür Anteile an der neu entstandenen Energie- und Wasserversorgungs-A-AG. Auch hier wird deutlich, daß eine Privatisierung nur dann in Betracht kommt, wenn der abgespaltene Betriebsteil mit einem bereits bestehenden privaten Betreiberunternehmen als neues Unternehmen weitergeführt wird und dem Staat durch die Abspaltung die Anteilsmehrheit bezüglich des abgespaltenen Betriebsteils verloren geht.

383   Die Ausgliederung ist eine Form der Abspaltung, bei der aber die als Gegenleistung übertragenen Anteile nicht in das Vermögen der Anteilseigner, sondern in das Vermögen des Rechtsträgers selbst gelangen.

cc) Vermögensübertragung

384   Eine Vermögensübertragung liegt vor, wenn Teile oder aber das gesamte Vermögen eines Rechtsträgers auf andere Rechtsträger übertragen werden. Im Unterschied zur Verschmelzung besteht hier die Gegenleistung nicht in der Überlassung von Anteilen an der neuen Gesellschaft, sondern in anderen Gegenleistungen, regelmäßig in Geld (§ 174 UmwG). Diese Variante der Umwandlung ist aber nach § 175 Nr. 2c UmwG) im Rahmen der Privatisierung öffentlicher Dienstleistungen praktisch nur für den Fall der Übertragung des Vermögens oder von Teilen des Vermögens von einem öffentlich-

rechtlichen Versicherungsunternehmen auf eine Versicherungsaktiengesellschaft oder auf Versicherungsvereine auf Gegenseitigkeit möglich.

dd) *Formwechsel*

Der Formwechsel beinhaltet keine Übertragung von Unternehmen oder Unternehmensteilen, sondern besteht nach § 190 UmwG lediglich in der Veränderung des Rechtsträgers, was seine Rechtsform angeht. Hier sind für den staatlichen Bereich fast alle Möglichkeiten offen. Beim reinen Formwechsel entsteht aber höchstens eine formelle Privatisierung, materiell verbleibt das Unternehmen in öffentlicher Hand.

385

c) Das Übergangsmandat der Betriebsräte nach § 321 UmwG

Nach § 321 UmwG ist ein Übergangsmandat für den Betriebsrat des übertragenden Betriebes nur in einem eng gesteckten Rahmen vorgesehen. Nicht alle Formen der Umwandlung sind mit einem solchen Instrumentarium ausgestattet worden.

386

aa) *Übergangsmandat bei Spaltung*

Ein aufgespaltener Betrieb oder abgespaltene Betriebsteile führen zur Neubildung von mindestens zwei oder aber auch mehreren Betrieben, die dann dem übernehmenden oder den übernehmenden Unternehmen zugeordnet sind. Auch ist hier möglich, daß die abgegebenen Betriebsteile in das oder die übernehmenden Betriebe eingegliedert werden (zu den verschiedenen Formen der Spaltung siehe oben unter Rz. 382). Besteht in dem aufnehmenden Betrieb ein Betriebsrat, entsteht kein Problem, da dann durch diesen die Beschäftigten des aufgenommenen Betriebes mitvertreten werden (zu möglichen Ausnahmen siehe oben unter Rz. 369). Ist das aufnehmende Unternehmen betriebsratslos, greift die Regelung über das Übergangsmandat ein. Dies trifft ebenfalls auf die durch Spaltung neu entstandenen Betriebe zu.

387

bb) *Übergangsmandat bei Teilübertragung*

Die Teilübertragung entspricht im Prinzip der Spaltung. Hier werden indes die Vermögensteile ausschließlich auf bereits bestehende Rechtsträger übertragen und die Gegenleistung besteht nicht in der Verschaffung von Gesellschaftsanteilen (zur Vermögensübertragung siehe oben unter Rz. 384).

388

cc) *Dauer und Wirkung des Übergangsmandates*

Wird ein Betrieb nach Maßgabe des § 321 UmwG gespalten, so bleibt der Betriebsrat im Amt und führt die Geschäfte für die ihm bislang zugeordneten

389

Betriebsteile weiter, wenn dieser Betriebsteil für sich im Sinne des § 1 BetrVG betriebsratsfähig ist und in dem aufnehmenden Betrieb kein Betriebsrat besteht (§ 321 Abs. 1 S. 1 UmwG). Dieses Übergangsmandat dauert so lange an, bis in dem neuen Betrieb ein Betriebsrat gewählt ist, längstens aber für eine Dauer von sechs Monaten. Damit geht das UmwG über die §§ 13 SpTrUG und 6b Abs. 9 S. 1 VermG hinaus, die eine Dauer von drei Monaten vorsehen (§ 321 Abs. 1 S. 3). Nach § 321 Abs. 1 S. 2 UmwG hat der Betriebsrat im Rahmen seines Übergangsmandats insbesondere unverzüglich Wahlvorstände zu bestellen. Aus dem Begriff insbesondere ergibt sich, daß der Gesetzgeber in diesem gesetzlichen Auftrag die Hauptaufgabe der Betriebsräte bei der Wahrnehmung des Übergangsmandates gesehen hat (Bauer/Lingemann, PersR 1994, 1057, 1058 mit Hinweis auf BT-Drucksache 12/7850, S. 145).

390   Werden von mehreren gespaltenen Betrieben Betriebsteile in einem bestehenden oder in einem dadurch neu entstandenen Betrieb zusammengefaßt, so übt der Betriebsrat das Übergangsmandat aus, dem, gemessen an der Zahl der wahlberechtigten Beschäftigten in dem betreffenden Betriebsteil, der größte Betriebsteil zugeordnet war.

d) Die Vermutung des gemeinsamen Betriebs nach § 322 UmwG

391   Hat eine Unternehmensspaltung oder eine Vermögensteilübertragung stattgefunden, hat sich aber dabei die Organisation des Betriebs nicht geändert, so erzeugt der § 322 UmwG eine widerlegbare Vermutung dafür, daß es sich im Sinne des BetrVG um einen gemeinsamen Betrieb handelt. Diese Vorschrift trägt der Tatsache Rechnung, daß vielfach zwar Unternehmen aufgespalten werden, jedoch als gemeinsamer Betrieb weitergeführt werden. Auch im Bereich privatrechtlich organisierter öffentlicher Dienstleitungen sind derartige Gesellschaftskonstellationen keine Seltenheit. Gerade im Krankenhausbereich sind solche Fälle gegeben, wenn ein privatrechtlich strukturiertes städtisches Krankenhaus in eine Anlagegesellschaft und eine vermögenslose Betriebsgesellschaft aufgespalten wird. Ein weiterer Fall, der unter den § 322 UmwG zu subsumieren ist, ist der, wenn ein Unternehmen so aufgespalten wird, daß die Teile des bisherigen Betriebs mehreren neugegründeten Unternehmen zugeordnet werden. Wird beispielsweise die Stadtwerke GmbH der Stadt S so aufgeteilt, daß anschließend eine Verwaltungs-GmbH, eine Gas-Wasserversorgungs-GmbH und eine Nahverkehrs-GmbH entsteht, so wird ein gemeinsamer Betrieb vermutet, für den der Betriebsrat des bisherigen Betriebsrates zuständig bleibt. Eines Übergangsmandates bedarf es in diesem Falle nicht (Fälle von gemeinsamen Betrieben bei Fitting/Auffahrt/Kaiser/Heither, BetrVG, 17. Aufl., § 1 Rz. 55).

Die gesetzliche Vermutung des gemeinsamen Betriebes setzt dort an, wo sich 392
mehrere Rechtsträger zur gemeinsamen Führung eines Betriebes verbunden
haben. Dies muß nicht unbedingt ausdrücklich geschehen, sondern kann
auch aus den Umständen geschlossen werden. Das Wiederlegen der gesetzlichen Vermutung wird in den Fällen kaum möglich sein, in denen bei Beibehaltung der Organisation insbesondere die Arbeitgeberfunktionen gegenüber
den Beschäftigten aller Betriebe einheitlich wahrgenommen werden.

IV. Der Fortbestand gewählter Personalräte und deren Rechte bei der Ausgliederung der öffentlichen Dienstleistung aus dem staatlichen Bereich

1. Einführung

Ebenso wie die Existenz von Betriebsräten, kann auch die von Personalräten 393
betroffen sein, wenn durch Rechtsgeschäft oder gesetzliche Nachfolge öffentliche Dienststellen oder Teile von ihnen in private Hand übergehen.

2. Die mitbestimmungsfreie Zeit beim Wechsel vom PersVG zum BetrVG bei Erhalt der Betriebsidentität

Hier entsteht aber, anders als bei dem Übergang von einem zum anderen 394
betriebsverfaßten Rechtsträger, immer die Frage, ob eine mitbestimmungsfreie Zeit eintritt, da in diesem Falle eine Betriebsidentität, wie sie vom
Betriebsverfassungsgesetz für die fortgesetzte Zuständigkeit eines Betriebsrates verlangt wird, grundsätzlich aufgrund der unterschiedlichen Begrifflichkeiten zunächst zweifelhaft erscheint (siehe Däubler/Kittner/Klebe/Schnei-
der, Komm. zum BetrVG, 3. Aufl., 1991, § 1 Rz. 121). Im Falle der Privatisierung staatlicher Einrichtungen geht die öffentliche Aufgabenerledigung
von einer Dienststelle oder Behörde des Staates auf eine natürliche oder juristische Person des Privatrechtes über. Ein im Geltungsbereich der Personalvertretungsgesetze gewählter Personalrat findet sich in einem betriebsverfaßten Betrieb wieder.

a) Die Betriebsidentität des BetrVG und öffentliches Personalvertretungs- recht

Zur fortgesetzten Zuständigkeit eines Betriebsrates im betriebsverfaßten 395
Bereich bei Wechsel des Betreibers verlangen Rechtsprechung und Lehre die
Wahrung der Betriebsidentität.

Diese Betriebsidentität selbst erfordert zunächst einmal das Vorliegen eines Betriebes. Der Betriebsbegriff ist vom Betriebsverfassungsgesetz selbst nicht ausdrücklich definiert worden. Zwar war im Gesetzentwurf zunächst eine Legaldefinition vorgesehen, diese ist aber letztgültig nicht ins Gesetz aufgenommen worden, da die Befürchtung gehegt wurde, eine eindeutige Abgrenzung sei gar nicht möglich und berge die Gefahr in sich, möglichen zukünftigen Entwicklungen nicht Rechnung tragen zu können. Auf Vorstoß des Bundesrates entschloß man sich deshalb dazu, die Begriffsbestimmung Rechtsprechung und Wissenschaft zu überlassen (BT-Drucksache 1/1546, S. 71). Demgemäß formulierte das Bundesarbeitsgericht in seiner Entscheidung vom 18. 1. 1990 (AP Nr. 9 zu § 23 KSchG 1969) als Betrieb sei die organisatorische Einheit anzusehen, innerhalb derer der Unternehmer allein oder zusammen mit seinen Mitarbeitern mit Hilfe sächlicher und immaterieller Mittel bestimmte arbeitstechnische Zwecke dauerhaft verfolge.

396   Auf vorangegangene, abgelöste Definitionen muß hier nicht eingegangen werden, da es für die Frage nach der Betriebsidentität beim Übergang von der staatlichen Dienststelle zum privatrechtlich organisierten und betriebsverfaßten Unternehmen nur darauf ankommt, in welcher Art der Arbeitgeber definiert wird. Einheitlich wird bei der Definition des Arbeitgebers vom Unternehmer ausgegangen. Der Begriff des Unternehmers wird mit der Persönlichkeit dessen definiert, der eigenverantwortlich ein Unternehmen führt und das Kapitalrisiko trägt (Brockhaus, 8. Aufl., 1994 Bd. 5, S. 382).

397   Bei den im § 1 des BPersVG und den entsprechenden Vorschriften der Landespersonalvertretungsgesetze definierten Begrifflichkeiten handelt es sich hingegen um Behörden, Einrichtungen und Betriebe, bei denen die Arbeitgebereigenschaft Bund, Land, Gemeinden, Gemeindeverbänden sowie Anstalten und Stiftungen des öffentlichen Rechtes zugeschrieben wird. Träger der betreffenden Einrichtungen ist demnach der Staat, der nicht unternehmerisch agiert und kein Kapitalrisiko trägt, sondern hoheitlich tätig wird und zu diesem Zweck fiskalisch handelt. Dementsprechend kann es sich bei der staatlichen Behörde oder Dienststelle nicht um einen Betrieb bzw. um ein Unternehmen handeln, das dem Betriebsverfassungsgesetz unterzuordnen wäre. In diesem Sinne regelt § 130 BetrVG die Unanwendbarkeit des Gesetzes auf Verwaltungen und Betriebe des Bundes, der Länder, der Gemeinden und sonstiger Anstalten und Stiftungen des öffentlichen Rechts. Die damit korrespondierenden Vorschriften des Bundespersonalvertretungsgesetzes und die entsprechenden Landespersonalvertretungsgesetze normieren gleichzeitig die Mitbestimmung im öffentlichen Dienst und ergänzen damit den Regelungsgehalt des BetrVG zu einer Gesamtsystematik innerhalb der Mitbestimmung, deren Grundgedanke die umfassende Beteiligung von Arbeitnehmern an der betrieblichen Gestaltung ist. Das Betriebsverfassungsgesetz einerseits

regelt dabei alle Fälle der betrieblichen Mitbestimmung, in denen der Arbeitgeber und Betriebspartner des Mitbestimmungsorgans wirtschaftlich handelt und ein Kapitalrisiko trägt, während die Mitbestimmungsgesetze des Bundes und der Länder andererseits die Fälle regeln, in denen der Arbeitgeber hoheitlich und rein fiskalisch handelt.

b) Gemeinsamer Zweck von BetrVG und PersVG'en

Beiden Gesetzen ist aber der Sinn und Zweck gemein, der gemeinhin im Schutze der Beschäftigten und in der Teilhabe an der Gestaltung des betrieblichen Geschehens gesehen wird (Dietz/Richardi, Komm. zum BetrVG, Bd. 1, 2. Aufl. 1978, Vorbem. zu § 1 Rz. 8). In dem Nebeneinander des Betriebsverfassungsgesetzes und der Personalvertretungsgesetze ist der Wille des Gesetzgebers zu erblicken, die Beteiligung von Arbeitnehmern und Beamten praktisch „flächendeckend" zu normieren. Die Tatsache, daß dies in unterschiedlichen Gesetzeswerken geschehen ist, kann nicht dazu führen, daß die Mitbestimmungskontinuität bei Betriebsidentität verloren geht. **398**

Der Fortbestand des Betriebsrates beim Arbeitgeberwechsel im Falle des Erhaltes der Betriebsidentität ist im Betriebsverfassungsgesetz nicht ausdrücklich geregelt, da auch der Betriebsbegriff selbst nicht gesetzlich definiert ist (siehe oben!). Er ist nach der Lehre der Betriebsidentität in der Rechtsprechung entstanden. So hat das Bundesarbeitsgericht die Definition des Betriebes von Jacobi (näher erläutert bei Däubler u. a., Komm. zum BetrVG, § 1 Rz. 23) u. a. dahingehend fortentwickelt, daß die Betriebsidentität erhalten bleibt, wenn sich ausschließlich die Person des Arbeitgebers geändert hat, im übrigen aber die selbe organisatorische Einheit weiter besteht. In diesem Falle liegt keine wesentliche Betriebsänderung vor, der Betriebsrat bleibt vorher wie nachher im Amt (BAG, Beschluß vom 28. 9. 1988, AP Nr. 55 zu § 99 BetrVG 1972). **399**

Gilt dies nach der herrschenden Rechtsprechung und Lehre für das Schicksal der Betriebsräte im betriebsverfaßten Bereich, so ist nicht ersichtlich, aus welchem Grunde dies nicht auch Geltung erlangt, wenn bei Erhalt der Identität der öffentlichen Aufgabenerledigung als solcher und unter Einbeziehung derselben Beschäftigten schlicht der Rechtsträger der betreffenden Organisationeinheit wechselt, indem der neue Betreiber in den Geltungsbereich des BetrVG einzuordnen ist. In diesem Sinne argumentiert auch Frohner (PersR 1995, 99), der die unterschiedliche Einordnung der Gesetzeswerke wohlsehend aufgrund von Sinn und Zweck beider Gesetze für unbeachtlich erachtet. Zwar sei das Betriebsverfassungsgesetz dem Privatrecht und die Personalvertretungsgesetze des Bundes und der Länder dem öffentlichen Recht zuzuordnen, jedoch beruhten beide auf dem Sozialstaatsprinzip und seien vom selben gesetzgeberischen Willen getragen. **400**

c) Die Anwendbarkeit des § 613 a BGB auf den Übergang einer staatlichen Dienststelle auf einen privaten Betreiber

401 Das Bundesarbeitsgericht hat dementsprechend auch bei der Auslegung der Regelungen zum Betriebsübergang im § 613 a BGB festgestellt, daß der Wortlaut des Gesetzes, der von einem Betrieb spricht, nicht dahingehend verstanden werden darf, daß der Übergang von staatlichen Dienststellen hier nicht subsumiert werden darf. Ein Betriebsübergang mit all seinen Rechtsfolgen ist mithin auch dann gegeben, wenn die übergehende Aufgabeneinheit nicht dem Betriebsbegriff entspricht, der im Zusammenhang mit dem Betriebsverfassungsgesetz entwickelt worden ist (BAG, Urteil vom 6. 2. 1980 – 5 AZR 275/78 –, AP Nr. 21 zu § 613 a BGB; vgl. auch oben Rz. 24 ff.). Dies zeigt, daß die Rechtsprechung den Bereich des öffentlichen Dienstes von den bestehenden Regelungen nicht grundsätzlich ausschließen will, ja offenbar die gleiche Behandlung von öffentlichen und privaten Einrichtungen beim Übergang auf einen anderen Betreiber ausdrücklich will.

d) Die Entwicklung in der Vergangenheit

402 Das Bundesarbeitsgericht erkennt hier folgerichtig, daß die bisherige Rechtsprechung und Gesetzgebung das nunmehr vorliegende Problem des Überganges von personalvertretenen Dienststellen zu betriebsverfaßten Betrieben nicht sah und sehen mußte. Zwar hat es diese Fälle auch schon in der Vergangenheit gegeben, jedoch gab dies bislang nicht recht den Anlaß zu Streitigkeiten, da sich bereits vollzogene Wechsel in der Art der Arbeitnehmerbeteiligung bislang überwiegend innerhalb des staatlichen Machtbereiches abgespielt haben. Schon in den 70er und 80er Jahren wurden kommunale Eigenbetriebe in Aktiengesellschaften oder Gesellschaften mit beschränkter Haftung umgewandelt, wobei aber die Anteile der gegründeten Gesellschaften in der Hand der Kommune verblieben waren. Auch hier fand demgemäß vielerorts ein Wechsel vom Landespersonalvertretungsrecht zum Betriebsverfassungsrecht statt. Die Kommunen sahen allerdings diese Umstrukturierung in erster Linie unter dem Aspekt der Flexibilisierung staatlichen Handelns, wobei sie sich nicht ihrer Aufgabe innerhalb der Daseinsvorsorge entledigen wollten. Dementsprechend sahen sich die Kommunen auch als Betreiberinnen von privatrechtlich strukturierten Gesellschaften weiterhin in der Pflicht des sozialstaatlich geprägten Normenvollzuges. Aus dieser Verpflichtung, die den Arbeitnehmern gegenüber in einer besonderen Fürsorgepflicht ihren Ausfluß findet, sind schon hier, ohne eine konkrete gesetzliche Verpflichtung, Modelle der Übergangsregelung entstanden, die auch heute an Aktualität im vertraglichen Raume nichts eingebüßt haben.

403 Es bleibt hier festzuhalten, daß nach den Grundsätzen der Betriebsidentität grundsätzlich auch ein Personalrat im Amt bleiben kann, wenn die Dienst-

stelle, in deren Machtbereich er gewählt worden ist, auf einen Betreiber übergeht, der durch die Art der Geschäftsabwicklung dem Betriebsverfassungsgesetz unterfällt. Eine gesetzliche Grundlage ist hier aber bislang nicht gegeben. Auch mit der Novellierung des UmwG, bei der durchaus Übergangs-
probleme Berücksichtigung fanden, ist eine erforderliche Regelung des Überganges vom personalvertretungsrechtlichen zum betriebsverfaßten Bereich
nicht aufgenommen worden. Der hier aufgezeigte Weg kann also augenblick-
lich nur als Lösung verstanden werden, der der Rechtssicherheit halber besser im Wege der vertraglichen Vereinbarung gegangen werden sollte (siehe
Vertragsvorschlag S. 189).

3. Die Dauer des Fortbestandes gewählter Personalräte im mitbe-stimmten Betrieb – Das Restmandat

Freilich muß hier die Frage gestellt werden, ob aufgrund der Annahme, die 404
Beschäftigten einer staatlichen Dienststelle dürften beim Wechsel in den Geltungsbereich des BetrVG nicht schlechter gestellt werden als diejenigen, die
innerhalb des BetrVG schlicht ihren Arbeitgeber wechseln, Personalräte auf
Dauer in die Rechte und Pflichten von Betriebsräten versetzt werden können.

Da es sich hier um eine Rechtsprechungsanalogie handelt, bleibt natürlich die 405
Problematik bestehen, daß hier folgerichtig das Betriebsverfassungsrecht
anzuwenden ist, obwohl die Personalräte danach nicht gewählt worden sind.
Bleibt man hier strikt in der Nähe des BetrVG, ließe sich der Standpunkt vertreten, auch der Personalrat könnte, wie der Betriebsrat, ganz regelmäßig bis
zum Ablauf seiner gesetzlich vorgesehenen Amtszeit im Amt bleiben.

Dem steht auch nicht etwa die Rechtsprechung des Bundesverwaltungsge- 406
richtes zur mitbestimmungsrechtlichen Konsequenz der Auflösung einer
Dienststelle entgegen. Das Bundesverwaltungsgericht geht davon aus, daß
der Personalrat einer aufgelösten Dienststelle mit der Auflösung untergeht
(BVerwG, Beschluß vom 20. 2. 1976 – 7 P 7.73).

Gemeint ist hier aber der Fall der vollständigen Beendigung der Aufgabener- 407
ledigung. Der Personalrat geht dann mangels weiterer Aufgaben unter, weil
er gar keine Arbeitnehmer mehr vorfindet, die er vertreten könnte. Daß dies
nicht auch auf solche Fälle bezogen ist, in denen die Dienststelle im öffentlich-rechtlichen Sinne zwar aufgelöst ist, die Aufgaben aber unter Wahrung
der Identität der Art der Erledigung, der benutzten Betriebsmittel und der
eingesetzten Arbeitnehmer weiterhin erfüllt werden, zeigt schon eine weitere
Entscheidung des Bundesverwaltunsgerichtes aus dem Jahre 1983. Hier geht
das Gericht über seine Entscheidung zum Untergang des Personalrates hinaus und bescheinigt dem Personalrat eine Daseinsbefugnis auch nach der

Auflösung der Dienststelle in dem Falle, wenn noch Aufgaben vorhanden sind (BVerwG, Beschluß vom 3. 10. 1983 – 6 P 23.81 –). Danach bleibt der Personalrat insoweit funktionsfähig, als mit dem Wegfall der Dienststelle verbundene, noch fortbestehende Aufgaben abzuwickeln sind. Das BVerwG bezeichnet den Rahmen dieser dem Personalrat zugeschriebenen Kompetenz als Restmandat.

408   Die Rechtsprechung geht mithin davon aus, daß bei der Auflösung einer Dienststelle das Mandat des Personalrates für einige Zeit auch ohne die öffentlich-rechtliche Existenz einer Dienststelle andauern kann. Davon ausgehend läßt sich folgerichtig weiter schließen, daß das Mandat des Personalrates bei der Auflösung einer Dienststelle unter Aufrechterhaltung der Aufgabenerfüllung im Geltunsbereich des BetrVG ebenfalls im Wege des Restmandates so lange fortdauern kann bis nach BetrVG ein Betriebsrat gewählt ist.

409   Dieses Restmandat, das in diesem Falle Übergangsmandat genannt werden müßte, ist zwar nach wie vor gesetzlich nicht fixiert, aber in der Praxis weitestgehend anerkannt und in der Vergangenheit durch Tarifvertrag oder Dienstvereinbarung in die betriebliche Praxis eingeführt worden (siehe oben unter Rz. 402). Nimmt man aber ein zeitlich befristetes Restmandat der Personalräte im betriebsverfaßten Bereich an, so kann es nicht ausreichen, daß die zeitliche Begrenzung ausschließlich mit der Konstituierung eines neu gewählten Betriebsrates definiert wird. Denn anders als im Geltungsbereich des BPersVG und der gleichlautenden landesrechtlichen Vorschriften, ist die Gründung eines Betriebsrates nach BetrVG weit stärker an den Wunsch und den Willen der Beschäftigten gebunden. Während nach § 21 BPersVG in der personalratslosen Dienststelle der Dienststellenleiter gesetzlich verpflichtet ist, eine Personalversammlung zur Wahl eines Wahlvorstandes einzuberufen, geschieht dies im betriebsverfaßten Bereich ausschließlich auf Veranlassung der Belegschaft oder der im Betrieb vertretenen Gewerkschaft. Wäre demgemäß das zeitliche Ende des Restmandates nur an die Neuwahl des Betriebsrates geknüpft, ohne daß eine Betriebsratswahl eingeleitet werden müßte, so würde das Restmandat unbefristet fortbestehen. Dies würde sicherlich zu weit und nicht zu sachgerechten Ergebnissen führen. Betrachtet man aber das Restmandat des Personalrates unter der Zielvorstellung, eine mitbestimmungsfreie Zeit trotz Aufgabenkontinuität zu verhindern, so muß gewährleistet bleiben, daß in der Zwischenzeit ein Betriebsrat gewählt werden kann. Der Gesetzgeber selbst hat in der Fortentwicklung vergleichbarer Vorschriften gezeigt, daß er aus Gründen der Praktikabilität einen Zeitraum von sechs Monaten für angemessen hält. So gingen die Gesetzgebungen der zuvor verabschiedeten §§ 13 Abs. 1 SpTrUG und 6 b Abs. 9 S. 1 VermG von einem Zeitraum von drei Monaten aus, während das 1995 inkraftgetretene

UmwG mittlerweile sechs Monate zur Vorbereitung und Durchführung der Betriebsratswahl vorsieht.

Hier sei noch angemerkt, daß die Verwendung des Begriffes Übergangsman- **410** dat sehr leicht zu Verwechslungen mit den Begrifflichkeiten führen kann, die in das UmwG aufgenommen wurden (dazu unter Rz. 356 ff.). Hier geht es zunächst ausschließlich um die Frage des Überganges von PersVG zum BetrVG und nicht um die gesetzlich festgelegten Möglichkeiten des Übergangsmandates von Betriebsräten.

4. Die Zuständigkeit von Personalräten nach Ausgliederung aus dem staatlichen Bereich ohne Erhalt der Betriebsidentität

Dienststellen des öffentlichen Dienstes können auch mit bereits von privaten **411** Dritten geführten Betrieben zusammengeschlossen und gemeinsam als einheitlicher Betrieb weitergeführt werden (siehe oben Rz. 369). Hier entsteht ebenfalls die Situation, daß eine Dienststelle, die einen Personalrat hat, mit einem bereits bestehenden privatrechtlich geführten Betrieb zu einer Einheit zusammengeführt wird, die insgesamt dem BetrVG zuzuordnen ist. Bei dieser Sachlage können die Angestellten Überlegungen zu einem Restmandat der Personalräte nicht greifen, da nach der Zusammenführung der verschiedenen Betriebsteile die Betriebsidentität nicht mehr vorhanden ist. Es ist ein vollkommen neuer Betrieb entstanden, in dem der Personalrat ebensowenig Einfluß nehmen kann wie der Betriebsrat. Es entsteht eine betriebsratslose Zeit. Es müssen Neuwahlen erfolgen. Hier stellt sich nämlich die Frage nicht, ob die Fortdauer des Betriebsrates auch für den Personalrat gelten kann, weil es keinen Betrieb gibt, dessen Identität auch nach der Zusammenführung noch vorhanden ist.

a) Die rechtsgeschäftliche Privatisierung ohne Erhalt der Betriebsidentität

In Fällen der Zusammenlegung von Dienststellen des öffentlichen Dienstes **412** mit privatrechtlich organisierten und mitbestimmten Unternehmen muß es aber je nach den Größenverhältnissen nicht in jedem Falle zur Notwendigkeit von Neuwahlen kommen. Häufig stehen Personalräte und Beschäftigte vor der Situation, daß sie durch Zusammenführung mit einem bereits bestehenden privat geführten Unternehmen in den Zuständigkeitsbereich eines bestehenden Betriebsrates gelangen. Für Aufgaben, die noch die Beendigung oder die Auflösung der Dienststelle betreffen, steht den Personalräten ein Restmandat zu (siehe Rz. 404 ff.). Ansonsten ist nach der Zusammenlegung mit einem betriebsverfaßten Betrieb aufgrund des Erwerbs der Dienststelle durch einen privaten Unternehmer grundsätzlich der Betriebsrat zuständig. Der Betrieb fällt dann insgesamt unter das BetrVG.

413 Deshalb gilt in der Konsequenz auch § 13 Abs. 1 Nr. 1 BetrVG. Daraus ergibt sich die Verpflichtung zur Neuwahl, wenn nach Ablauf der ersten 24 Monate nach der letzten Wahl durch die Zusammenführung mindestens 50 Beschäftigte hinzugekommen sind und dies die Hälfte der Gesamtbeschäftigtenzahl darstellt. Bis zum Abschluß der Neuwahl bleibt aber der Betriebsrat im Amt, so daß keine mitbestimmungsfreie Zeit eintritt. Folgerichtig entsteht eine mitbestimmungsfreie Zeit aber dann, wenn in dem Betrieb, mit dem durch Rechtsgeschäft zusammengeführt wird, kein Betriebsrat bestanden hat, obwohl dies rechtlich möglich gewesen wäre.

b) Privatisierung durch Gesamtrechtsnachfolge und die rechtliche Existenz von Personalräten

414 Nicht selten bedient sich aber der Staat bei der Privatisierung ganzer Dienstleistungsbereiche gesetzlicher Regelungen, aufgrund derer die öffentliche Aufgabe in private Hände übergeht. Es erfolt dann keine Rechtsnachfolge durch einzelne Rechtsgeschäfte, sondern ein Übergang durch gesetzlich bedingten Übertragungsakt. Zum Teil fallen derartige Übertragungen unter die im UmwG aufgezählten Tatbestände und erfahren auch demgemäß in mitbestimmungsrechtlicher Hinsicht den dort geregelten Schutz (Herbst, Arbeitsrecht im Betrieb, 1995, 5, 9; Düwell, Arbeit und Recht, 1994, 357, 358). Das Gesetz selbst nennt innerhalb des Geltungsbereiches von Übergangsmandaten öffentlich-rechtliche Einrichtungen, die gespalten oder übertragen werden können.

So hebt § 124 UmwG unter den spaltungsfähigen Rechtsträgern Gebietskörperschaften und Zusammenschlüsse von Gebietskörperschaften hervor. In § 175 UmwG sind die Rechtsträger genannt, die an einer Vermögensübertragung nach diesem Gesetz beteiligt sein können. Dort sind u. a. öffentlich-rechtliche Versicherungsunternehmen aufgeführt. Für beide Bereiche hält der § 321 UmwG Übergangsmandate für Betriebsräte vor, die aber ins Leere liefen, wollte man sich hier an den Wortlaut der Vorschrift halten. Das Gesetz spricht hier nämlich ausschließlich von Betriebsräten. Sowohl Gebietskörperschaften (Kommunen, Kreise etc.) als auch ihre Zusammenschlüsse (Landschaftsverbände, Kommunalverbände etc.) einerseits, als auch öffentlich-rechtliche Versicherungsunternehmen andererseits fallen jedoch unter den Geltungsbereich der Landespersonalvertretungsgesetze (siehe z. B. § 1 LPVG NW) und unterliegen mithin der Mitbestimmung von Personalräten, die also vom Wortlaut der Vorschrift nicht erfaßt sind, obwohl einige das LPVG anwendende Dienststellen im Gesetzestext konkret genannt sind. Es ist hier nicht anzunehmen, daß der Gesetzgeber hier eine Ungleichbehandlung von

Betriebs- und Personalräten in der Weise gewollt hat, daß bei Anwendbarkeit des UmwG die Betriebsräte ein Übergangsmandat haben, die Personalräte hingegen nicht. Insofern dürfte in dem engen Anwendungsbereich des UmwG auf die Privatisierung öffentlicher Dienstleistungen die analoge Anwendung des § 321 UmwG möglich und nötig sein.

c) Besondere Rechtslage im Bereich der Deutschen Bahn AG

Interessanterweise hat der Gesetzgeber bei der Überleitung des Bahnvermögens auf privatrechtliche Träger diese Probleme, ähnlich wie bei der Überleitung der Post, zum großen Teil gesehen und innerhalb des Gesetzeswerkes zur Gesamtrechtsnachfolge aufgegriffen und gelöst. Hier scheint sich eine Art Privileg des Bundesvermögens gegenüber dem Gemeindevermögen herauszukristallisieren, das sich darin zeigt, daß sich der Bund durch entsprechende Gesetzgebungen selbst die notwendigen Voraussetzungen schaffen kann, um im Wege der Gesamtrechtsnachfolge Privatisierungen im großen Stile abzuwickeln, was anderen öffentlichen Körperschaften mangels eigener Gesetzgebungskompetenz verwehrt ist. Das Gesetz über die Gründung einer Deutsche Bahn Aktiengesellschaft (Deutsche-Bahn-Gründungsgesetz – DBGrG) vom 21. 12. 1993 sieht in seinem § 15 ein spezielles Übergangsmandat für die Personalräte vor. Es ist für diejenigen Personalräte vorgesehen, die aus dem unternehmerischen Bereich des Bundeseisenbahnvermögens ausscheiden und auf die Deutsche Bahn AG übergehen.

§ 15 Abs. 1 DBGrG schreibt dabei das gesetzliche Übergangsmandat überall dort vor, wo sich die organisatorische Einheit der ausgegliederten früheren Dienststelle nicht geändert hat. Gemeint sind hier die Fälle der Betriebsidentität, bei der man sich außerhalb des Geltungsbereiches des DBGrG bereits fragen mußte, ob ein Personalrat beim Wechsel in den Geltungsbereich des BetrVG die gesetzlichen Aufgaben eines Betriebsrates übernehmen kann, ohne selbst Betriebsrat zu sein (siehe Rz. 394).

§ 15 Abs. 2 DBGrG sieht darüber hinaus ebenfalls ein Übergangsmandat vor, wenn die Betriebsidentität nicht erhalten bleibt und neue Betriebsstrukturen infolge von Aufspaltungen, Abspaltungen und Zusammenfassungen entstehen. Dies ist allerdings mit der Besonderheit ausgestattet, daß tarifvertraglich geregelt werden kann, welches Mitbestimmungsorgan Träger des Übergangsmandats sein soll.

5. Zusammenfassung

Grundsätzlich ist beim Übergang vom personalvertretungsrechtlichen zum betriebsverfaßten Bereich bei Erhalt der Betriebsidentität die fortgeltende

Zuständigkeit von Personalräten im Anwendungsbereich des BetrVG zeitlich befristet denkbar und angezeigt. Das DBGrG nimmt diese Situation konkret auf und sieht ein befristetes Übergangsmandat vor. Bei fehlender Betriebsidentität können die Fälle, die unter das UmwG fallen, auch auf Personalräte angewandt werden, obwohl das UmwG wörtlich nur von Betriebsräten spricht. Der Anwendungsbereich des UmwG auf Privatisierungen ist aber sehr begrenzt. Alle gesetzlich geregelten Übergangsmandate schließen eine Anwendbarkeit auf Fälle der Singularsukzession nach herrschender Meinung aus. Was sich an allen hier aufgegriffenen Problemkreisen zeigt, ist, daß der Gesetzgeber dringend aufgerufen ist, gesetzliche Regelungen zur Mitbestimmung zu schaffen, die sich nicht nur auf Teilbereiche erstrecken, sondern die sowohl für den Bundes- und Landesbereich, als auch für Strukturveränderungen auf kommunalem Sektor mitbestimmungsrechtliche Fragen beantworten, die sich aus Privatisierungsmaßnahmen ergeben. Um eine Vereinheitlichung zu gewährleisten und Alleingängen von einzelnen Bundesländern entgegenzuwirken, bietet sich hier, die im übrigen auch systematisch sinnvolle Anbindung an das BetrVG an. In der Zwischenzeit wird der öffentliche Arbeitgeber weiterhin an einem reibungslosen Ablauf von Privatisierungen interessiert sein und deshalb, wie in der Praxis bisher in zahlreichen Fällen vollzogen, tarifvertragliche Lösungen oder Regelungen im Wege von Dienst- oder Betriebsvereinbarungen anstreben, die die Frage der Mitbestimmung in ausreichendem Maße festlegen.

420 Mustervereinbarung zur Regelung der Mitbestimmung siehe Anhang S. 189.

Kapitel 5
Die Überleitung von Beamten in privat-
wirtschaftliche Unternehmen

Bei allen Überlegungen hinsichtlich der Gestaltung von Privatisierungen **421** öffentlicher Dienstleistungen stellt sich die Frage, was in rechtlicher Hinsicht unternommen werden muß, um Beamte in dem privatisierten Betrieb beschäftigen zu können. Auch in mitbestimmungsrechtlicher Hinsicht treten Fragen auf, die der Regelung bedürfen. Da nach wie vor davon ausgegangen werden muß, daß die Gestaltung der Mitbestimmung während und vor allem nach der Privatisierung der tariflichen oder dienstlichen Vereinbarung bedarf, sei in diesem Umfeld auch auf die beamtenrechtlichen Fragen eingegangen. Zumindest der mitbestimmungsrechtliche Rahmen der Behandlung von Beamten kann im Wege der Vereinbarung zuvor geklärt werden.

I. Rechtsprobleme der Beschäftigung von Beamten im privatisierten Unternehmen

Der privatisierende öffentliche Arbeitgeber steht in bezug auf seine in der **422** Dienststelle tätigen Beamten vor dem Problem, daß sie nicht durch den Betriebsübergang gemäß § 613a BGB auf den Erwerber der Einrichtung übergehen (siehe auch Rz. 56). Nach § 613a BGB gehen nämlich die Arbeitsverhältnisse des übergehenden Betriebes auf den Erwerber als neuem Arbeitgeber über, während die Beamten in keinem Arbeitsverhältnis, sondern in einem Dienstverhältnis zu ihrem Dienstherrn stehen, mithin alimentiert und nicht vergütet werden.

1. Die Entlassung des Beamten

Das radikalste und naheliegendste Mittel ist die Entlassung des Beamten **423** anläßlich der Privatisierung der staatlichen Dienststelle. Das funktioniert in diesem Falle aber nur dann, wenn der Beamte mit der Entlassung einverstanden ist. § 30 BBG sieht die Möglichkeit der Entlassung auf Antrag des Beamten vor. Aber auch die vom Beamten selbst betriebene Entlassung dürfte in den seltensten Fällen eine brauchbare Lösungsmöglichkeit für den Dienstherrn darstellen. Der Beamte wird verständlicher Weise nur dann auf Wunsch seines Dienstherrn seine Entlassung selbst betreiben, wenn ihm, was seine Alterssicherung angeht, die gleichen Zusicherungen gemacht werden, die er bei Verbleib im Beamtenverhältnis hätte in Anspruch nehmen können. Hier erscheint es zunächst als für den Dienstherrn äußerst kostenträchtig, wenn gem. § 8 SGB IV der entlassene Beamte in der gesetzlichen Rentenversicherung nachzuversichern ist. Sowohl der Arbeitgeber – als auch der Arbeitnehmeranteil sind in diesem Falle vom Dienstherrn allein zu entrichten. Dazu kommt aber das Problem, an dem die Freiwilligkeit des Beamten in der Regel scheitern wird. Es besteht nach der Satzung der Zusatzversorgungskassen keine Möglichkeit, den Beamten rückwirkend auch in der VBL oder ZKW nachzuversichern. So erhielte ein Rentner des öffentlichen Dienstes eine an die Beamtenpension angeglichene Gesamtversorgung, der Beamte hingegen erhielte ausschließlich Ansprüche aus der BfA oder LVA. Hier müßten demgemäß dringend Regelungen in die Zusatzversorgungssatzungen aufgenommen werden, die einen flexibleren Wechsel der Beamten in den Arbeitnehmerbereich ermöglichen.

2. Abordnung und Versetzung

424 Auch eine Abordnung oder Versetzung in den nun privatisierten Betrieb scheidet aus, da beides nach den §§ 26, 27 BBG und den entsprechenden landesrechtlichen Vorschriften nur dann möglich ist, wenn das Ziel von Versetzung und Abordnung wiederum eine Dienststelle des öffentlichen Dienstes ist. Hieran fehlt es bei einem nunmehr in privaten Rechtsformen betriebenen Unternehmen.

3. Zuweisung gemäß § 123 a BRRG

425 Auch eine Zuweisung des Beamten in den privatisierten Betrieb gemäß § 123 a BRRG dürfte nach dessen Wortlaut ausscheiden. Nach § 123 a Abs. 1 Satz 1 BRRG ist die Zuweisung eines Beamten zu einer öffentlichen Einrichtung außerhalb des Anwendungsbereiches des BRRG vorgesehen. Ungeachtet der Tatsache, daß dies im übrigen nur mit der Zustimmung des Beamten möglich ist, ist der privatwirtschaftlich geführte Betrieb in diesem Sinne sicherlich dann keine öffentliche Einrichtung, wenn der Staat daran nicht zumindest die Anteilsmehrheit hat. Das heißt, all die Fälle, in denen die öffentliche Hand mehr als nur die Überleitung einer Dienststelle in privatrechtliche Organisationsformen (formelle Privatisierung) vornimmt und die öffentliche Dienstleistung tatsächlich aus der Verantwortung des Staates

entläßt (materielle Privatisierung), können nicht unter den § 123 a Abs. 1 BRRG fallen.

Durch § 123 a Abs. 1 Satz 2 BRRG wird die Möglichkeit eröffnet, Beamte in einem anderen Staat einer privaten Einrichtung zuzuweisen. Bolck (ZTR 1994, 14, 15) vermutet, daß die Kommentierung von Plog/Wiedow (Kommentar zum BBG, Anm. 13 zu § 27), die besagt, daß bei dringendem öffentlichen Interesse die Zuweisung eines Beamten auch in private Einrichtungen des In- und Auslandes möglich sei, auf die Annahme zurückzuführen sein könnte, Satz 2 BRRG sei gegenüber Satz 1 eine eigenständige Regelung. In diesem Falle wäre die Voraussetzung aus Satz 1, nämlich Geltungsbereich des BRRG für Satz 2 nicht zwingend. Dies widerspricht aber dennoch dem Wortlaut des Satzes 2, der sich auf eine private Einrichtung im Ausland bezieht. Die Tatsache allein, daß Satz 1 eine öffentliche Einrichtung im Geltungsbereich des BRRG betrifft und Satz 2 ausdrücklich von einer privaten Einrichtung im Ausland spricht, bietet keinerlei Anhaltspunkte dafür, daß § 123 a Abs. 1 BRRG insgesamt so gelesen werden kann, daß auch private Einrichtungen im Inland gemeint sind (so im Ergebnis auch Bolck, a. a. O., siehe auch Blanke/ Sterzel, ArbuR 1993, 265, 270). **426**

4. Sonderurlaub

Die allein mögliche Regelung scheint die Beurlaubung des Beamten zu sein. Zwar ist auch diese vom Einverständnis des Beamten abhängig, jedoch sind hier die sozialversicherungsrechtlichen Hürden durch Arbeitsvertrags- und Tarifrecht durchaus zu meistern. **427**

Eine Beurlaubung des Beamten ist nach § 13 SUrlVO auch für lange Zeiträume möglich. Während dieser Zeit wird der Beamte dann in dem privatisierten Unternehmen je nach Art seiner Beschäftigung als Angestellter oder Arbeiter vergütet. Es besteht, wie bei jedem anderen Arbeitnehmer auch, keine Versicherungsfreiheit. Einen Anspruch auf Beihilfe hat der Beamte im Sonderurlaub nach § 2 Abs. 2 BhV nicht. Die in der Beurlaubung verbrachte Zeit rechnet unter den Voraussetzungen des § 6 Abs. 1 Nr. 5 BeamtVG als ruhegehaltsfähige Dienstzeit. Das spätere Zusammenfallen von Rente aus der Sozialversicherung und Pension aus dem Beamtenverhältnis regelt § 55 BeamtVG. Die Rentenansprüche werden auf die Beamtenversorgung angerechnet. Bolck weist in diesem Zusammenhang auf ein Schreiben des Bundesministers für Arbeit und Sozialordnung hin (Bolck, a. a. O. unter Hinweis auf die Fundstelle bei Berger-Delhey in ZTR 1993, 102). Daraus ergibt sich in derart gelagerten Fällen für den Beamten Versicherungsfreiheit in der Krankenversicherung (§ 6 Abs. 1 Nr. 2 SGB V) und in der Arbeitslosen- **428** versicherung (§ 169 AfG), wenn sich der Arbeitgeber verpflichtet, im Krankheitsfalle des Beamten die Vergütung ohne zeitliche Begrenzung weiterzuzahlen und den Beihilfevorschriften entsprechende Leistungen zu gewähren. Daneben muß sich der Dienstherr des Beamten verpflichten, die Beurlaubung zu widerrufen, sobald der Arbeitgeber die oben zugesagten Leistungen nicht erbringt.

5. Zuweisung nach Bahn-AG-Gründungsgesetz

429   Keinerlei Schwierigkeiten macht die Eingliederung von Beamten in die Deutsche Bahn AG nach dem DBGrG. Hier erfolgt die Zuweisung durch ausdrückliche Regelung im Gesetz (§ 12 Abs. 2 DBGrG). Danach werden die Beamten bis auf wenige Ausnahmen kraft Gesetzes unter Wahrung ihrer beamtenrechtlichen Stellung der Deutschen Bahn AG zugewiesen.

II. Die Mitbestimmung im betriebsverfaßten Betrieb hinsichtlich verbeamteter Personen

430   Gemäß § 19 Abs. 1 DBGrG gelten die in die Deutsche Bahn AG eingegliederten Beamten als Arbeitnehmer der DBAG. Dementsprechend werden sie in mitbestimmungsrechtlicher Hinsicht jeweils anhand ihrer ausgeübten Tätigkeiten und Funktionen der Gruppe der Angestellten oder der Arbeiter zugeordnet. Die Zuordnungskriterien orientieren sich an den rentenversicherungsrechtlichen Zuordnungsmerkmalen etwa aus § 133 Abs. 2 SGB VI. Damit werden alle betriebsverfassungsrechtlichen Tatbestände ausgelöst und anwendbar, die dem Beamten in seiner Eigenschaft als Arbeitnehmer bei der DBAG berühren können. Es steht ihm mithin das aktive und passive Wahlrecht aus den §§ 7 und 8 BetrVG zu, sie zählen bei der Feststellung der im BetrVG aufgeführten Grenzzahlen (z. B. Wahl eines Betriebsrates, Anzahl von zu wählenden Betriebsratsmitgliedern oder Sozialplanpflicht) mit. Der gewählte Betriebsrat vertritt diese in allen Belangen, die ihre Tätigkeit bei der DBAG betreffen. Dies bezieht sich auf alle sozialen Angelegenheiten im Sinne des § 87 BetrVG, auf die Gestaltung von Arbeitsplätzen, Arbeitsablauf und Arbeitsumgebung (§§ 90, 91 BetrVG), auf alle personellen Angelegenheiten (§§ 92–95 BetrVG) und die Berufsbildung (§§ 96 f. BetrVG) (siehe ausführliche Darstellung des DBGrG bei Engels, Müller, Mauß, DB 1994, 473). So finden sich in einigen Bereichen des öffentlichen Dienstes, und das ausschließlich im Bereich der Bundesverwaltung, gesetzliche Regelungen, die die Beamtenproblematik sowohl in kollektiv- als auch in individualrechtlicher Hinsicht abschließend regeln (so auch bei der Deutschen Telekom AG). Gesetzlich weitgehend ungeregelt bleibt damit der gesamte Bereich der Beamten von

Ländern und Gemeinden sowie derjenigen, die bisher keine spezielle gesetzliche Regelung erfahren haben.

Es ist aber auch fraglich, ob abgesehen von den bitter notwendigen Über-   **431**
gangsmandaten (s. o. unter Rz. 393 ff.) in mitbestimmungsrechtlicher Hinsicht weitere spezielle Normierung notwendig sind. Hält man sich vor Augen, daß im Wege der Beurlaubung (s. o. unter Rz. 427) ein Beamter praktisch dauerhaft von seiner Dienstverpflichtung entbunden werden kann und daß dem nichts im Wege steht, zwischenzeitlich bei einem privaten Arbeitgeber gegen Entgelt zu arbeiten, so ist nicht ersichtlich, was gegen die Möglichkeit sprechen könnte, diesen beurlaubten Beamten in seiner Eigenschaft als Angestellter oder Arbeiter im privaten Betrieb dem BetrVG zu unterwerfen. Voraussetzung bleibt hier aber der Wille des Beamten, in den Betrieb eingegliedert zu werden. Diese Einwilligung wird er nur geben, wenn in einem Überleitungsvertrag seine beamtenrechtlichen Ansprüche auch hinsichtlich der Altersversorgung gesichert sind.

Kapitel 6
Die Überleitung von Personal
unter Vermeidung eines Arbeitgeberwechsels

In der Praxis ist häufig zu beobachten, daß weder die Arbeitgeber des öffent- **432**
lichen Dienstes noch die Beschäftigten in der Situation, in der öffentliche
Aufgaben auf private Betreiber übertragen werden, den Übergang der
Arbeitnehmer auf den Erwerber wünschen.

Die Arbeitnehmer wollen aus Gründen der sozialen Sicherheit Beschäftigte **433**
des Staates bleiben. Sie hatten schließlich bei ihrem Eintritt in den öffentlichen Dienst Möglichkeiten zu schnellem Aufstieg und oftmals höherer Ent-
lohnung in der Privatwirtschaft hinter die größere Arbeitsplatzsicherheit im
Staatsdienst gestellt. Die öffentlichen Arbeitgeber wollen häufig eingedenk
ihrer Fürsorgepflicht gegenüber den Arbeitnehmern diese vor einer unsicheren oder zumindest unklaren Situation als übergegangene Beschäftigte
bewahren. Außerdem steht die Arbeitgeberseite häufig vor dem Problem,
eine große Zahl von unkündbaren Arbeitnehmern in dem zur Privatisierung
ausgewählten Bereich vorzufinden. Erst mit der konkreten Mitteilung, daß
die Privatisierung bevorsteht, weiß der Arbeitgeber, ob Beschäftigte dem
Betriebsübergang zu widersprechen gedenken. Gerade in der Situation,
wenn nicht die gesamte Dienststelle wegen der Privatisierung aufgelöst wird
oder der Träger der öffentlichen Dienstleistung noch andere vergleichbare
Dienststellen vorhält, stellt sich möglicherweise die schwierige Frage der
Auswahl derjenigen, die von der Privatisierungsmaßnahme betroffen werden und in den privaten Betrieb übergehen sollen. In versorgungsrechtlicher
Hinsicht können auf den Arbeitgeber erhebliche Kosten zukommen, will er
eine Situation herstellen, in der die Übernahme der öffentlichen Aufgaben
für einen Privatbetreiber wirtschaftlich interessant ist.

Aus diesen Gründen haben sich öffentliche Arbeitgeber, die Beschäftigten
und der zukünftige private Betreiber in der Praxis häufig dahingehend verständigt, daß die Arbeitsverhältnisse beim Staat verbleiben.

I. Der Gestellungsvertrag

Geregelt wurden derartige Übereinkünfte bisher überwiegend im Wege von **434**
Gestellungsverträgen, die zwischen dem öffentlichen Arbeitgeber und dem

zukünftigen privaten Betreiber geschlossen wurden. Inhalt dieser Gestellungsverträge ist in erster Linie, daß die öffentliche Aufgabe zukünftig von dem Erwerber der Einrichtung ausgeführt wird und er sich dabei verpflichtet, das dazu erforderliche Personal praktisch beim Staat zu entleihen. Genauer müßte man eigentlich sagen, der Private verpflichtet sich, den Einsatz von Personal durch den Staat zu dulden.

II. Problemfelder des Gestellungsvertrages

435 Der Abschluß von Gestellungsverträgen ist aber bei weitem nicht so unproblematisch, wie gemeinhin in der Praxis angenommen.

1. Die Umgehung des § 613 a BGB durch den Abschluß von Gestellungsverträgen

Das erste Problem beim Abschluß der oben skizzierten Gestellungsverträge ist die Rechtsfolge des § 613 a BGB. Geht man mit der Rechtsprechung des Europäischen Gerichtshofes und des Bundesarbeitsgerichts von der Annahme eines Betriebsüberganges selbst bei dem schlichten Übertragen einer Aufgabe des öffentlichen Dienstes aus (BAG, Urteil vom 9. 2. 1994, BB 1994, 1217; EuGH Entscheidung vom 14. 4. 1994), so ist bei jeder Aufgabenübertragung des Staates auf private Dritte ein Betriebsübergang im Sinne des § 613 a BGB anzunehmen. Der Gestellungsvertrag muß mithin die Funktion erfüllen, den Übergang der Arbeitsverhältnisse auf den privaten Erwerber im Sinne des § 613 a BGB zu vermeiden. Dabei muß bedacht werden, daß ein Vertrag grundsätzlich nicht geeignet ist, bei Vorliegen der Tatbestandsmerkmale die Rechtsfolgen des § 613 a BGB durch beiderseitiges Einvernehmen auszuschließen. Daher muß der Gestellungsvertrag so gestaltet sein, daß das Vorliegen der Tatbestandsvoraussetzungen praktisch unterbunden wird.

436 Der Europäische Gerichtshof hat in seiner Entscheidung vom 14. 4. 1994 im Fall Christel Schmidt (a. a. O.) in erster Linie in der Übernahme von Arbeitgebereigenschaften den Betriebsübergang gesehen. Das darüber hinaus als entscheidend betonte Kriterium der Wahrung einer Wirtschaftseinheit im Sinne einer organisierten Gesamtheit von Personen und Vermögenswerten, das später im Verfahren in den Vordergrund gerückt wurde (Veröffentlichungen des Informationsdienstes des EuGH Nr. 11/94), läßt sich wohl kaum durch einen Gestellungsvertrag aus der Welt schaffen. Privatisierungen im öffentlichen Dienst beinhalten häufig neben dem bloßen Übergehen von Dienstleistungen auch die Entstaatlichung von Immobiliarsachwerten und ganzen

Betriebseinheiten. Und dies läßt sich auch nicht, wie zuletzt in den Urteilen des BAG vom 14. 7. und 27. 7. 1994, ArbuR 1995, 154, 156 bestätigt, etwa dadurch ausschließen, daß man das Eigentum an den staatlichen Einrichtungen durch Pacht- oder Mietverträge nicht übergehen läßt (so auch LAG Hamm, Urteil vom 24. 1. 1995 – 11(19) Sa 559/94) und nicht mit verkauft.

Es bleibt deshalb im Wege des Gestellungsvertrages nur der Weg, die Übernahme von Arbeitgebereigenschaften vertraglich auszuschließen.   **437**

2. Gestellung von Arbeitnehmern und Aufrechterhaltung der Arbeitsverhältnisse beim öffentlichen Arbeitgeber

Zur Vermeidung der tatbestandlichen Voraussetzungen ist der Verbleib der   **438**
Arbeitsverhältnisse im Bereich des öffentlichen Dienstes erforderlich. Denn nur so kann erreicht werden, daß der Erwerber oder Übernehmer der staatlichen Aufgabe nicht in die Situation gerät, Arbeitgeber zu werden. Hier ist größte Vorsicht geboten. Allein mit Erklärungen der einen oder der anderen Seite ist es sicherlich nicht getan. Entscheidend muß es nämlich darauf ankommen, was faktisch geschieht (Däubler/Kittner/Klebe/Schneider, BetrVG-Komm., 3. Aufl., § 5 Rz. 153). Der Arbeitsvertrag mit dem öffentlichen Arbeitgeber muß zunächst rein formal erhalten bleiben. Die Lohn- und Gehaltszahlung darf nicht durch den Übernehmer erfolgen. Darüber hinaus muß das den Arbeitsvertrag bestimmende Direktionsrecht beim öffentlichen Arbeitgeber verbleiben. Dieses Erfordernis dient entscheidend dazu, Arbeitgebereigenschaften beim Übernehmer der Dienstleistung zu verhindern. Dies bedeutet zumindest, daß alle Änderungen des Arbeitsvertrages dem Staat vorbehalten bleiben müssen. Die tarifliche Eingruppierung, Höher- oder Abgruppierung, die Umsetzung von vorgesehenen Bewährungsaufstiegen sowie die Konkretisierung der Arbeitsinhalte im weiteren Sinne darf nicht vom Übernehmer, sondern muß vom öffentlichen Arbeitgeber durchgeführt werden. Der Erwerber darf keinerlei Entscheidungsbefugnisse hinsichtlich der Beendigung der Arbeitsverhältnisse erlangen. Abmahnungen oder betriebliche Ermahnungen dürfen nicht in dessen Kompetenzbereich fallen. Es bleibt dementsprechend ein nur sehr kleiner Raum, in dem der Erwerber über die von ihm einzusetzenden Arbeitnehmer tatsächlich bestimmen darf, ohne daß er damit gleichzeitig automatisch in die Rolle des Arbeitgebers schlüpft. Eigene Entscheidungen bezüglich der eingesetzten Beschäftigten darf der private Betreiber bestenfalls im Rahmen seiner Betriebsordnung und unter Beachtung der gesetzlichen und tarifvertraglichen Bestimmungen bei Bestimmung von Beginn und Ende der täglichen Arbeitszeit treffen.

439   Den Prototyp des Gestellungsvertrages hat das BAG im Zusammenhang mit der Frage der Arbeitnehmerinneneigenschaft von Ordensschwestern und Schwestern weltlicher, karitativer Verbände entwickelt (BAG, Urteil vom 20. 2. 1986, AP Nr. 2 zu § 5 BetrVG 1972 Rotes Kreuz; BAG, Urteil vom 4. 7. 1979, AP Nr. 10 zu § 611 BGB Rotes Kreuz). In diesen Urteilen hat das BAG darauf hingewiesen, daß die Schwestern des Deutschen Roten Kreuzes, die von ihrem Verband im Wege des Gestellungsvertrages an einen Krankenhausbetreiber verliehen werden, nicht im Arbeitsverhältnis mit dem Krankenhausträger stehen. Ebensowenig sei dies bei den sogenannten Leihschwestern der Fall, die sich vertraglich mit dem Roten Kreuz geeinigt haben, in einem Krankenhaus für das Rote Kreuz tätig zu werden (hier entstehe allerdings ein Arbeitsverhältnis mit dem Roten Kreuz). Aber auch in diesen Urteilen hat das BAG festgestellt, es sei davon auszugehen, daß in der Regel das Direktionsrecht, welches die konkrete Arbeitsleistung betrifft, ebenfalls von Schwestern des DRK, mithin vom Entleiher ausgeübt werde. Das Bundesarbeitsgericht ging in diesen Fällen davon aus, daß die konkrete Arbeitsanweisung von der Stationsleitung bzw. von der Pflegedienstleitung erfolgt.

3. Gestellungsverträge öffentlicher Arbeitgeber und das Arbeitnehmerüberlassungsgesetz

440   Problematisch bleibt der Gestellungsvertrag hinsichtlich des Arbeitnehmerüberlassungsgesetzes (AÜG). Bereits in seinem Beschluß vom 10. 2. 1977 – 2 ABR 80/76 – hat das BAG festgestellt, daß eine Arbeitsnehmerüberlassung im Sinne des Art. 1 § 1 Abs. 1 AÜG vorliegt, wenn der Arbeitnehmer in den Betrieb des Entleihers eingegliedert ist und er hinsichtlich der Arbeitsausführung dessen Weisungsrecht unterliegt (BAG AP Nr. 9 zu § 103 BetrVG 1972; siehe auch BAG, Urteil vom 22. 6. 1994 – 7 AZR 286/93). Nach diesen Ausführungen scheint auch im Wege des Gestellungsvertrages das Vorliegen einer Arbeitnehmerüberlassung im Sinne des Gesetzes kaum zu verhindern sein. Die Rechtsfolge des Art. 1 §§ 10 Abs. 1, 13 AÜG stellt exakt das Ergebnis dar, welches eigentlich mit dem Gestellungsvertrag vermieden werden sollte. Es kommt kraft Gesetzes mit dem Entleiher ein Arbeitsverhältnis zustande, der Arbeitsvertrag mit dem öffentlichen Arbeitgeber endet. Die hier unerwünschte Rechtsfolge tritt nur dann nicht ein, wenn die Arbeitnehmerüberlassung nicht gewerbsmäßig erfolgte oder mit Erlaubnis geschieht. Bei Fehlen der formalen Erlaubnis (zuständig ist das jeweilige Landesarbeitsamt), muß im Wege der gesetzlichen Fiktion von gewerbsmäßiger Arbeitnehmerüberlassung ausgegangen werden. Es handelt sich hier um eine widerlegbare Vermutung. Das Gegenteil wird der Entleiher beweisen müssen (BAG, Beschluß vom 10. 2. 1977 a. a. O.).

Das BAG bejaht die Frage der Gewerbsmäßigkeit, wenn der Entleiher im   **441**
Rahmen einer auf Gewinnerzielung und planmäßige Wiederholung gerichte-
ten selbständigen Tätigkeit ihre Arbeitnehmer Dritten zur Arbeitsleistung
überläßt. Auf Dauer ist die Überlassung von Arbeitnehmern des öffentlichen
Dienstes im Rahmen einer Privatisierungsmaßnahme sicherlich ohne jeden
Zweifel gerichtet. Fraglich erscheint hier aber, ob sie auch der Gewinnerzielung dienen soll. Langfristig will sich der Staat durch die Privatisierung
hoher Kosten im organisatorischen und personellen Bereich entledigen. Die
staatliche Aufgabe soll auf Kosten eines privaten Betreibers durchgeführt
werden. Hier geht es aber, was den Staat angeht, höchstens um eine Kosten-
minimierung, nicht aber um die Erzielung von Gewinnen. Das gesamte Prinzip der Privatisierung funktioniert nur dann, wenn sich private Unternehmer
für die Übernahme einer staatlichen Aufgabe interessieren. Dies wird nur
dann der Fall sein, wenn sie diejenigen sind, die mit der Erfüllung dieser
Aufgabe Gewinne erzielen. Der staatliche Träger dieser Aufgaben erhält
dafür die Gewähr, daß die Aufgaben erfüllt werden und wird von der
Kostenlast befreit. Eine Gewinnerzielungsabsicht ist darin nicht zu erblicken.
Erst recht liegt in der Überlassung der staatlichen Arbeitnehmer an den privaten Betreiber selbst keine Gewinnerzielungsabsicht. Die Absicht des öffentlichen Arbeitgebers liegt ausschließlich in dem Willen, die betreffenden
Arbeitnehmer nicht aus dem beim Staat begonnenen Arbeitsverhältnis zu
entlassen. Um hier jeden Zweifel, was die Gewerbsmäßigkeit betrifft, als
Gefahr für die Wirksamkeit von Gestellungsverträgen auszuschließen, muß
hier stets das Einholen einer entsprechenden Genehmigung bei der Arbeits-
verwaltung angeraten werden. (Zur Abgrenzung von Dienstverträgen,
Werkverträgen und Gestellungsverträgen zur Arbeitnehmerüberlassung
siehe: Durchführungsanweisungen [DA] der Bundesanstalt für Arbeit zum
Arbeitnehmerüberlassungsgesetz [Teil-DA zu § 1 AÜG in NZA 1986, 778]).

Aber auch dann, wenn die Überlassung der Arbeitnehmer nicht gewerbs-   **442**
mäßig geschieht, macht das AÜG weiterhin Probleme. Denn dauert die Überlassung länger als sechs Monate, so wird vermutet, daß es sich um uner-
laubte Arbeitsvermittlung handelt (Art. 1 § 1 Abs. 2, Art. 1 § 3 Abs. 1 Nr. 6
AÜG). Allerdings ist bei der nicht gewerbsmäßigen Überlassung diese Vermutung widerlegbar (BAG, Urteil vom 21. 3. 1990 – 7 AZR 198/88). Das BAG
hat in seiner o. g. Entscheidung vom 21. 3. 1990 festgestellt, daß unter
bestimmten Voraussetzungen auch bei einer langfristigen nichtgewerbsmäßi-
gen Arbeitnehmerüberlassung das Widerlegen des Vorliegens von Arbeitsvermittlung im Sinne des § 1 Abs. 2 AÜG denkbar ist. Allein der Verstoß
gegen die in Art. 1 § 3 Abs. 1 Nr. 6 AÜG maßgebliche Überlassungsfrist führe
noch nicht zwingend zur Annahme einer Arbeitnehmerüberlassung. Als
widerlegt ist danach die gesetzliche Vermutung des Art. 1 § 1 Abs. 2 AÜG
dann anzusehen, wenn nach der gesamten Gestaltung und Durchführung

der vertraglichen Beziehungen mittels einer wertenden Gesamtbetrachtung davon auszugehen ist, daß der Schwerpunkt der Arbeitsverhältnisse auch noch nach Ablauf der nach Art. 1 § 3 Abs. 1 Nr. 6 AÜG maßgeblichen Überlassungsfrist im Verhältnis zum überlassenden Arbeitgeber liegt. Das BAG hatte im vorliegenden Falle die Tatsache, daß der Arbeitnehmer für einen bestimmten Zeitraum, also vorübergehend, abgeordnet war, als Indiz dafür betrachtet, daß der Schwerpunkt des Arbeitsverhältnisses nicht verlagert worden ist. Die Abordnung wurde als vermittlungsrechtlich unbedenklich angesehen. Nach der Gesamtbegründung zwingt dies aber nicht zu dem zwingenden Umkehrschluß, die zeitlich unbefristete Abstellung stelle deshalb immer eine Arbeitsvermittlung im Sinne des Art. 1 § 1 Abs. 2 AÜG dar. Das BAG läßt sehr vorsichtig die Möglichkeit anderer Konstellationen offen, indem es lediglich von einem Indiz spricht und ansonsten sehr weiträumig ausgehend vom Sinn und Zweck der Norm bzw. vom Willen des Gesetzgebers argumentiert. Der Gesetzgeber wolle mit der Vorschrift des Art. 1 § 1 Abs. 2 AÜG zum Schutze des Arbeitnehmers erreichen, daß nachteilige Auswirkungen des Auseinanderklaffens von Arbeitgeberfunktionen vermieden werden. Der Arbeitnehmer könne bei lang andauernden Abordnungen möglicherweise seinen Arbeitsplatz beim Überlassenden verlieren, Aufstiegsmöglichkeiten und das „Erdienen" von Sozialleistungen und Treueprämien könnten erschwert oder verhindert werden. All diese Bedenken zum Schutze des Arbeitnehmers treffen aber auf die Vereinbarung der oben beschriebenen Gestellungsverträge nicht zu. Der öffentliche Arbeitgeber entscheidet sich gerade zum Schutze des Arbeitnehmers für den Gestellungsvertrag. Der Arbeitnehmer soll gerade trotz der Übertragung seiner Aufgaben in die Hand eines Privaten so aufsteigen können, wie es im öffentlichen Dienst vorgesehen ist. Er soll weiterhin alle Dienst- und Beschäftigungszeiten angerechnet bekommen, er soll dauerhaft unter den Anwendungsbereich der Tarifverträge des öffentlichen Dienstes fallen und später so versorgt sein, wie ihm dies bei Abschluß des Arbeitsvertrages zugesagt worden war. Der vom Gesetzgeber des AÜG angestrebte Schutz ist damit zweifelsohne gewährleistet. Der Staat behält seine Mitarbeiter im Schutzbereich seiner Fürsorgezusage. Allein hierin ist im Sinne der BAG Rechtsprechung ein Indiz dafür zu sehen, daß eine Verlagerung des Schwerpunktes der Arbeitsverhältnisse nicht gegeben ist.

443   Als praktischer Hinweis sei hier angefügt, daß die Sicherheit, die Rechtsfolgen des § 613 a BGB vermieden zu haben, dadurch optimiert wird, daß sich der Arbeitgeber von jedem Mitarbeiter schriftlich erklären läßt, daß er einem möglichen Übergang des Betriebes widerspricht.

Anhang

Muster einer Vereinbarung zwischen veräußernder staatlicher Stelle und privatem Erwerber

Personalüberleitungsvertrag

zwischen der Stadt S, vertreten durch den Stadtdirektor,
– im folgenden Stadt genannt –

und der

Seniorenheim A GmbH, vertreten durch die Geschäftsführer,
– im folgenden Gesellschaft genannt –

Die Stadt und die Gesellschaft schließen folgenden

Vertrag

§ 1

(1) Die Gesellschaft setzt alle bei der Stadt (im Altenheim) beschäftigten Angestellten, Arbeiter und Auszubildenden mit Wirkung vom . . . . . zur Arbeitsleistung ein.

§ 2
Übergangsregelungen

(1) Der amtierende Personalrat der Stadt führt die Geschäfte des nach betriebsverfassungsrechtlichen Vorschriften zu wählenden Betriebsrates, bis dieser seine Tätigkeit aufnimmt, längstens bis zum Ablauf der derzeitigen Wahlperiode des Personalrates/oder bis zum Ablauf von 6 Monaten nach dem Übergang der Einrichtung.

(2) Das gleiche gilt auch für die Schwerbehindertenvertre-
tung.

§ 3
Vertreter der Beamtengruppe

Die Beamtenvertreter im Personalrat werden zur Gruppe der Angestellten
übergeleitet*).

§ 4
Arbeitgeber

(1) Arbeitgeber aller bei der Gesellschaft eingesetzten Arbeitnehmerinnen
und Arbeitnehmer ist die Stadt.

(2) Löhne und Gehälter sowie alle anderen zahlbaren tariflichen und
außertariflichen Ansprüche werden weiterhin von der Stadt getragen,
errechnet und ausgezahlt.

(3) Jede/r einzelne Arbeitnehmer/in darf nur in der Art beschäftigt werden,
wie dies vom Arbeitsvertrag ausgewiesen ist. Änderungen bedürfen der
schriftlichen Erklärung durch die Stadt.

(4) Abmahnungen und Kündigungen aller Art erfolgen durch die Stadt.

---

*) Eine solche Regelung bereitet in der Regel keinerlei Schwierigkeiten, da es
kaum denkbar ist, daß im Arbeiterbereich solcher Einrichtungen verbeamtete
Personen anzutreffen sind. In Altenheimen und Krankenhäusern finden sich im
Arbeiterbereich Haushandwerker, Stationshilfen oder Reinigungskräfte, die
kaum mehr im Beamtenverhältnis stehen. Aus diesem Grunde erscheint es
sachgerecht, wenn die ehemaligen Beamtenvertreter der Gruppe der Angestellten zugeordnet werden.

Stichwortverzeichnis

Die Zahlen verweisen auf die Randziffern.